第一期　第十四巻

ウォッチマン・ニー全集

霊の人（三）

目次

ウオッチマン・ニー全集　第一期　初期の著作（一九二二年―一九三四年まで）

第十四巻　霊の人（三）

第八部　魂の分析（二）　思い

第一章　戦場である思い

人の思いは、人の思考する器官です。思いを通して、わたしたちは知り、考え、想像し、記憶し、理解します。人の知力、理性、知恵、知性は、すべて思いに属します。大まかに言えば、わたしたちの思いとは、わたしたちの頭脳に関するすべてのことです。思いは心理学上の用語ですが、頭脳は生理学上の用語です。心理学における思いとは、生理学における頭脳です。思いは、人の生活において大きな部分を占めます。なぜなら、思いが最も人の行ないを左右するからです。

再生の前

聖書によれば、人の思いは戦場です。これは特別なことです。サタンと悪霊はこの思いの中で真理と戦い、また信者とも戦います。わたしたちは一つの例えを用いてもよいかもしれません。人の意志と霊は、悪霊が攻撃し、攻略しようとする要塞《ようさい》のようなものです。人の思いは戦場であり、そこにおいて戦いが起こり、要塞が総攻撃され、攻略されるのです。使徒は言いました、「なぜなら、わたしたちは肉の中で歩いてはいても、肉にしたがって戦っているのではないからです。わたしたちの戦いの武器は、肉のものではなく、神の御前に力があって、要塞をも破壊し、神の知識に逆らい立っている議論や、あらゆる高ぶりを破壊し、あらゆる思想をとりこにして、キリストに対して従順にならせます」（Ⅱコリント十・三―五）。使徒はわたしたちに、まず戦いについて語り、それからこの戦いがどこにおいてであるか、また何のためであるかを告げました。この戦いは、完全に人の思いと関係があります。使徒は「議論」を、敵の「要塞」にたとえました。彼は思いを、敵によって守られている要塞であり、「破壊」されなければならないものと考えました。彼はまた、この要塞の中には、多くの反逆的な「思想」があると考えました。使徒は、人の思いを破壊し、人の思いの中にある反逆的な「思想」を監禁し、「とりこ」にし、これらの思想を完全に「キリストに対して従順にならせ」なければなりませんでした。これらの節から、人の思いが戦場であることを見ることができます。なぜなら、悪霊はここにおいて神と戦うからです。

聖書はわたしたちに、「この時代の神は、彼らの中で、信じない者たちの思いをくらましてしまい、神のかたちであるキリストの栄光の福音の輝きを、彼らの上に照らさせないようにしています」(Ⅱコリント四・四)と告げています。これは、先に引用された聖句と一致します。なぜなら、サタンはこのようにして人の思いを防御し、盲目にしているからです。人は、自分はとても聡明《そうめい》であり、さまざまな理論を用いて福音に反対することができると考えるかもしれません。ある人は、他の人が信じないのは、理解していないからであると考えます。実は、人の思いの目は、サタンによって覆われているのです。人の思いはサタンによって防御されているので、「彼らの思いは、かたくなにされました」(Ⅱコリント三・十四)。彼らは、「肉と思いの望むままを行なっていたのであり、……生れながら激怒の子でした」(エペソ二・三)のです。彼らは、「思いの中で敵であった」(コロサイ一・二一)のです。なぜなら、「肉に付けた思いは神に敵対する」(ローマ八・七)からです。

これらの節を読み、いかに暗やみの権威が人の思いと特別な関係があるかを見れば、思いは人の中でサタンによって最も攻撃を受けやすい部分であることを、わたしたちは知ります。暗やみの権威は、人の中にすでにかなりの地位を持っていなければ、人の意志、感情、体に対して直接的には何も行なうことはできません。しかし、思いについてはそうではありません。思いはすでに敵の所有物であるかのようです。使徒は思いを敵の「要塞」にたとえています。それはまるで、悪霊を伴うサタンと人の思いとの関係が、いかに深く根を張った堅固なものであるかを、わたしたちに告げているかのようです。ですから、サタンとその悪霊は、人の思いを彼らの要塞とし、人をその思いを通して捕虜とすることができるのです。彼らは、人の思いを利用することによって、人を彼らの権威の下に置きます。彼らはまた、とりことなった思いを利用して、他の人々に毒を伝達し、その人々を起き上がらせて神に反抗させます。今日のこの世の哲学、論理、知識、考察、研究、科学が、どれほど暗やみの権勢と影響から出てきているのか、わたしたちははっきりと言うことはできませんが、一つのことははっきりしています。神の知識に逆らって立つ議論は、敵の要塞なのです。

思いが暗やみの権威と近いことは、何も不思議なことではありません。人類の最初の罪は、「善悪の知識」を追い求めることでした。その知識は、サタンからのものでした。このゆえに、人類の知識（思い）は、サタンと特別に適合するのです。聖書を注意深く読み、聖徒たちの経験を観察すれば、悪霊を伴うサタンと人との間のすべての交わりは、思いの中においてであることを見ることができます。悪魔からの誘惑だけを考慮する必要があります。人に対する悪魔からのすべての誘惑は、思いの中で起こります。確かに、悪魔はしばしば肉を用いて人の同意を取りつけます。しかし、悪魔は常に、誘惑をある種の思想へと変えることによって人をそそのかすのです。わたしたちは、誘惑と思いとを分けることはできません。すべての誘惑は、思想を通してわたしたちに与えられます。わたしたちの思想は、暗やみの権威に対してこのように「門戸開放」をしているので、わたしたちは自分の思想をどのようにして守ったらよいのかを知るべきです。

人が再び生まれる前は、その思想は彼が神を知るのを妨げました。ですから、神の偉大な力が人の議論を破壊する必要があります。人が救われる時、一つのことが起こりますが、あるいは起こるべきなのですが、それは悔い改めです。悔い改めとは、原文ではほかでもない「思いの変化」を意味します。人は思いの中で神に対して敵であるので、神は人の思いが変わることを願われます。そうしてはじめて、彼は命を人に与えることができます。人が信じていない時、彼の道徳上の性質は暗やみの中にあります。彼が救われる時、彼の思いは変わります。思いはこのように悪魔と結び付いているので、人が新しい心を受ける前に、神はまず人が思いの変化を持つことを願われます(使徒十一・十八)。

信じた後

信者が悔い改めた後も、彼の思いは完全にサタンの働きから解放されるわけではありません。サタンは以前、思いを通して働いたように、今も思いを通して働きます。使徒はコリントの信者たちに対して言いました、「ところが、わたしが恐れるのは、蛇が悪巧みによってエバを欺いたように、あなたがたの思いが腐敗させられて、キリストに対する単純さと純潔を失いはしないかということです」（Ⅱコリント十一・三）。使徒は、どのようにしてこの世の神が未信者たちの思いをくらませ、また同様にすでに信じている者たちの思いをも迷わせていたかを、知っていました。信者たちはすでに救われていても、彼らの思いはまだ新しくされていないことを、使徒は知っていました。ですから、思いはなおも最も重要な戦場であるのです。すなわち、思いは人の全存在の他のいかなる器官よりも、暗やみの権威の攻撃を多く受けるのです。わたしたちは認識しなければなりませんが、サタンの悪霊はわたしたちの思いに特別な注意を払い、また常にわたしたちの思いの中でわたしたちを攻撃するのです。「蛇が悪巧みによってエバを欺いたように」。サタンは、まずエバの心を攻撃したのではなく、まずエバの思いを攻撃しました。同様に、悪霊がまず攻撃するのは、わたしたちの心ではなくわたしたちの思いであり、わたしたちを腐敗させる目的で信仰における単純さを失わせます。彼らは、わたしたちの思いが最も弱い点であることを知っています。わたしたちが信じる前、思いは彼らの要塞でした。今でさえも、破壊されていない所が依然として多くあります。彼らは、最も成功する所から手を着けます。エバの心に罪はありませんでした。しかし、彼女は、サタンによって提案された思想を思いの中で受け入れてしまいました。彼女は、サタンの欺きの力によって魅惑され、彼女の思いが理性を失うまでになり、それによってわなに陥ってしまいました。ですから、信者が、自分の動機が正しいことを誇っても、それは役に立ちません。信者の思いは、悪霊に対抗するために訓練されなければなりません。そうでないと、悪霊には、信者の思いを誘惑し、欺く方法があり、そして信者の意志に決定する力を失わせるでしょう。

コリント人への第二の手紙第十一章三節の後で、使徒はわたしたちにこのような危険性がどこからやって来るかを告げています。ある者は、「別のイエス」を宣べ伝え、彼らに「異なる霊を受け」させ、「異なる福音」を受け入れさせようとします(四節)。これが意味することは、信者にとって危険なことは、誤った教えが彼らの思いの中に注入され、それが彼らをキリストの純粋な福音から引き離してしまうことです。これが、今日「へび」が行なおうとしていることです。サタンは光の天使に偽装し、信者たちに思いの中で、主ではない「別のイエス」を礼拝させ、聖霊ではない「異なる霊」を受けさせ、神の恵みの福音ではない「異なる福音」を信者を通して広めさせます。使徒はわたしたちに、これはすべてサタンによって、信者たちの思いの中で行なわれると言いました。サタンはこれらの「教え」を一つ一つ思想へと装飾し、それらを信者たちの思いの中へと注入します。最も哀れなことは、今日、これらの事柄を知ることのできる信者がほとんどいないということです。サタンが人に「良い」思想を与えるということを、どれだけ多くの信者が知っているでしょうか?

信者は新しい命、新しい心を受けることはできますが、新しい思いを受けることはできないことを、わたしたちは知るべきです。多くの信者は新しい心を持っていますが、彼らの頭は古くなっています。心は愛に満ちていますが、頭(思い)には何の識別力もありません。多くの人は、動機においては純粋ですが、頭の中の思想においてはあまりはっきりしていません。思いは、あらゆる種類の混合に満ちており、また最も重要な霊的識別力に全く欠けています。多くの信者は心の中に、神のすべての子供たちに対する真の愛の顧みを持っていますが、彼らの思いはさまざまな理想、意見、目的で満たされています。神の最も良い、また最も忠実な子供たちの多くは、その思想においてとても狭く、偏っています。彼らは、何が真理であるかを自分で決めてしまいます。彼らはただそのような真理を欲するだけで、それ以外の自分の先入観に合わないものを完全に拒絶します。すべてこのことが起こるのは、彼らの頭が心ほど大きくないからです。また多くの神の子供たちの思いは、何も考えることができません。彼らは多くの真理を聞いていますが、それらを覚えることができませんし、それらを実行に移したり、他の人々に広めることができません。彼らは多くのことを聞いていますが、自分が聞いたことを発表する力がありません。彼らは何年間も真理を受けてきましたが、他の人のほんのわずかな必要にさえ応じることができません。このような人々が、自分は聖霊に満ちていると誇りさえするかもしれないのです！　このようなことが起こるのは、彼らの思いが完全に新しくされていないからです。

人の頭は、心よりも人に多くの損害を与えます！　もし信者が、心が新しくされることと頭が新しくされることとを識別することができるなら、人を信頼することで欺かれることはないでしょう。人は神と最も親密な交わりを持つことができますが、それと同時に、思いは無意識のうちにサタンの提案を受け入れ、自分の行ない、発言、判断を誤りへともたらすのです。聖書の明確な教え以外には、だれの言葉も完全に信頼することはできません。わたしたちは、ある人と親しく、彼をすばらしいと思い、尊敬しているというだけで、彼の言葉によって生きるべきではありません。たとえある人の言葉と行ないがとても聖《きよ》くても、彼の思想は必ずしも完全には霊的でないことを、わたしたちは認識しなければなりません。わたしたちが注意することは、彼の言葉と行ないではなく、彼の思い、頭であるべきです。もしわたしたちが一人の働き人の言葉と行ないに基づいて、その働き人の語ることを神の真理であると信じるなら、わたしたちは聖書ではなく、彼の言葉と行ないを真理の標準としているのです。歴史上、異端を伝え広めた者たちの多くは、聖い信者たちでした！　彼らの心——命——は新しくされていましたが、彼らの頭——思い——は以前と同じままでした。ですから、彼らはそのように振る舞ったのでした。もちろんわたしたちは、命が知識よりも重要であること——何倍も重要であること——を認めます。しかし、わたしたちは命において養われた後、知識を追い求めることを、すなわち、新しくされた思いから出てくる知識を追い求めることを、軽んじるべきではありません。信者は、自分の心と思いの両方が新しくされなければならないことを、認識しなければなりません。

もし思いが新しくされないなら、信者の命は偏ってしまい、働きを行なうことはほとんど不可能になってしまうでしょう。今日のほとんどの教えは、信者の霊的な生活(心)——どのように愛し、忍耐し、へりくだるべきであるかなどを強調します。これらは、確かにとても重要であり、何ものもこれらの事柄に置き換わることはできません。しかしながら、これらの事柄ですべての必要を補うのに十分であると、わたしたちは考えるべきではありません。それらは重要ですが、すべてのものを含むわけではありません。信者の思いが新しくされ、拡大され、力強さにおいて増し加わり、強くなることもまた、同じように重要です。そうでないと、わたしたちは偏った生活を持つことになるでしょう。多くの人々は、霊的な信者は意識のない人であるべきであると考えます。それはまるで、愚かであればあるほど良いかのようです。生活が他の人よりも少し良いことを除けば、彼には何の有用さもなく、何も彼に託すことができません。もちろん、わたしたちはこの世的な知性や知識を欲するのではありません。しかし、神の救いの目的は、罪によって汚された同じ思いを、わたしたちが続けて用いることではありません。神は、わたしたちの霊が新しくされたのと同じように、わたしたちの思いが新しくなることを願われます。神は、わたしたちの思いが回復され、神が創造された時の完全な状態にまで至り、わたしたちが生活において神に栄光を帰するだけでなく、わたしたちの思いにおいても神に栄光を帰することを願われます。無数の神の子供たちは、自分の思いを軽んじたために、思いが狭く、頑固で、堅く、さらには汚れてしまっています。その結果、彼らは神の栄光に欠けています。信者は知らなければなりませんが、彼らの生活が完全に満たされるためには、彼らの思いが新しくされなければならないのです。神の王国が働き人に欠けているのは、多くの信者の思いが何の負担も担うことができないからです。信者は、救われた後も、思いが完全に新しくされることを追い求めるべきであることを、忘れています。その結果、彼らの働きは妨げを受けます。こういうわけで、聖書は信者たちに強調して言います、「思いが新しくされることによって造り変えられなさい」(ローマ十二・二)。

悪霊の攻撃の下にある思い

もしわたしたちが信者の思いの中のすべての経験を調べれば、信者の思いはただ狭くなっているだけでなく、他の多くの病も持っていることがわかります。例えば、抑制することのできない思想や想像、汚れた画像、錯乱し混とんとした記憶、記憶が突然失われること、どこから来るのかわからない先入観、集中力の欠如、思いが鎖で縛られているかのように、よどんだ閉塞《へいそく》した思想、休みなく活動し続ける熱狂的な思想によって、思いは影響を受けています。信者は、自分の思いを支配したり、意志にしたがってそれを指図したりする力が、自分にはないと常に感じます。なおまた、彼らはしばしば、大きなことであれ小さなことであれ、すべてのことについて忘れがちであることに気づきます。彼らは、知らないうちに多くの「軽率な」誤りを犯してしまうことに気づき、なぜそのようなことを犯してしまうのか理由を調べようともしません。体に関する限りは、彼らは何の病もないかのようです。しかしながら、彼らはなぜ自分の思いにこのような病の症状があるのかを、はっきりとは知りません。今日、多くの信者の思いはこのようです。しかし、彼らはその原因を知りません。

もし信者が、自分の思いが前述した点において影響を受けていることを認識するなら、彼はいくつかの点を考慮して、これらの疾病がどこからやって来るのかを知りさえすればよいのです。彼はただいくつかのことを自問する必要があるだけです。だれが彼の思いを支配しているのでしょうか？　彼でしょうか？もしそうであるなら、なぜ彼は今、支配することができないのでしょうか？　それとも神でしょうか？

聖書の原則によれば、神は人に代わって人の思いを支配することはありません。（このことに関して、わたしたちは詳細に述べるつもりです。今は、簡単に述べておくにとどめます）。もし彼でもなく神でもないなら、だれなのでしょうか？　それは暗やみの権威に違いありません。そして、思いを強奪し、このような症状を発生させるのです。ですから、信者は自分の思いを支配できないのを見る時、これが敵の働きであることを知るべきです。一つの点を、常に覚えておくべきです。すなわち、人には自由意志があるということです。神の目的は、人が自分自身を治めることです。人には、自分自身のすべての機能を支配する権威があります。このゆえに、思いは意志の支配の下に置かれるべきです。信者は、自分がこのような思いを持っているかどうかを、またそれが自分自身のものであるかどうかを自問すべきです。もしそれが自分自身のものでなければ、それは人の思いの中で働く悪霊の働きであるに違いありません。意志は考えようとはせず、思いは意志に服従することを願います。それにもかかわらず、思いは絶えず考え続けます。これは、思いの中の思想が、もはや自分自身の思想ではなく、自分の意志に逆らって思想を利用している別な「人」の働きであることを意味します。もし信者が考えようとしないなら、彼の思いの中にある思想は、もはや彼のものではなく、悪霊に属するのです。

もし信者が、どれが自分自身の思想であり、どれが悪霊の思想であるかを識別しようとするなら、彼の「思想」がどのようにしてやって来るかに注意を払うべきです。もし彼の思いが最初は安らかで、平穏で、乱れておらず、その置かれた地位にしたがって働いていたのが、突然、閃光《せんこう》のようにある考えや思想がやって来て、それが自分の働きや自分の置かれている地位とは全く関係がなく、あるいは全く秩序のないものであるなら、そのようなひらめきからやって来る思想は悪霊の働きです。その意図は、それらの思想を信者の思いの中へと注入し、それらは自分の思想であると彼に思わせることです。概して、悪霊が人の思いの中へと注入する思想はいつも、人が持っていないものであり、また通常の思考手順とは反対のものであり、完全に「新しい」ものであり、人が以前には決して考えたことのない、突然やって来る考えです。

信者はそのような思想を持った後、自分がこのように考えているのかどうかを、まず自問すべきです。それは、本当に彼が考えているのでしょうか？　彼がこのように考えようとしているのでしょうか？　それとも、「思想」それ自身が思いの中でわき上がっているのでしょうか？　それは、彼が欲していないものであり、また彼が以前には考えもしなかったものでしょうか？　信者は、自分がその思想を考えているのかどうかを、見いだすべきです。もし彼がその思想を考え出したのではなく、また事実そのような思想に反対しているなら、たとえその思想が彼の思いの中にあったとしても、その思想は悪霊から来たものであると結論づけることができます。すべて人の意志が承認しない思想、すべて人の意志に反する思想は、人自身から出た思想ではなく、外からやって来た思想です。

多くの時、信者の思いは思想に満ちており、また彼はこのような思想を停止することができない自分に気がつきます。彼の思い(頭脳)は、考える機械のようであり、外側の力によって「スイッチを入れられた」ままになっており、絶えず考え続け、制止する方法がありません。信者は絶え間なく頭を振って、そのような思想を拒絶しようとしても、そうすることができません。思想の潮流は、日夜、逆巻く波のように押し寄せ、停止することを拒みます。ほとんどの信者は、このことの理由がわかりません。彼らは、これが悪霊の働きであることをほとんど認識していません。信者は、何が「思想」であるかを知るべきです。思想とは、一つの事柄を彼の思いがつかむことです。しかし、停止させることのできない思想においては、もはや思いが一つの事柄をつかんでいるのではなく、一つの事柄が彼の思いをつかんでいるのです！　本来は、思いが物事を考えていました。今や、思いが物事について考えているのではなく、物事が思いを強いて、考えさせているのです。多くの時、信者はある事柄をほうっておこうとしますが、外側の力がいつも彼の思いの中で、彼に思い起こさせるかのようです。それは、彼が忘れるのを許さず、彼にそのことを考え続けるよう強います。これは悪霊の働きです。

簡単に言えば、信者は異常な現象すべてを調べるべきです。彼らが生まれつき病であるのでなければ、異常な現象すべては悪霊からやって来ます。神は、人の天然の能力の機能には干渉されません。神は、人の思想の中に突然ご自身の思想をさしはさんだり、人の思いの働きを突然断ち切ったり、人から何かを奪い取ったりすることは、決してありません。頭が空っぽになったように感じる突然の思想の停止、思いの中に突然現れる支離滅裂な思想、電線が切れるように思想の中にある記憶が突然薄れること、思いや記憶を用いることが絶えずできないことは、すべて悪霊の働きの結果です。悪霊は思いの機能を占有しているので、ある時はそれを捕らえて、その機能を停止させることができ、ある時はそれを解き放して、再び活動させることができます。自然な原因は、自然な病を引き起こすだけであることを、信者は認識すべきです。突然やって来る思想や忘却は、わたしたちの意志の支配を超えており、また自然の出来事の成り行きの外にあります。こういうわけで、それらは何か超自然的な源からであるに違いありません。もし信者がこのようにして自分の思いのすべての現象を調べてみるなら、自分の症状の原因について無知であることはないでしょう。

エペソ人への手紙はわたしたちに、悪霊が「不従順の子らの中に」働いていることを告げています(二・二)。これはとても重要なことです。悪霊は、人の外側だけでなく、人の内側でも働きます。もしわたしたちがだれかを働かせようとしても、せいぜい言葉や表情やその他の体の動きを用いるだけです。しかし、悪霊はこれよりも多くのことを行なうことができます。彼らは、人から人へというように、外側から働くことができるだけでなく、人の内側で働くこともできます。これが意味することは、彼らは人の思いの中へと入り込み、人の中で働き、人を自分たちに従わせることができるということです。人は、他の人の思いの中へと入り込んだり、内密に多くの事柄をこっそりと人に提案したりすることはできず、またこれらの提案の源が何であるかについて人を混乱させたりすることもできません。しかし、悪霊はこれらのことを行なうことができます。悪霊は、人と人とが互いに交流する時には用いることのできない方法を持っています。彼らは、まず人の思いの中へと働き、次に人の感情へと至ります。なぜなら、思いと感情とは密接に結び付いているからです。彼らはまた、思いから働きを始めて、人の意志へと至ります。なぜなら、思いと意志も密接に結び付いているからです。

彼らの行動する方法は、内密に、またひそかに、彼らの好みの思想を人の思いの中へと入れ、彼らの目的を達成することです。あるいは、彼らは、人に考えてもらいたくないことを、人に考えさせないかもしれません。聖書ははっきりと教えていますが、暗やみの権威は、人に思想を与えることもでき、また人から思想を奪い取ることもできるのです。ヨハネによる福音書第十三章二節は言います、「悪魔はすでに、シモンの子、イスカリオテのユダの心に、イエスを裏切ろうとする思いを入れていた」。これは、サタンが自分の思想を人の思いの中に入れる方法を語っています。ルカによる福音書第八章十二節は言います、「やがて悪魔が来て、彼らの心から御言を奪い取ってしまう」。これは、どのようにしてサタンが、人が覚えておくべき御言を奪い取り、そのため人がすべてのことを忘れてしまうかを、語っています。これら二つの節は、悪霊が人の思いの中で行なう二種類の働きについて、わたしたちに告げています。これらの節によって、わたしたちは悪霊の働きを知ることができます。彼らの働きは常に、人の思いに何かを付け加えたり、取り去ることです。

悪霊が攻撃する理由

なぜ信者の思いはこのように悪霊によって攻撃されるのでしょうか？　一つの答えは、信者自身が悪霊(悪魔とも呼ばれる)に、自分の思いを攻撃させる機会を与えるからです。信者の思いが悪魔の攻撃を受けることがあり得ることを、わたしたちは認識すべきです。このことは、多くの信者の経験によって証明されます。悪魔が最もしばしば攻撃する所は、思いです。なぜなら、思いと悪霊には特別な関係があるからです。信者の思いに対する悪霊の攻撃は、前述したような現象を生み出します。人の思いの一部分あるいは全部が、すでに人の主権から離れており、悪霊の手の中に落ちています。結果として、悪霊は自分の欲するままに考えたり、停止したり、信者自身の意志を無視したりすることができます。思いは依然として体の中に宿っていますが、その主権はすでに他の人に属しています。信者はそれに反対するかもしれませんが、何の効力もないでしょう。どのような面においてであれ、信者が悪霊に地位を与えるなら、その面はその後、人自身の意志には服従しなくなるでしょう。反対に、別の意志に服従するようになるでしょう。信者が思いの中で悪霊に地位を与えると、信者は自分自身の思いに対する主権を失います。言い換えれば、もし信者の思いがその主権を失い、もはやそれ自身を支配することができないのであれば、その思いはすでに悪霊によって占有されているのです。もし悪霊が信者の思いを攻撃していないのであれば、信者の意志はすべてを支配し、考えたい時に考え、停止したい時に停止することができるはずです。彼は何の困難にも遭遇しないでしょう。

信者の思いが悪霊によって攻撃されるのは、信者が思いの中で悪霊に地位を与えたからです。信者が思いの中で悪霊に多くの地位を与えがちなのは、思いが悪霊と特別な関係にあるからです。このような地位は、信者の思いの中で影響力を持ち、悪霊が自由に働くことができるようにします。わたしたちは一つのことを覚えておくべきです。すなわち、人の思いは人のものです。もし悪霊が人の許しを得ることができなければ、悪霊は人の思いを用いることはできません。もし人が自発的に——意識的にであれ無意識的にであれ——悪霊に思いを明け渡すことをしなければ、悪霊は人の自由を侵すことはできません。これは、悪霊が永遠にわたしたちを思いの中で誘惑しないことを意味するのではありません(このようなことは、今の世では起こらないでしょう)。しかし、わたしたちが自分の意志を活用して反対する時、彼らは直ちに停止するでしょう。今日の問題は、多くの信者が自分自身の意志を活用して抵抗しても、誘惑が依然として停止しないということです。このようなことは、起こるべきではありません。それは悪霊の働きの証拠です。なぜなら、それは人の意志に反して行なわれるからです。

信者が悪霊に真に地位を明け渡した後、彼の思いは悪霊の働きで満たされることを免れません。悪霊は、信者が悪霊に与えた地位にしたがって、信者の上で働きます。信者は思いの中で悪霊に地位を与えたのですから、悪霊は何であれ自分の欲することを信者の思いの中で行なうことができます。悪霊の働きにおける最も重要な原則は、悪霊に働きをするための地位を与えなければならないということです。彼らはその地位を持つ時のみ、働きをすることができます。その地位がなければ、彼らは働きをする方法がありません。彼らがどれだけ働きをすることができるかどうかは、彼らがどれだけ地位を得るかどうかにかかっています。いつであれ信者が思いの中で悪霊に地位を与えるなら、悪霊は信者の思いの中で働き始めるでしょう。信者が悪霊に与える地位には、六種類あります。それらを一つずつ、簡単に見ていきましょう。

A　新しくされていない思い

肉はいつも、悪霊が働く場所です。もし思いが新しくされていないなら、たとえ人が霊の中で再生されていても、悪霊は依然として働く機会を持つでしょう。多くの信者は、悔い改めた時に、その思いは一瞬のうちに変えられましたが、それは、サタンによって盲目にされていた彼らの目が完全に明らかにされたことを意味するのではありません。多くの部分は、おそらく依然として「おおい」がかけられているかもしれません。これらの暗やみの部分は、過去に悪霊が働いた場所であるので、今日それらが減少しているからといって、完全に滅びたことを意味するのではありません。悪霊は依然としてこれらの部分を占有しており、またそこから働きを指図しています。悪霊が罪を通して人の思いを占有するのを見ることは、とてもよくあることです。これは、彼らが救われる前に、あるいは彼らが救われた後でさえも起こります。幾らかの変化は起こりましたが、かつての地位はまだ覆われておらず、あるいは取り除かれていません。ですから、悪霊は依然として彼らを、働きの基地として占有するのです。

悪霊は、とても注意深く自分の働きを覆います。もし信者が肉的であるなら、悪霊は、信者の性格や状態と類似した多くの思想を、信者の思いを通して生み出します。悪霊は信者に、これらのものが自分自身の思想であり、また自然なものであることを信じさせます。もしこのような人が聖霊のバプテスマを追い求めるなら、悪霊は聖霊の働きを装い、多くの超自然的な啓示を彼に与え、これらのものが神からであると彼に信じさせます。悪霊は、このような新しくされていない思いが、彼らの働きにとって最も良い場所であることを知っているので、信者たちを多くの点において妨げ、無知にならせ、思いが新しくされることを追い求めないようにさせます。これが、悪霊に与えられる最も一般的な地位です。しかし、このような地位があるだけで、後で語られるような受け身であることがなければ、思いと記憶があまりにもひどく弱められるようなことはやはりないでしょう。

B 正当でない思想

悪霊に地位を与える時、すべての罪が生じます。信者が思いの中で罪に注意を払う時、それは、彼が自分の思いを悪霊に貸し付けたことを意味します。なぜなら、すべての罪は、悪霊からやって来るからです。もし信者が思いの中で罪に明け渡すなら、彼は罪の背後にある悪霊を拒絶することはできません。罪深い思想が心の中に宿っている限り、悪霊は彼の中で働きます。すべての汚れた、高慢な、慈愛のない、不義な思想などは、悪霊に地位を与えます。思いの中で明け渡してしまい、このような思想を拒絶しない信者は、次の時にはこのような思想が戻って来るのがさらに容易になり、またそれらに抵抗するのがさらに困難になることに、気がつくでしょう。なぜなら、悪霊がすでに彼らの思いの中に地位を占めているからです。

罪以外にも、正当でない思想が多くあり、それは悪霊が働くための基地となり得ます。悪霊はしばしば一つの思想を、信者の中へと注入します。もし彼らがそれを受け入れるなら、その思想は、悪霊が働くための一つの地位となります。すべての確証されていない考え、すべてのむなしい思想、どこからやって来るのかわからないすべての観念、耳が無意識のうちに聞いた言葉、書物の中で無意識のうちに読んだ行、その他、人生におけるすべての思いつきは、悪霊に地位を与えます。それらは、悪霊が将来にわたって、おそらくその後の数年間にわたって、働くことができるようにするでしょう。それらはまた、信者たちを先入観で満たし、神の真理に対して反逆させ、多くの異端を信じさせます。

C　神の真理を誤解する

信者たちは、いったん悪霊からの偽りを受け入れれば、悪霊に地位を与えてしまうことを、ほとんど認識していません。もしわたしたちが、自分の中や環境や働きにおける悪霊の働きを誤解して、それらを自然で、明白で、自発的に発生し、わたしたちによって引き起こされたものであると考えるなら、わたしたちは悪霊に地位を与え、これらの事柄において彼らが働き続けるのを許しているのです。わたしたちが悪霊からの偽りを受け入れているので、悪霊はわたしたちが受け入れた偽りを通して働くことができます。わたしたちは、これらの思想が悪霊からのものではなく、わたしたち自身から出た良い動機によって引き起こされたものであると信じているので、無意識のうちにこれらのものがわたしたちの中にとどまるのを許しているのです。このように許してしまうことは、わたしたちが欺かれたことの結果ですが、悪霊が働きを続ける十分な地位を与えてしまっているのです。

他方において、多くの信者は、神の真理を誤解し、主と共に死ぬことや、主に献身すること、聖霊を待ち望むこと、神の動きを知ることなどの真理が何を意味するかについて、はっきりしていません。結果として、先入観が彼らの心の中に芽生え、霊的な教えはどのようであるべきかについてさまざまな考えを持ち始めます。悪霊はこの機会を捕らえ、信者が誤解しているものや信者が知っていると思っているものを、信者に与えるでしょう。このようにして、悪霊は信者の誤解と共に進んで行き、それにしたがって働きをします。信者は、これらが神から出てきたものであると考えます。実際は、悪霊は信者の誤解を通して、神の働きを偽装しているのです。

D　提案を受け入れる

悪霊たちは、しばしばその思想を信者の思いの中に注入します。彼らは特に、信者の環境や将来について信者に「預言」することを好みます。彼らは、信者が将来どのようになり、何に遭遇するのかを、信者に告げます。もし信者が、これらのものが悪霊から出ていることを知らずに、それらを受け入れたり、あるいはそれらを拒絶せず、それらが思いの中にとどまるのを許しておくなら、時が来れば悪霊は環境の中で働き、預言された事柄に信者を遭遇させるでしょう。信者は無知のゆえに、自分自身はこのことについてずっと前から知っていたと考えるかもしれません。実際は、悪霊が自分の考えを一種の預言で装い、それらを信者の思いの中へと注入し、信者の意志を試み、信者がそれを受け入れるか拒絶するかを見ようとしているのです。もし信者の意志がそれに反対せず、あるいはそれに同意するなら、悪霊は地位を得て、好きなだけ信者の上で働くでしょう。占い師や手相見の言葉はすべて、この原則にしたがって成就するのです。

時には、悪霊は信者の体に関しても同じような預言を与え、信者が弱くなっていることや、病気であることを告げます。もし信者がこの思想を受け入れるなら、彼は本当に病気になり、弱くなるでしょう。信者は病気である時、自分が病気であることを知っているだけです。科学の知識を持っている人は、それは心理的なものであると言うかもしれませんが、霊的な洞察力を持っている人は、これは、信者が悪霊の提案を受け入れたことによって引き起こされたものであることを知っています。信者が悪霊に地位を与えたので、悪霊は自分に与えられた地位にしたがって働いているのです。いわゆる自然の病気や心理作用と言われるもののうち無数の事例が、人によって与えられた地位を通して働いている悪霊の働きです。もし信者が悪霊からやって来るすべての思想に抵抗しなければ、悪霊は信者に与えた思想にしたがって働くでしょう。なぜなら、悪霊はその地位を与えられているからです。

Ｅ　思いの中が空っぽである

神は人に思いを造られました。それは、用いられなくなることを予定していませんでした。最初から神は、人が御言を聞いて理解することを望まれました(マタイ十三・二三)。最初から神は、人が自分の思いを用いて神の言を受け入れることを望まれました。その後、この御言は思いから彼の愛、意志、霊へと到達します。ですから、活発な思いというのは、悪霊の働きにとって障害となります。それゆえ、悪霊の最大の目的は、信者の思いを空っぽな状態に陥らせることです。空っぽとは、内側に何もなく、真空になることです。悪霊はこのことを、欺きを用いてであれ、あるいは力を用いてであれ、行なうでしょう。悪霊は信者の思いを空っぽにするでしょう。信者は思いが空っぽである時、考えることができなくなり、自分の理性と意識を失い、悪霊の「教え」を無差別に受け入れ、これらの教えの性質が何であるか、また結末がどうなるかを顧みないようになることを、悪霊は知っているのです。

信者は、自分の思いを活用すべきです。しかしながら、思いを活用することは、悪霊にとっては都合が良くありません。その結果、悪霊は最善を尽くして、信者の思いを空っぽにしようとします。信者の思いが正常に機能している時、信者は、意識を超えた超越的な啓示すべてと、注入されたあらゆる種類の思想を識別し、その源を知るでしょう。思いが空っぽであることは、悪霊に地位を与えます。思いが空っぽである時に受けた啓示や思想はすべて、悪霊から出ています。もし信者が一瞬たりとも自分の思いを用いない時があるなら、悪霊が熱心に彼を助けにやって来るのを、彼は見るでしょう。

F　思いが受け身であること

一般的に言って、思いが空っぽであることと、思いが受け身であることとの間には、あまり違いはありません。しかし、厳密に言えば、思いが空っぽであることは、思いを用いないことであり、思いが受け身であることは、外側の力がやって来て思いを用いてくれるのを待つことです。受け身であることは、空っぽであることよりもさらに一歩進んでいます。受け身になることは、自分自身では動かずに、外側の力がやって来て自分を動かすのに任せることです。思いが受け身であることは、自分自身で考えることを停止し、外側からやって来る力がわたしたちの思いの中で考えるのに任せることです。受け身であることとは、機械になることです。

思いが受け身であることは、悪霊が働きをするための最上の地位を与えます。悪霊がこれ以上喜ぶ地位は、ほかにはありません。もし信者が自分自身の思いを用いず、外側からやって来る力が自分の上に臨むのを期待するなら、超自然的な悪霊は機会を捕らえて、彼の意志と体とを占有するでしょう。愚かな思いがその無知のゆえに容易にだまされてしまうのと同じように、受け身的な思いも、その意識が欠けているゆえに、容易に攻撃を受けてしまいます。それは応答することができず、まるで頭脳がないかのようです。もし信者が、自分の思いが考えたり、推論したり、決定したりするのを停止させ、自分自身の経験と歩みを、聖書の中に啓示されたものと比較しないなら、彼は、サタンの欺きが自分の思いの中にやって来るようにと招いているのです。

聖霊の導きに従おうとすることにおいて多くの信者は、神が与えられたかのように見える思想が聖書の光にしたがっているかどうかを、自分は今後は熟考したり、考慮したり、決定したりする必要はないとします。彼らは、聖霊によって導かれることの意味は、死んだようになることであり、自分はただ思いからやって来る思想と刺激に聞き従いさえすればよいと考えます。特に彼らは、祈った後にやって来る思想は神から来るものであると信じます。その結果、彼らは祈っている間、また祈った後、自分の思いが受け身な状態に陥ることを許してしまいます。彼らは、自分自身の思想やその他のすべての思いの活動を停止させ、「神の思想」を受けることを望みます。彼らは、このような思想は神から来るのであると信じます。そして彼らは、かたくなで、頑固で、理性のない人となり、かたくなで、頑固で、理性のない事柄を多く行ないます。彼らは次のことをほとんど認識していません。すなわち、(一)祈ることは、わたしたちの思想を神の思想とならせるのではないこと、(二)祈りの時と祈りの後に、神に属する思想を待ち望むことは、悪霊が神を装ってやって来るのを招くだけであること、(三)神の導きは、思いの中にではなく直覚の中にあることをです。神が望んでいることは、人が受け身になることではなく、人が活発に神と同労することであることを多くの信者は理解していません。彼らは多くの労力を費やして、自分自身を訓練し、受け身的な思いを持った人――自分ではどう考えたらよいかわからない人になり、このようにして神の思想を受けることを期待します。彼らが自分の思いを用いない時、神も彼らの思いを用いず、また彼らに神の思想を与えられないことを、彼らはほとんど認識していません。なぜなら、神の原則は、人が自分自身の意志を用いて、自分自身の機能を支配し、神と同労することであるからです。人が自分の思いを用いない時、悪霊は機会を捕らえてやって来て、支配します。神は、人が機械となって神の啓示を受けることを、望まれません。悪霊だけが、人がこのように振る舞うことを望みます。こういうわけで、受け身であることはすべて、悪霊に便宜を図ることです。悪霊は、信者の無知と受け身であることを利用して、彼らの思いの中で働くのです。

受け身であること

何であれ信者によって悪霊に与えられた地位は、悪霊の働きをひき起こします。これらすべての地位のうちで最も重要なものは、受け身であることです。なぜなら、受け身であることは意志の態度を表しているからです。意志は、人全体を代表します。受け身であることは、悪霊が自由に働くことができるようにします。もちろん、そのような働きは、常に外側で偽装されています。そのため、信者は、悪霊が働いていることに気がつきません。信者は、自分の無知を通して受け身であることの中へと陥っています。彼らは、霊の命における思いの地位を誤解する時、それを過大に、あるいは過小に考えることにより、自分の思いを受け身であることの中へと陥らせてしまいます。そして、彼らは受け身的な思いの思想に従います。このゆえに、神の導きの方法をはっきりと見ることが、不可欠になってきます。

思いが受け身であることは、神に献身することと聖霊に服従することの意味を誤解することによって、ひき起こされます。多くの信者は、自分の思想は自分の霊の命にとって妨げであると考えます。真の妨げは、彼らの頭脳が働きを停止したり、混乱のうちに働くことであることを、彼らはほとんど知りません。

頭脳が正常に機能することは、有益であり、必要であること、なぜなら、このように機能することによってのみ、神と同労することができるということを、彼らは認識していません。わたしたちは以前すでに強調して語りましたが、神の導きに従う正しい道は、直覚にかかっているのであり、思いにかかっているのではありません。これはとても重要なことであり、わたしたちはそれを忘れるべきではありません。信者は、直覚の中の啓示に従うべきであり、思いの中の思想に従うべきではありません。思いにしたがって歩いている者たちは、肉にしたがって歩いています。これは誤った道へと導きます。しかしながら、これは、思いが二次的な事柄において役に立たないことを意味するのではありません。もしわたしたちが思いを、神と直接交わって啓示を受けるための器官であると見なすなら、わたしたちは大きな間違いを犯しています。しかし、このことは、思いがその部分の働きを果たして直覚を助けるべきではないことを、意味するのではありません。直覚は、神のみこころを知っている器官です。しかし、わたしたちは、自分の感覚が直覚から出ているものかどうか、あるいはそれが自分自身の感情の偽装であるかどうかを見て吟味するためには、やはり思いを必要とします。わたしたちは、内なる感覚が神のみこころであり、またそれが聖書にしたがったものであるかどうかを、知らなければなりません。わたしたちは、直覚によって知りますが、思いによって確認します。わたしたちは、何と容易に間違いを犯しやすいことでしょう！　もしわたしたちに思いの助けがなければ、何が神から出ているかを決定することは困難です。

正しい導きには、思いが必要となります。多くの事柄における直覚の導きは、理性に反しています。またわたしたちは、自分の思いを用いて直覚と言い争うべきではありません。むしろわたしたちは、自分の思いを用いて、そのことが神から出ているかどうかを学ぶべきです。直覚が神のみこころを知ることは、とても素早いものです。しかし、わたしたちは、自分の思いを用いて考慮し、熟慮して、自分の知っていることが直覚と聖霊から出ているものであるかどうかを見るために、時間を必要とします。もしそれが神から出たものであるなら、わたしたちがそれを考慮し、熟慮している間に、直覚はわたしたちにさらに明確な感覚を与え、それが神から出たものであることを信じさせるさらに深い信仰をわたしたちに持たせるでしょう。思いによるこのような働き――ただこのような吟味だけが、有益であり、また正常なのです。もしこのような実行が、肉の思想や感覚から出たものであるなら、繰り返し吟味することは、ただ良心の抵抗を引き起こすだけになるでしょう。ですから、あることが神から出たものであるかどうかを理解するために理性的に調べることは、妨げであるのではなく、直覚がそれ自身を証明するための機会となるのです。もしある事柄が真に直覚から出たものであるなら、思いの中で理性によって調べられることを恐れたりはしません。反対に、調べられることを恐れる導きの多くは、おそらく自己から出たものであるでしょう！　思いが率先すべきではありませんが、あらゆる種類の導きを吟味して、それが神から出たものであるかどうかを見るためには、必ず思いが必要となります。

　このような教えは聖書の教えです。なぜなら、聖書は次のように言っているからです、「こういうわけで愚かであってはなりません。かえって、何が主のみこころであるかを理解しなさい」、「主に喜ばれることが何であるかを、よくよく確かめなさい」（エペソ五・十七、十）。思いの機能を、埋没させることはできません。神は、人の魂の機能を無効にするのではなく、それを新しくして用いられます。神は、信者が神に服従する時、自分が何をしているのかを知ってもらいたいのです。神は、意識のない盲従を望まれません。神は、信者が自分が何をしているかについて頭が混乱してしまうことを望まれません。神は、彼らが何かを聞いたり感じたりして、自分は神のみこころについてはっきりしたと思い込み、それにしたがって行動することを望まれません。また神は、信者を直接操って、何も知らずに暗やみの中で服従させることも望まれません。神は、信者が神のみこころを理解し、自分の意識を用いて服従することを望まれます。怠惰な人は、自分では何の責任も負おうとはせず、ただ受け身になって、神に自分や自分の肢体を用いてもらおうとするだけです。しかし、神は、人が能動的に神のみこころを尋ね求め、自分の意志と自分自身を活用して、神に服従することを望まれます。神は、人の直覚と意識が一致することを望まれます。

しかしながら、信者は、これが神の導きの正しい道であることを認識していません。彼らは、自分自身を受け身であることへと陥らせ、神がご自身のみこころを自分の思いの中へと入れてくださることを待ち望みます。彼らは、何か超自然的な導きを受けると、この導きが神から出たものであるかどうかを自分の思いで吟味することをせず、盲従するかもしれません。彼らは、思いを用いずに自分の肢体を活用するかもしれません。また神のみこころを明確に理解することをせずに、自分の意識の外で神が自分の肢体を用いてくださることを、待ち望むかもしれません。このような振る舞いの結果は、悪鬼に取りつかれることです。悪鬼がとりつく条件は、人が受け身になることです。(わたしたちはこのことを、別の所で詳細に語ります)。人が自分の思いを用いない時、神もまたその人の思いを用いられません。なぜなら、そうすることは、神の働きの原則に反するからです。その結果は、悪霊が機会を捕らえて、その信者の思いを占領してしまうことです。この世には悪霊がおり、これらの悪霊は力を尽くして神の子供たちを欺こうとしていることを、多くの信者は知りません。もし悪霊が働くための条件を信者が満たすなら、悪霊は働くでしょう。なおまた、彼らはあらゆる所で見張っており、信者を占領するためにやって来る機会を捜し求めています。ですから、思いを受け身であることへと陥らせてしまうことは、とても愚かなことです。

わたしたちが知るべき事柄がもう一つあります。すなわち、悪霊が働くための条件です。わたしたちは受け身であることについては、すでに簡単に語りました。しかしながら、わたしたちはさらに一歩進んで、それを調べなければなりません。この世には、悪霊との交わりにとても興味を持っている人々がいます。普通の人は、悪鬼にとりつかれることを望みません。しかし、これらの人々は、進んで悪鬼にとりつかれようとします。これらの者は、魔術師、悪鬼と交わる者、霊媒、霊をもたらす者たちです。もしわたしたちが、彼らが悪鬼にとりつかれる原因を注意深く考えるなら、悪鬼にとりつかれることのすべての原則を理解することができます。なぜなら、悪鬼にとりつかれることはすべて、同じ原則に従っているからです。これらの人々はわたしたちに言いますが、彼らが神と呼んでいる悪鬼にとりつかれるためには、彼らの意志は完全に抵抗しないようにならなければならないのです。これが意味することは、彼らの体に臨むすべてのものを進んで受け入れなければならないということです。しかしながら、彼らの意志が受け身になるためには、彼らの思いが空っぽになり、完全に機能がなくならなければなりません。というのは、思いが空っぽになることだけが、意志の受け身であることを生み出すからです。これら二つのことが、悪鬼にとりつかれるための基本的な条件です。こういうわけで、悪霊をもたらす者たちは、頭を振り、髪を乱れさせ、長い間このように続けて、自分の頭が完全に無感覚になるまで行ないます。その時はじめて、彼はいわゆる神に取りつかれて、悪霊が働くことができるようになります。頭がこのように空っぽである時、意志も自然にその機能をすべて失います。このような状態に達する時、徐々に、口はもはやその人自身の意志にしたがって動かなくなり、全身が震え始めます。しばらくすると、「神」が彼の体に臨みます。悪鬼と交流する者たちについては、彼らが悪鬼にとりつかれる方法は、表面的には異なる点があるかもしれません。しかしながら、その原則を調べれば、その方法というのはすべて、思いが空っぽになり、意志が受け身になることを通して行なわれることを、わたしたちは見いだすことができます。一つのことがはっきりしています。もしあなたがこれらの人々に尋ねるなら、彼らはあなたに必ず次のように言うということです。すなわち、悪鬼がやって来る時、彼らの思いは考えることができず(もちろん、意志が受け身になっても思いが空っぽになることがなければ、思いは依然として考えることができるでしょう)、彼らの意志は機能することができない、ということです。なおまた彼らは、思いが空っぽであり、意志が受け身である状態に達しなければなりません。そうしてはじめて、悪鬼がやって来るのです。そうでなければ、悪鬼はやってこないのです。

科学の名の下に偽装した近代のいわゆる催眠術や、宗教的で神秘的な座禅法などは、人々にテレパシーの力を持たせたり、さまざまな方向からの音を聞いたり、いやしたり、状況を変えたりすることができるようにしますが、実はこれら二つの原則の上に成り立っています。それらは名においては人類の益のためですが、「精神統一」、「注視すること」、「座禅」、「黙想」などの方法はすべて、まず思いが静まり、意志が受け身になることを要求します。しばらくすると、超自然的な霊がやって来て、これらの者たちに多くのすばらしい事柄を見せるのです。今わたしたちは、これらの事柄を行なう者たちが、自分は悪霊を招いているのだということを知っているかどうかは、問わないことにします。わたしたちが知っていることはただ、彼らはこれらの事柄を行なうことによって、悪霊が彼らに取りつくための条件を満たしているということだけです。こういうわけで、彼らはこのような結末を避けることができません。最後には、彼らは、自分が受けていたのは悪霊であったという事実に目覚めるでしょう。

わたしたちはこれらの事柄を詳細に扱うことはできません。わたしたちが信者に理解してほしいことは、悪霊が人の上に働くためには、人の思いと意志が完全に空っぽで受け身になることが必要であるということだけです。すべてこの条件を満たす者たちを、悪霊は非常に喜び、直ちにやって来て働きます。「異教徒」がこの条件を満たす時、悪霊は彼に取りつきます。信者がこの条件を満たす時も、悪霊はやはり遠慮なしに彼の所へとやって来ます。

わたしたちは認識する必要がありますが、多くの信者は、悪霊が働く条件と、いったん人がこれらの条件を満たせば悪霊は制限を受けずに働くということについて無知なのです。ですから、多くの者が無意識のうちに悪鬼の媒介となり、悪鬼にとりつかれてしまうのです！　信者はしばしば集会の中で、聖霊の降臨を待ち望もうとします。彼らは深夜まで集まり続け、あらゆる種類の魂的な活動で満たされます。彼らの思いは麻ひし、心は揺れ動き制御できなくなります。突然、彼らは、異言で語ることや、ビジョンを見ることや、喜びを感じることなどのような奇妙な事柄を経験し始めます。彼らは、聖霊が本当にやって来たと感じます。しかし、わたしたちは認識すべきですが、このように思いが空っぽであり、意志が受け身である時、働くのは悪霊だけであり、聖霊は働きません。わたしは一つの明らかな例を述べましょう。集会の中で彼らが好む祈りは、「栄光」や「ハレルヤ」などのような一つの言葉で祈ることです。彼らは、一つの言葉を口で繰り返し唱え続けます。もしわたしたちが同じ言葉を数十回も唱えるなら、わたしたちは何が起こるかわかります。わたしたちは同じ言葉を口でぼそぼそ言うでしょうが、わたしたちの思いはもはやその意味を知らないでしょう。これは、思いが空っぽになることです。しかしながら、人はもはや自分自身を制御することができません。彼はこのように唱え続けなければならなくなります。これが意志の受け身であることです。ついには、何か外側の力が彼ののどを利用し、彼の口を動かして、彼にも理解できない事柄を語らせるのです。この時、無知な信者は、「聖霊のバプテスマ」を経験したと考えます。なぜなら、彼はバプテスマの証拠——異言で語ること——を受けたからです。彼は、自分がただ単に悪霊が働くための条件を満たし、自分の思いを空っぽにし、自分の意志を受け身にならせ、悪鬼によって利用されていただけであることを、ほとんど認識していないのです！

今日の信者は、自分の受けたものが自分をさらに「幸い」にし、「霊的」にし、「熱心」にならせ、「聖く」ならせるのであるなら、それはすべて聖霊からやって来たのであるに違いないと考えます。彼らは、これが悪霊の欺きであることを認識していません。悪霊は信者を得るためには、あらゆる手段に訴えるのです。悪霊は、信者が降霊者であるというしるしを示すのを見るやいなや、その機会を逃さずに、直ちにこれらの信者たちへとやって来ます。悪霊は、信者をおびえさせようとはしません。このゆえに、彼らは信者の信頼を得るためにあらゆることを行ないます。彼らは、主イエスとその愛らしさ、栄光、麗しさを装い、信者にそのような「イエス」を礼拝させ、愛させ、自分自身を献身させます。実は、信者は悪霊に対して礼拝し、愛し、献身しているのです。悪霊が信者の完全な信仰と信頼を得る時――その時は一定ではなく、多くの時は何年もかかります、――悪霊は信者の中に、さらに明らかに悪霊に属するものを入れます。しかし、その時には、信者はそのごう慢さ、怠惰さ、愚かさのゆえに、多くの者は自分が受けた霊がどのような霊であるかを吟味することをしないでしょう。

一つのことがはっきりしています(もし信者がこの一つのことを覚えておくことができればですが)。すなわち、悪霊の働きと聖霊の働きとの間には根本的な違いがあるということです。聖霊が働かれるための条件を人が満たす時のみ、聖霊は働かれます。同様に、悪霊が働くための条件を人が満たす時のみ、悪霊は働きます。たとえ人が表面的には聖霊を追い求めていても、悪霊が働くための条件を満たすなら、聖霊は働かれないでしょう。悪霊がその機会を捕らえて働くでしょう。ですから、普通の信者は、何が神から出たものであり、何が神を装っているものであるかを識別することができなくても、心配する必要はありません。ただ、自分が最初にこれらのものを受けた時の状況を吟味する必要があるだけです。もし聖霊が働かれるための条件を彼が最初に満たしたのであるなら、彼が受けたものは神から出ているのに違いありません。もし悪霊が働くための条件を彼が最初に満たしたのであるなら、たとえ表面的には聖霊を追い求めてはいても、彼が受けたものは悪霊から出ているのに違いありません。わたしたちは、超自然的な事柄を拒絶しているのではありません。しかし、わたしたちは、何が神から出ているものであり、何がサタンから出ているものであるかを、識別する必要があります。

聖霊が働かれるための条件と悪霊が働くための条件との間の根本的な違いとは何でしょうか？（一）すべて超自然的な啓示、ビジョン、不思議な事柄などで、思いの機能が完全に停止することを要求するものや、信者の思いが機能を停止する時に得られるものは、神からやって来るものではありません。（二）聖霊からやって来るビジョンは常に、信者の思いが完全に活動している時に信者に与えられます。さらにまた、信者の思いのあらゆる機能が活発にされて、聖霊からのビジョンを受けるのでなければなりません。悪霊が働く時、それは完全に反対です。（三）すべて神からやって来るものは、神の性質と聖書に一致します。

わたしたちは外側の形を顧みないようにしましょう。それが明らかに悪鬼からのものであろうと、神聖な源からのものを装っていようと、外面的な名称がどのような種類のものであろうとです。わたしたちはただ、その働きの背後にある原則が何であるかを問う必要があるだけです。わたしたちは認識すべきですが、暗やみの権威から出てくる超自然的な啓示はすべて、思いの機能が停止することを要求します。しかし、あることが神からであれば、思いの能力と機能とはいずれも依然として活動することができ、何の妨げも被りません。旧約においてイスラエル人がシナイ山で見たビジョンと、新約においてペテロがヨッパで見たビジョンはいずれも、ビジョンを見る者たちが完全に自分自身の思いを用いることができることを証明しています。

聖書の中に記録されているように神によって与えられる啓示及びビジョンと、今日の信者が受けているいわゆる啓示及びビジョンとの間には、根本的な違いがあります。新約の中に記録されている神の超自然的な啓示のそれぞれの場合を調べれば、わたしたちは見ますが、啓示を受けた人はすべて、機能する思いを持っており、自分を治めることができ、自分の体のどの肢体でも用いることができました。しかし、今日のいわゆる超自然的な啓示はすべて、受け手の思いが、ある時は完全に、ある時は部分的に、受け身になることを要します。それに加え、受け手は、部分的に、あるいは完全に、自分自身の肢体を用いることができなくなります。これが、神に属するものと悪鬼に属するものとの根本的な違いです。例えば、聖書の中に記録されているような異言を語ることは、すべてそれを語る者が自分を治めることができ、完全に意識があったことを示しています。例えば、ペンテコステの日のペテロは、依然として人々のあざけりを聞くことができ、またそれに応答することができました。彼は依然として、自分と一緒にいる者たちは酔っているのではなく、聖霊に満たされているのであると、証明することができました(使徒第二章)。コリントにある教会の異言を語る者たちは、人数を「二人または三人」(Ｉコリント十四・二九)であると数えることができました。彼らは自己訓練を行なって、「一人ずつ」(三一節)語ることができました。また、解く者がいなければ、彼らは「黙っていて」(二八節)、語らないでいることさえできました。彼らはみな意識があり、自分を治めることができました。これは、「預言者の霊は、預言者に服従する」(三二節)からです。今日の異言を語る者たちは、このようでしょうか？　彼らは、自分自身の制御を完全に失っており、また自分が何をしているかについて全く無知ではないでしょうか？　預言者の霊は預言者に服従しておらず、反対に預言者が霊に服従しているのではないでしょうか？　ここにわたしたちは、神から出たものと悪鬼から出たものとの間の根本的な違いを見ることができます。

わたしたちが以上で述べたことはすべて、聖霊と悪霊によって与えられる超自然的な事柄の間の違いに関係があります。今わたしたちは、聖霊の働きと悪霊の働きとの間の違いを、自然な事柄と関係づけて簡単に見たいと思います。神の御声を聞くという例を考えてみましょう。わたしたちが最初に覚えておくべきことは、わたしたちが物事をはっきりと理解すること(エペソ一・十七―十八)を、聖霊は常に意図されるということです。聖霊は決して人を機械のようには見なされません。彼は、人が彼に無意識に従うことを意図されません。それは、善を行なうことにおいてもです。さらにまた、彼はご自身のみこころを、人の霊――人の存在の最も深い部分――から表現されます。神の導きは決して、(一)混乱しておらず、(二)不《ふ》明瞭《めいりょう》でなく、(三)ぼうっとしたものでなく、(四)強制するものではありません。何であれ悪霊からやって来るものには、次のような特徴があります。(一)それは、外側から入ってくるものであり、多くの場合は思いから入ってくるものです。それは決して人の存在の最も深い部分から出てくるものではありません。それは直覚的な啓示ではなく、閃光《せんこう》のようにやって来る思想です。(二)それは常に、催促するものであり、衝動的なものであり、強制するものであり、直ちに行動することを要求するものです。それは、人が考え、考慮し、吟味する時間を与えません。(三)それは信者の思いを麻ひさせ、混乱させ、考えることができないようにさせます。すべて悪霊からやって来るものは、超自然的なものであれ自然なものであれ、常に信者に思いの正常な機能を失わせます。しかし、何であれ聖霊からやって来るものは、こうではありません。

第二章　受け身的な思いの状態

とても哀れなことですが、信者は、悪霊の働きと聖霊の働きとの間の根本的な違いを知りません。彼らは知らず知らずのうちに、悪霊が入ってきて自分の思いを占有するのを許してしまいます。今わたしたちは、悪霊の攻撃の下にある思いを、簡単に見ようと思います。

突然やって来る思想

信者の思いが受け身的な状態に陥ると、多くの思想が外側から彼の中に注入されます。汚れた、冒とく的な、混乱した思想があるようになります。それらは、波のように頭の中に押し寄せてきます。人はそれらを拒絶しようと決心するかもしれませんが、自分にはその思想を停止させることができず、その思想の方向や題目を変えることもできないことに気がつきます。思いは一種の機械のようになり、いったんスイッチが入れば、その機械は容易には停止することができなくなります。信者は自分の意志を用いてそれらに反対するかもしれませんが、自分の欲していないその思想を取り除くことができないことに、やはり気がつきます。信者の意志に反してやって来る思想は、悪霊からのものです。

ある時、突然、閃光《せんこう》のような思想が信者の思いの中に入ってきて、彼に何か特別な事柄を理解させ、知らせ、発明させます。それは、彼がこのことを行なったり、あのことを行なったりするよう、提案するかもしれません。このような突然やって来る思想は、信者自身から出ているかのように見えますが、それを吟味してみれば、それは自分自身から出てきたものではないことに、彼は気がつくでしょう。このゆえに、これもやはり受け身的な思いの中における悪霊の働きです。信者は、ある行動を提案する、突然やって来る思想を拒絶すべきです。これらは、聖霊からやって来るものではありません。なおまた、もし信者がこれらの思想にしたがって行動するなら、その結果は何と意識のないものになるかを、彼は見るでしょう。

この終わりの時代には、悪霊は多くの教えの働きを行なっていること(Ⅰテモテ四・一)を、わたしたちは知っています。信者は、悪霊が彼らの受け身的な思いの中にこれらの教えを与えることがないように、警戒すべきです。多くの信者は、自分は御言を学んでおり、多くの新しい光を受けており、前の時代の人々が理解していなかった多くの事柄を理解していると考えます。しかし、このような信者は注意しなければなりません。なぜなら、多くの場合、そのように考えているのは、彼らではなく、彼らにこのような思想を突然与えた悪霊なのです。悪霊は自分の一つの思想を、信者の思想の中に巧妙に押し入れるかもしれません。多くの信者は、自分の思いが悪霊の教えを取り入れることがあり得るという事実に無知であるため、書斎で一人で読書し、黙想している時、突然の照らしを多く受けるのです。彼らは、神聖な教えにおける何か新しい事柄を自分が発明したと考え、突然やって来るこれらの思想を書き留めたり、発表したりし、これらのものは自分の研究の結果であると考えます。他の人々はそれらについて読んだり聞いたりする時、彼らの優れた聡明《そうめい》さに驚きます。実際、どれだけ多くの教えの源が、底知れぬ穴から出てきているかを、わたしたちは知りません。多くの異端、多くの「霊的な教え」、多くの聖書の解釈が、キリストの教会をばらばらに分裂させていますが、それらは、自分の書斎で、ある教理を突然理解する人々からやって来るのです。わたしたちは、自分の受けた照らしがどんなに卓越しているかを考えるだけであってはなりません。そうではなく、わたしたちは、「どこからわたしはそのような照らしを得るのか？」を問うべきです。(一)それは、直覚を通して聖霊によって啓示されたものでしょうか？　(二)それはわたし自身の思いからでしょうか？　(三)あるいは、悪霊がこれらの思想をわたしに与えているのでしょうか？

信者の思いが受け身になる時、悪霊はあらゆる種類の無意味な思想を信者の中に注入することができます。悪霊は彼に次のように告げるでしょう、「あなたは神の特別な器です……あなたの働きは全世界を揺るがすでしょう……あなたの霊の命は、他の人よりもずっと高く、深いです……あなたは別な道を行くべきです……しばらくすれば、神はあなたのために、宣べ伝えのための広い門を開いてくださるでしょう……あなたは出て来て、信仰によって生活すべきです……あなたの霊的な有用さは、真に無限です」。こうして信者は、目を覚ましているというすべての武具を奪い取られ、一日中これらの思想によって生き、自分がどんなに偉大で、すばらしく、有能であるかをいつも夢見るようになります。彼は理性と思いを用いないので、これらの思想がどれほど霊的な命に損害を与え、どれほどばかげたものであるか、わからないのです。彼は絶えず自分自身のことを思い続け、自分の将来がどうなるか空想にふけります。

主の御言を宣べ伝える者たちの間には、突然やって来る思想によって支配される者がしばしばいます。宣べ伝える者たちの多くは、彼らの思いを経過した「突然やって来る啓示」を宣べ伝えます。彼らは語る時、突然やって来た思想に服従して行なうか、あるいは彼らの思いの中に長い間あった「啓示」に従います。彼らはこれらのものを神から出たものであると考え、それらを受け身的に受け入れてしまいます。神は啓示を突然与えたりはしないし、また神は啓示を思いに与えたりはしないことを、彼らはほとんど知りません。時には、このような言葉はとても意味深いものであることがありますが、それにもかかわらず、それらは悪霊からのものです。ある時、信者が宣べ伝えている時、多くの節が突然、彼の思いの中にあふれてきます。彼の思いはそのことを意図していませんが、多くの節《せつ》が絶えずあふれてきます。聴衆は触れられます。しかしながら、集会が終わる時、聴衆は夢から覚めたようになり、命における実行的な助けを何も受けていないことに気づきます。このように聖句があふれ出てくることは、時には一人でいる時にも起こります。しかし、これもやはり悪霊の働きです。

信者は自分の思いの中に悪霊のための地位をとどめているので、悪霊はどのような思想でも信者に与えることができます。共に働きをしている信者たちの間に、非常にしばしば悪霊は、何の根拠もなしに、疑いの心や隔てを植えつけ、彼らを互いに分離させます。悪霊は信者に、この人はこうであり、あの人はああであると、何の理由もなしに考えさせます。信者は、この人は自分に対しておそらくこうであり、あの人は自分に対しておそらくああであると考えます。こうして、悪霊は信者たちを分裂させます。実は、このような思想は何の根拠もないものです。もし信者が、それらに抵抗して、これらの思想の源を調べることを知っていれば、こんなに多くの分裂はないでしょう。しかし、信者は依然としてこれが自分自身の思想であると思っており、悪霊も信者の思いの中に思想を入れることができることを知りません。

画像

悪霊は、信者の思いの中にさまざまな思想を注入することができるだけでなく、信者の思いの中にさまざまな種類の画像を形造ることもできます。これらの画像のうちのあるものは、とても清く、良いものであり、信者もそれを喜びます。しかし、あるものはとても汚れた、罪深いものであり、信者の良心もそれを忌み嫌います。それが良いものであれ悪いものであれ、また信者がそれを喜ぼうと忌み嫌おうと、これらの画像が自分の思いの中に入って来るのを阻む力は、信者にはありません。過去の経験、将来の憶測、その他多くの事柄が、彼の意志はそれに反対するにもかかわらず、彼の目の前に残り続けます。信者の想像力は受け身的な状態へと陥ってしまいます。彼はもはや自分自身の想像力を管理することができず、彼の想像力を今や意のままに用いている悪霊に明け渡してしまいます。自分自身の思いによって生み出されたのでないものはすべて、超自然的な霊によって与えられたものであることを、信者は認識すべきです。

夢

ある夢は自然なものですが、あるものは超自然的なものです。あるものは神に属しますが、あるものは悪鬼に属します。人自身の生理や思いによって起こる夢を除けば、その他のものは超自然的なものです。もし信者の思いが悪霊に開かれているなら、彼が夜に見る夢の多くは、おそらく彼が昼間に得た「画像」が姿を変えたものであることでしょう。悪霊は、彼に昼間に画像を見させ、夜にそれらの夢を見させます。

もし信者が、自分の夢が悪霊からであるかどうかを調べたいなら、彼はただ次のように問う必要があるだけです、「自分の思いは昼間、受け身であったでしょうか?」。もしそうであったなら、彼が受けた夢は信頼できるものではありません。神からの夢は常に人々を正常にし、平安にし、穏やかにし、理性と意識で満ちるようにします。しかし、悪霊からやって来る夢はすべて、奇妙なものであり、空虚なものであり、偽りであり、愚かなものであり、人々を得意にさせ、人々の感覚を失わせ、混乱させ、理性を失わせます。

悪霊は信者に多くの奇妙な夢――あるものはとても良いものです――を与えることができます。なぜなら、信者の思いが受け身であるからです。もし信者の思いが受け身的な状態に陥るなら、彼の見る夢はすべて、神からでもなく、また自然なものでもなく、悪霊からやって来るものでしょう。夜には、思いは自然に昼間のようには活発でなくなり、より受け身になります。すると、悪霊はその機会を捕らえて、自分の目的を達成しようとします。夜のこのような夢は信者を、朝起きる時に頭をくらくらさせ、彼の霊を鈍らせます。睡眠は彼の活力を増し加えるようではありません。なぜなら、彼が眠っている時、悪霊は受け身的な思いを通して彼の全存在に影響を与えているからです。夜しばしば夢で苦しむ人というのはすべて、悪霊が思いの中で働いているのです。もし信者が単一な思いをもって昼も夜も悪霊の働きを拒絶するなら、彼はしばらくすれば自由を得るでしょう。

不眠症

不眠症は、今日の信者たちの間におけるとても一般的な病です。これは、思いにおける悪霊の働きの最も明白な証拠です。多くの信者は、夜ベッドに横になる時、多くの思想が思いの中に流れ込んできます。彼らは絶えず、日中の自分の働きについて考え続け、自分の過去の経験を思い起こしたり、あるいは無関係な事柄を思い巡らしたりします。彼らはまるで、千万の事柄について「考え」、自分は何をすべきか、それをどのように行なうべきか、最も良い方策は何であるかを考慮しているかのようです。彼はまるで、翌日に行なわなければならない事柄について、どのように計画すべきか、どのような状況に出くわすであろうか、さまざまな問題をどのように対処すべきか、前もって考慮しているかのようです。このような思想が繰り返しやって来ます。ベッドは眠るための場所であり、考えるための机ではないことを信者は知っていますが、思いは巡り続けます。信者は、睡眠が翌日の働きにとっていかに重要であり、また自分は絶対に睡眠を必要としており、考えることなど願っていないということを知っていますが、自分にもわからない理由により、自分の願うようにすることができないのです。彼の思いは活発に働き続け、彼の睡眠を妨げます。おそらく信者は、すでに何日間も不眠症の苦しみを味わっているかもしれません。おそらく信者は、すでにあらゆる種類の働きを完全に休み、自分の思いを再び用いたくはないかもしれません。しかしながら、夜がやって来ると、彼はとても疲れていても、思いは休むことをせず、まるで「考える機械」であるかのように、とても活発になり、停止することを拒みます。彼の自己の意志は、自分の思想に対して完全に主権を失っており、それ自身にしか止めさせることができません。信者は自分の思想を停止させることができません。ただ彼自身の中のある種の力が彼に考えるのをやめさせるのを待って、はじめて彼の思いは安息することができ、彼は眠ることができます。本来、睡眠は人々を爽快《そうかい》にするはずです。しかし、人はこのような経験を幾晩も続けると、眠ることやベッドや夜を恐ろしいものと見なすようになります。それにもかかわらず、彼は眠らないわけにはいきません。毎朝起きると、彼はまるで恐怖の世界から帰ってきたかのようです。頭は混乱し、意志は麻ひし、彼のすべての力はなくなってしまったかのようです。

このような時、信者は常に自分の体がこれらの現象の原因であると考えます。彼は、精神が乱されたのか、あるいは神経を過度に働かせすぎたのであると考えます。実は、(一)多くの時、これらの理由は仮定にすぎず、実際的ではありません。(二)たとえこれらの理由が存在するとしても、信者がいったん休みを取ったり、その他の自然な方法によって治療するなら、彼は必ずいやされるべきです。しかしながら、一般的に用いられる自然な方法も、しばしば効果のないことがあります。(三)これらの理由は、悪霊が自分の働きをひそかに隠すために用いる看板です。夜、信者の思いの中を思想が駆け巡る時、彼は自分自身に次のように問うべきです、「これらの思想はどこからやって来るのであろうか？　これらはわたしの思想であろうか？　わたしはこれらの思想を欲していないし、これらの思想を持つ願いもない。そうであれば、これらがわたしの思想であると、どうしてわたしが言うことができようか？　もしこれらがわたしの思想でないなら、だれがわたしにこんなに多くの混乱した、汚れた、抑圧する思想を与えているのだろうか？悪霊以外にだれがいようか？」。

忘れやすいこと

悪霊の攻撃のゆえに、多くの信者は、本来の記憶力を失い、忘れやすくなるという現象をしばしば示します。たった今語られた言葉をすぐに忘れ、たった今行なった働きを一時間で忘れ、置いておいた物を一日もたたないうちに忘れ、たった今約束した事柄をすぐに忘れてしまいます。信者は思いのない人のように行動します。彼の思いの中には何も保たれないかのようです。このようなことが起こるのは、自分の記憶力が他の人よりも悪いからであると、彼は考えるかもしれません。これは、彼の思いが悪霊によって乱されているからであることを、彼はほとんど認識していません。このような状況において信者は、自分があらゆることを「メモ」して、ノートの奴隷になっていることに気がつきます。彼はこれらのものに、「記憶を助けるもの」として頼らなければなりません。そうでないと、彼はいつも困難に出くわします。わたしたちは、信者の思いがあらゆる種類の事柄を覚えておくべきであると言っているのではありません。多くの事柄は年を経ることによって忘れ去られるものであり、最近の出来事であっても、思いの中の印象が深くないために忘れてしまうことがあることを、わたしたちは認めます。わたしたちは、信者がすべてのことを覚えているべきであると言っているのではありません。しかしながら、以上で述べた事柄の外にも、ずっと前に起こったわけでもなく、また信者が注意を払わなかったわけでもない多くの事柄があります。適当な期間と適当な状況においては、信者はこれらの事柄を覚えているべきです。それにもかかわらず、しばしば記憶の影さえもないのです。彼は何も思い起こすことができません。これは自然なことではありません。むしろ、それは悪霊の攻撃であるに違いありません。例えば、わたしたちが最近のことで最も注意を払っていたことを忘れてしまうなら、それは自然なことではありません。あるものを忘れることは自然なことですが、あるものを忘れることは自然なことではありません。すべて不自然に忘れてしまうことの背後には、悪霊の攻撃があります。悪霊は、必要な時にわたしたちの神経のいくつかを捕らえ、わたしたちが覚えておくべきことをわたしたちに忘れさせることができます。無数の信者が、この方面における悪霊の攻撃の結果、多くの苦しみを被っています。多くの働きが、このことのゆえに損害を受けています。多くの困難がこのことから生じています。ですから、人からの信頼と彼の有用さは、減少してしまいます。それにもかかわらず、これらの記憶力の衰退が思いの中の悪霊の働きによってひき起こされていることを、彼はなおも認識していません。

別な時には、信者の記憶力はとても良く、何の病状もないかのようです。しかし、奇妙なことに、彼の記憶力には一種の衰退があるのです！　とても重要な時には、思いは十分な働きをすべきなのですが、突然混乱し始め、何も覚えることができなくなります。その結果、その事柄は望みのない状況へと陥ってしまいます。このように思いの機能が突然停止することは、信者にとって奇妙なことのように思われるかもしれません。彼は、一時的に思いの力が不足しているだけであり、これはしばらくの間しか続かないと考えるかもしれません。これは悪霊が思いを攻撃している現象であることを、彼は知りません。

集中力に欠けること

多くの時、悪霊はまた信者たちの思いの中の集中力も取り去ります。集中力というのは、信者によって異なります。しかし、信者の経験によれば、集中力がさまざまに異なるのは、おもに悪霊がそれを散漫にした結果なのです。多くの信者は、全く思想を集中することができないかのようです。ある人は、少しはましです。もし彼らが数分間、一つのことに集中しようとするなら、自分の思想が至る所を飛び回っていることに気がつきます。これは特に、祈っている時や、聖書を読んでいる時や、メッセージを聞いている時にそうです。多くの信者は、自分の思いがいつもさ迷っていると感じます。彼らは集中しようと決心するのですが、事実上そうすることができません。彼らは意志を活用して、このように駆け巡る思想を制止し、そしてしばらくの間は何らかの効果があるかもしれませんが、長続きするものは何もないかのようです。ある時は、彼らは自分の内側が全く制御できないことに気がつきます。これらすべてのことは、悪霊の働きです。しかし、これらの働きが起こる原因は、信者の思いが悪霊のための場所をとどめているからです。残念なことに、信者たちはこのようにして自分の思いの力を浪費しているのです。その結果、一日たっても何も成し遂げられません。体力を浪費することが有害であるのと同じように、思いの力を浪費することも有害です。今日の多くの信者は、多くの時間を浪費し、何の結果も得ていません。なぜなら、彼らの思いが悪霊の攻撃の下にあり、集中することができないからです。

悪霊はこのようにして思いを攻撃しますから、信者はしばしば一種の「放心状態」を経験します。最初は、思いはとても鋭いのですが、突然、空白になり、自分の思想がどこに飛んでいったのかわからなくなります。彼は、自分が何をしているのか、何の本を読んでいるのかわからなくなります。彼は、自分の思いが何か他のものにあったからであると考えるかもしれません。しかしながら、注意すべき点は、このような思想は、彼自身の意志によって出てきたものではないということです。無数の信者は、集会の時や普通の時にも、人が語っているのを突然聞き逃してしまうという経験を持っています。これは、悪霊が彼らに、彼らにとって有益な言葉を聞かせないからです。このような時、悪霊は、彼らの思いの機能を停止させるか、あるいは、彼らが他のことを何も考えないよう強いるのです。

信者の思いが悪霊によって攻撃された後は、彼が人の話を聞くことは困難になります。ある時、彼はいくつかの句や言葉を完全に聞き逃しているかのようです。彼は話を聞くためには、額にしわを寄せなければならず、そうしてはじめて相手の人が言っていることを理解することができるのです。しばしば彼は、相手の人が言ったとても明らかな意味を理解できず、あるいは相手の人が与えてくれた教えを誤解してしまいます。これらすべてのことは、悪霊が彼の思いの中をかき乱すことによってひき起こされます。悪霊は、彼の中に多くの先入観を入れたり、話の意味を彼のために解釈したりします。信者は、人が語るのと悪鬼が語るのを同時に聞くのです。ですから、彼は何も聞くことができないか、あるいはその意味を誤解してしまうのです。悪霊がこのように働いているために、多くの信者たちは、他の人が語るのを聞くことを好まなかったり、あるいは聞くことができないのです。他の人が語り終わらないうちに、彼らは我慢できなくなって語り出します。このようなことが起こるのは、悪霊が彼らに多くの思想を与え、悪霊の言うことを聞くようにさせ、悪霊が彼らの中に入れたものを語らせるからです。このような時、信者は同時に二つの声を聞きます。一つは外側からのものであり、一つは内側からのものです。彼は内側の悪霊からの提案を聞き、そして外側の人の言葉を聞きます。内側の声は外側の声よりも迫ってくるので、信者の耳は外側の声を聞くことができないようふさがれているかのようです。一般に知られている「放心状態」とは、実は心が悪霊によって占有されていることです。多くの時、信者が自分は「無心な状態」になったというのは、実は彼らの心がまさに悪霊によって奪われたことなのです。もし信者が自分の思いの中における悪霊の働きを取り除かなければ、彼らが思いを集中することは不可能です。

悪霊が信者の思いをかき乱すので、彼らは望ましくないものをふるい落とすかのように頭を振ります。もし彼らが何かを言うなら、大声で言い、自分の思いに自分が何を言っているかを聞かせ、印象を残さなければなりません。もし彼らが考えるなら、彼らはやはり自分の考えていることを大声で語らなければなりません。そうでないと、彼らの麻ひした思いは理解することができません。もし彼らが本を読むなら、やはり大声で読まなければなりません。そうでないと、彼らは自分の読んでいることを理解することができません。これらすべてのことは、悪霊が思いの中をかき乱した結果です。彼らは自分の思想を集中することができないので、これらのことを行なってはじめて、彼らの思いは少し印象を受け、何かを知ることができるようになります。

活動することができないこと

悪霊はまた、信者に考える能力を失わせるためにも働きます。多くの信者は、彼らの思いが悪霊の攻撃を受ける時間が特別に長いために、また悪霊の占有する地位が特別に広いために、考えることができなくなっています。このことが起こる時、彼らの思いはほとんど完全に悪霊の手の中に陥り、もはや決定することができなくなります。この時点で、信者はもはや考えることができなくなります。彼らは考えようとしますが、彼ら自身の思いの中には何かの思想を生み出す力がありません。彼らの思いの中には、すでに思想の潮流が渦巻いています。彼らには、これらの思想を停止させて、その後、自分自身の思想を中に入れるという力がありません。その潮流はあまりにも強いものに思われるので、自分自身の思想を中に入れる機会が彼らにはありません。ある時は、彼らは自分の思いの中に、自分が考えたいことのための空間を見いだすかもしれませんが、そのような考えを維持することはとても困難であると彼らは感じます。まるで、あまりにも多くの声がすでに内側にあるかのようです。議題はすでに多くあり、それらの思想が知らず知らずのうちに出てくるのです。人は考えようとするなら、自分の記憶、想像、理性を活用しなければならないことを、わたしたちは知っています。信者がこれらに対する主権を失う時、もはや何も考えることができません。彼は想像することができません。彼は推測することができません。彼は思い起こすことができません。彼は比較することができません。彼は決定したり、理解したりすることができません。簡単に言えば、彼は考えることができなくなります。

信者の思いがこの方面において悪霊の攻撃を受けた後、彼は、自分の思いが監禁されて、何も考えることができないかのように感じます。それはまるで何かが失われたかのようであり、ある種のめまいがするような感覚が彼に迫り、彼が内側から何かを生み出すことができないようにします。いったん信者の思考力が縛られると、自然に彼はすべてのことについて誇張した見方をするようになります。このような人の目には、土の塊も高い山のように見えます。あらゆることについて、達成することが天に昇るよりも困難に思われます。特に彼は、自分の思いを用いるのが要求される事柄を恐れます。また彼は、他の人と会話することも好みません。なぜなら、これは非常に困難なことであるからです。彼にとって、日々堅実に、熱心に前進して働きを行なうことは、彼に命を犠牲にすることを求めるかのようです。彼の内側には一種の目に見えない鎖があって、だれにも理解できないかのようです。彼は、内側でこのように奴隷にされていることをとても不快に感じ、多くの時、抵抗する思いも出てきます。しかしながら、彼は逃れることができません。なぜなら、彼の思いは悪霊によって縛られているため、彼はもはや考えることができないからです。

こうして、信者は一日中、夢を見ているしかないかのようです。時間は浪費されます。彼は、思想、想像、推理、さらには思いそれ自身さえもなしに、日を過ごします。思いがこのような攻撃を受けると、意志は自然に影響を受けます。なぜなら、思いは意志の光であるからです。このようにして、信者は受け身になって、環境が自分を揺さぶるがままに任せ、自分では何も選択することができなくなります。あるいは、彼はあらゆる種類の不満で満たされ、平安がなく、このような束縛に対して戦って勝利を得ることができないかもしれません。あらゆることにおいて、目に見えない障壁があるかのようです。彼が行なうべきことは多くありますが、彼がそれを試みるやいなや、一種の衝動的な感覚が彼の思いの中に起こり、彼が前進するのを妨げるかのようです。彼が行なうことは、どれも不可能であるかのように思われます。彼の一生は、困難で満ち、何も彼を満足させることができないかのようです。

このように信者が活動できなくなることは、一般的に活動しないこととは異なります。もし信者の思いが単に「活動しない」だけであるなら、それが欲する時はやはり活動することができます。しかしながら、もしそれが「活動することができない」のであるなら、それが欲しても活動することができないことを意味します。彼は考えることができません！　それはまるで、何かが彼の頭の上にあり、彼を圧迫しているかのようです。これが、悪霊の深い働きの現れです。

しばしば憂慮したり心配したりする多くの信者は、このような病にかかります。もしわたしたちが彼らの環境や立場を調べるなら、それらは極めて良いものであり、彼らは喜び楽しむべきであることが、わたしたちにはわかります。それにもかかわらず、彼らは憂いや不満足な思想で満ちています。あなたが理由を尋ねても、彼らは一つの理由も答えることができません。あなたが彼らにこれらの思想を取り除くように求めても、彼らはそうすることができません。彼ら自身でさえも、なぜ自分がこのようであるのかを説明することができません。彼らはまるで泥の穴に落ちて、抜け出すことができないかのようです。それはまるで、彼らがすでに憂慮することに慣れてしまい、このような状況から抜け出す力がもはやないかのようです。これが悪霊の働きです。もしそれが自然な憂慮であるなら、必ず原因があり、また十分な理由がなければなりません。原因や十分な理由のない憂慮はすべて、悪霊からやって来ます。信者がこのような状態に陥ってしまったのは、彼がいったん悪霊の思想を受け入れてしまい、もはやそれらから逃れることができないからです。彼の思いはとても深く受け身であることの中へ陥ってしまい、もはや活動することができません。彼はいつも、自分が鎖で縛られ、重荷がのしかかっていると感じます。彼はまるで、太陽さえ見ることができず、また真理を知らないかのようです。さらには、自分自身の理性さえ用いることができないかのようです。悪霊はこのように彼を監禁して自分の捕虜にし、彼を一日中、麻ひした状態にしてしまいます。悪霊は、人々が苦しむのを見たいのです。悪霊の手に陥る人はすべて、このように扱われます。

不安定性

信者の思いが悪霊によって支配されると、彼の思想は全く信頼できないものになります。なぜなら、彼が自分で責任を負う思想が、とても少なくなるからです。多くの思想は、彼の思いの中の悪霊によって引き起こされます。このような時、悪霊が容易に信者に対して、時にはある種の思想を与え、時にはそれと完全に相反する別の種類の思想を与えます。信者はこのような思想に従うゆえに、揺れ動く人となります。彼と共に同労したり、彼と共にいる人々は、彼がこのようにすぐ変わることを、彼の不安定な性格の特徴であると考えます。実際は、悪霊が彼の思いの中で思想を変え、また彼の意見を変えているのです。信者が「わたしはできます」と言ったかと思えば、すぐに「わたしはできません」と言ったりするのを、わたしたちはしばしば見ます。彼は、朝には「わたしはそれを欲します」と言いますが、午後には「わたしはそれを欲しません」と言い換えます。この原因は、ある時、悪霊が信者の思いの中に「わたしはできる」という思想を注入するからです。その時は、信者は、自分は本当にそれを行なうことができると考えます。しかしながら、次の瞬間には、悪霊は彼の思いの中に「わたしはできない」という思想を注入します。その時、彼は、自分にはそれを行なうことができないと考え始め、自分が最初に言ったことを変えてしまいます。多くの時、会話の中で口調が突然変わる時、悪霊が人の思いの中で働いていることを、わたしたちは見ることができます。信者自身は、このような揺れ動く生活を憎むかもしれませんが、彼は自分自身のものではなく、自分を安定させる方法がありません。それと同時に、もし彼が注入された思想にしたがって行動しなければ、悪霊は彼の良心の声を模倣し、神の導きにしたがって行動していないことで彼を訴えます。彼はこのような訴えを避けたいので、人の前で揺れ動くしかありません。揺れ動く多くの働きは、このような源から出てきています。信者が思いの中で悪霊の提案に聞き従う時、突然、多くの働きをするようになります。悪霊がその主題を変える時、信者の働きもそれにしたがって変わります。悪霊は常に、ふさわしくない時に人々に考えさせます。悪霊は信者を真夜中に目覚めさせ、彼に何をすべきか告げます。もし信者がそうしないなら、悪霊は彼を訴えます。あるいは、悪霊は真夜中に、信者に以前の方法を変えるように告げ、思いが最も混乱している時に、信者に最も重要な決定をさせます。もしわたしたちがこれらの事柄の源を調べるなら、多くのことが突然変わるのは、悪霊が人の思いの中で働いた結果であることがわかるでしょう。

口数の多いこと

悪霊が思いの中で働いている信者は、ある時は、人々と話をするのを好みません。なぜなら、彼らには人々の話を聞く力がないからです。彼らの思いの中の潮流は、風がわき起こり、雲が押し寄せるかのようであり、他の人の言葉が停止させることはできません。しかしながら、それと同時に彼らは、とても口数が多くなります。彼らの思いは「思想」で満ちていますから、彼らの口も言葉で満たされないわけにはいきません。人の言うことを聞くことができず、人に聞かせようとするだけの思いは、常にとても病んだ思いです。多くの信者は、生まれつき口数が多く、うわさ好きであるかのようです。しかし、実は彼らは、おそらく悪霊の一種の機械となっているのです。多くの信者は、一種の悪霊の「話す機械」となっているかのようです！

多くの信者は、雑談したり、冗談を言ったり、他人の背後で悪口を言ったりする時、彼らはまるで自分自身の舌を制御することができないかのようです。彼らの心は、自分が何を話しているのか知らないことについて、とてもはっきりしています。彼らは自分が何を話しているのか知っている時でさえ、しばしばどのようにして自分の無益な話をやめたり、制限したらよいのかわからないのです。それはまるで、一つの考えが思いに浮かぶと、ほんの少し考えることさえもできず、口の中の言葉となって出てきてしまうのです。思想の潮流が押し寄せ、信者たちに知らず知らずのうちに多くのことを語らせます。彼らの舌は、もはや思いや意志の支配下にはありません。思いが考えたこともなく、意志が語ろうと決定したこともなかった多くの言葉が、それにもかかわらず語られてしまいます。時には、人の真意や意志と完全に反する言葉が、語り出されてしまいます。このような人は、自分の行動を他の人によって思い起こさせられる時のみ、なぜ自分がこのような言葉を語ったのかと不思議がります。このことはすべて、思いが受け身であるために起こります。悪霊は、受け身的な思いを通して人の舌を利用することができます。最初は、悪霊はただ自分の思想を人の思いに混ぜ合わせるだけです。その後、悪霊は自分自身を人の言葉とも混ぜ合わせます。すると、その人の思いは、もはや他の人の思想を理解したりすることができず、あるいは何も記憶することができなくなります。

信者は、自分の言葉がまず自分自身の思いを経過したかを、はっきりさせるべきです。考える過程を経ていない言葉はすべて、悪霊からやって来たものです。

頑固さ

信者の思いが受け身的な状態に陥り、悪霊によって占有されると、彼は自分ですでに決定した問題においては、他の人の説明や証拠に聞き従わなくなります。もし他の人があることをさらに彼に説明しようとすれば、彼らは自分の自由を侵していると彼は考えます。さらにまた、彼の目には、彼に語っている人がとても愚かで、彼が理解していることは決して理解することができないように見えます。彼の思想は極端に間違っているかもしれませんが、自分には説明することのできない理由があると考えます。彼の思いは完全に受け身になっているので、もはやどのようにして自分自身の理性を用いて推論したり、識別したり、判断したらよいかわかりません。それどころか、彼は、悪霊が彼の中に注入したあらゆる思想を受け入れ、それらを最も完全な思想であると考えます。彼はまた、超自然的な声を聞き、それらを神のみこころであると考えます。彼の目には、これらの声は彼に対する律法を語っているのであり、だれも彼に対して、彼の理性を用いてこれらの声の源を調べるようにさせることはできません。彼は何かの思想、声、教えを受けたなら、自分は決して間違えることがなく、絶対に安全であると考えます。彼は再び試したり、調べたり、考えたり、推論したりしようとしません。彼は完全に閉ざし、自分を守り、他のことは何も知ろうとしません。彼自身の理性や良心も、また他の人の説明や理論も、彼を変えることは全くできません。神が自分を導いておられることをいったん彼が信じるなら、それはまるで彼の頭が堅く封印されて、再び変えることができないかのようです。彼は自分自身の理性を用いないので、悪霊によるあらゆる欺きを受けてしまい、自分自身のことに全く無知です。理解力が少ししかない者たちは、自分の危険を知るでしょうが、自分自身は全くそれに甘んじてしまいます。この程度にまで悪霊が働いた人々は、回復することがとても困難です。

目の現象

思いが受け身的であることと、悪霊によって攻撃を受けていることとは、目から容易に見抜くことができます。なぜなら、人の目というのは、人の存在のどの部分よりも人の思いを表すからです。もし思いが受け身的であるなら、信者は自分の目で本を読んだりすることはできますが、何も彼の思いの中に入らず、何も彼の記憶の中に保たれません。彼が人と話す時、彼の目はあらゆる方向をさ迷い、上下したり、突然向きを変えたりします。時には、これはとても無礼でもあります。彼は、人の顔を直視することができないかのようです。しかしながら、別な時には、彼は人の顔を真っすぐに直視して、ある未知の力が彼の目を動かさなくしているかのようです。

このようにじっと見つめることは、多くの時、とても危険であることがあります。なぜなら、悪霊はこのようにして信者を霊媒の状態へともたらすからです。多くの集会において、信者たちは長い間、語り手の顔を見つめ続けると、彼の語っていることを聞くことができなくなります。そして彼らは、悪霊が自分たちに多くの思想やビジョンを与えるがままに任せます。

わたしたちは自分自身の目を用いることに関して、自分の目の動きが自分の思いの意識に従っているかどうか、あるいは自分の目が自分の意志の指示に従わずに物を見ているかどうかに、注意すべきです。思いが受け身的である時、わたしたちの目はとても容易にかすんでしまい、見ようともしていない奇妙な物を見てしまいます。それと同時に、自分が見ようとする物に集中する力もありません。

結論

要約すれば、信者たちの思いに対する悪霊の攻撃は、数多くあり、また多岐にわたる現象ですが、その原則は同じであり、それは人々に自分自身を支配させないということです。本来は、神の定めにおいては、人のすべての機能(思いもそのうちの一つです)は、完全に人の支配下にありました。しかし、信者が無意識のうちに悪霊に地位を与えてしまうために、悪霊は彼の思いを占有し、独立して行動することができ、彼の意志の干渉を受けることがありません。ですから、信者が自分の思いの中に、自分の意志から独立した何らかの行為を見いだしたなら、自分が悪霊によって攻撃されていることを認識すべきです。

だれであれ、自分が活動すべき時に活動することができず、自分が静かにすべき時に静かにすることができず、さまざまな思想と混乱で満ち、制御することができず、労苦しても何の結果もなく、昼間に働くことができず、夜に夢を見、安息がなく、狂乱的で、優柔不断であり、目を覚ましていることができず、集中することができず、識別することができず、記憶することができず、原因がないのに恐れ、失望し、当惑する人たちは、人の知ることのできない悪霊の働きを受けているのです。

第三章　救い出される方法

信者の思いが前の章で述べられた状態に陥る時、彼は救い出される方法を尋ね求めるべきです。わたしたちは前の章では、一般的な現象を簡単に論じることができただけであり、あらゆる人の状態を指摘することはできませんでした。それぞれの人の受け身の程度は異なっていますから、悪霊によって攻撃される程度も異なります。ですから、思いが害を被る程度もやはり異なります。しかし、信者が、自分の思いが前の章で述べられたような状態のどれかでも持っているのを見るなら、彼は注意すべきです。彼は悪霊に地位を与えてしまい、悪霊によって攻撃されているのかもしれません。もしそうであるなら、彼は救い出される方法を尋ね求めるべきです。

ほとんどの信者は、前の章の学課について読んだ後、なぜ自分は思いが害を被ることについて注意を払わなかったのかと不思議に思うでしょう。信者が、自分の思いが陥ってしまった状態について知らないということは、奇妙なことではないでしょうか？　信者は、他の事柄については多くの知識を持っているようです。しかし、自分自身の思いに関しては、彼は何も知らないかのようです。彼は多くの害を被ったのにもかかわらず、依然としてそれにあまり注意を払っていません。彼は、他の人が自分を思い起こしてくれるのを待たなければならず、そうしてはじめて自分自身の状態を認識します。なぜ彼は、このことを以前に考えたことがないのでしょうか？　このことはわたしたちに、悪霊とわたしたちの思いとが互いに特別な関係を持っており、またわたしたちの思いの知識が他の何よりも浅薄であるように思われることを、告げているのではないでしょうか？　悪霊からの苦難を被った人はすべて、この問題に答えるべきです。

悪霊のこうかつさ

信者の目が開かれて自分自身の状態を見る時、自然に彼は救い出される方法を尋ね求めるようになります。しかし、偽りを言う悪霊は、自分の囚人に自由を得させるほど寛大ではありません。悪霊は最善を尽くして、信者が救い出されないように妨げようとします。彼らの方法は、多くの偽りを用いて口実とすることです。

悪霊は信者に次のように言います、「突然やって来るあなたの良い思想は、神から出たものです……突然やって来るこれらの啓示は、霊的である結果です……あなたの記憶力が悪いのは、あなたの身体の何かによってひき起こされているのです……あなたが突然、忘れ易くなることは、自然なことです……神経過敏なのは、性質上の事柄です……記憶力が悪いのは、遺伝的なものです……不眠症は一つの病です……あなたは疲れているのです……あなたが考えることができないのは、働きすぎた結果です……夜、あなたが考えるのをやめることができないのは、昼間にあなたが思いを用いすぎたからです……汚れた思想は、あなたが犯した罪からやって来るのです……あなたが他の人の話を聞くことができないのは、環境が異なるからです……すべて他の人が悪いのです」。悪霊が意図的に考え出す口実は、これら以外にも数え切れないほど多くあります。もし信者が、自分が真に攻撃されており、自分が正常な状態から真にそらされていることを知らないなら、悪霊はこれらやこれと似たような口実を用いて、自分が得た地位を覆ってしまいます。信者は、自分が受け身であることがその真の理由であることを、ほとんど知りません。彼の思いは空白になり、悪霊によって占有されています。これらの病は、悪霊の働きの結果です。もちろんわたしたちは、これらの口実の背後で、自然な原因がそれらの中に混ざり合わされていることも、認めなければなりません。しかし、多くの信者の経験がわたしたちに告げていますが、悪霊は最もこうかつなのです。悪霊は、自然な原因と共に働き、信者たちに、これらの原因は自然なものであり、性質、身体、環境などからやって来るのであると信じさせます。ですから、信者たちは、悪霊がこれらの原因に混ざり合わされていることを忘れてしまいます。悪霊は、自分の働きを少しばかりの自然な原因で覆うことを好みます。しかしながら、一つのことがはっきりしています。すなわち、もしその原因が自然なものであるなら、その自然な原因が除き去られる時、人の本来の状態も回復されるべきであるということです。もしその中に(悪霊による)超自然的な原因が混ぜ合わされているなら、自然な原因が除き去られても、人は回復されないでしょう。これらすべては、自然な原因が除き去られても回復されない人を含み、超自然的な原因が混ぜ合わされていることによります。例えば、あなたが不眠症になる時、悪霊はあなたに一つの口実を与えて、「あなたは働きすぎたのです。あなたは自分の思いの力を用いすぎました。こういうわけで、あなたはこのような病になったのです」と言うかもしれません。もしあなたが悪霊の言葉を信じるなら、あなたは働くのをやめて、しばらくの間、休息し、自分の思いを全く用いないようにするでしょう。しかし、あなたが眠っている時、依然として無数の思想があなたの思いの中を駆け巡るでしょう。このことは、あなたの病が単に自然な原因によるものだけではないことを告げています。なぜなら、あなたがその自然な原因を除き去った後にも、あなたの症状が依然としていやされないからです。ですから、何か超自然的な原因がその中に混ぜ合わされているに違いないのです。もしあなたがその超自然的な原因を対処しないなら、どれだけあなたが自然な原因を除き去ったとしても、すべて効果がないでしょう。

ですから、今、信者が行なうべき最も重要なことは、これらの口実がどこからやって来るかを調べることです。悪霊は、自分たちの働きが何か自然なものによってひき起こされたものであると、人に誤解させることができます。悪霊はしばしば信者に、自分自身に何か欠点があると思わせます。このようにして、悪霊の働きは覆われ、発見されないままにされ、除き去られないのです。いつであれ信者の思いに何か口実を設ける思想がある時、彼はその理由をすべて調べなければなりません。信者はその源をたどり、自分の思いが現在の状態のようになっていることの原因を調べなければなりません。そうでないと、もし彼が誤って解釈するなら——超自然的なものを自然なものと誤解するなら——悪霊はさらに多くの地位を得るでしょう。彼が自分自身の状態に対して持つ意見はすべて、確かめられなければなりません。そうでないと、彼が自分の以前の地位を再び得る前に、すでに新しい地位が悪霊に与えられてしまっていることでしょう。もしある時、彼が考えることができなければ、彼はなぜかを問わなければなりません。もしある時、彼がさまざまな思想で満たされるなら、彼はやはりなぜかを問わなければなりません。

最も防御しなければならないことは、悪霊たちが信者を利用して、自分たちのために働かせ、信者の中における悪霊たちの働きを守らせようとしていることに対してです！　このようなことが起こり得ます。

なぜなら、悪霊はある信者に対して、とても長い時間にわたって働いているからです。信者はしばしば悪霊を助けて、自分が攻撃される理由を覆ってしまい、それを現させず、あるいはそれが悪霊の働きであることを証明しようとしません！　このようにして、信者は悪霊の仲間となって、悪霊の地位を保つのです——自分が悩まされていることを、彼自身が知っているのにです。

このような時、悪霊は、信者の肉と悪霊の働きとを結合させます。（確かに、肉は常に悪鬼の同労者です！）。悪霊は信者に、自分は自分の思いが悪鬼によって占有されないようにすることができる、と考えさせます。信者がこのように行なうのは、面目を保つためであり、あるいは何か他の理由のためです。調べることをためらうことや、自分の「霊的な」経験を放棄することを拒んで自己満足することは、救い出されることに対する大きな障害です。信者は次のように言うかもしれません、「わたしは救い出されることを必要としません。ですから、わたしは救い出されることを求めません。キリストを通して、わたしはすでに勝利を得ています。キリストはすでにサタンに打ち勝たれました。ですから、今やわたしはサタンを無視することができます。神に彼を対処してもらいましょう。わたしはただキリストに注意を払います。わたしはサタンについては何も知りたくありません！　わたしたちはただ福音を宣べ伝えます。サタンのことで悩む必要はありません！」。このような人が言うのと似たような言葉が他にもあります。おそらく彼は、自分にこのような真理を告げた人に向かって、「もしそうであるなら、わたしのために抵抗し、わたしのために祈ってください」と言いさえするかもしれません。このような言葉は、不誠実な要求ではないかもしれません。しかし、たとえそれが誠実なものであったとしても、彼は自分自身を楽にさせ、他の人に自分を救い出すための働きをしてもらおうとしているのです。彼が知るべきことは、自分が悪鬼とその働きについて聞くのを嫌っているということです。それは、悪鬼の働きがすでに彼の思いの中にあるからです。彼は、いったんそれが発見されれば、力を尽くしてそれを対処する必要があることを、恐れています。彼がすでに悪鬼についてあらゆることを知っており、もはやそれについて知る必要がないということは、本当でしょうか？　福音は人を救って、人を罪から救い出すだけでなく、人をサタンからも救い出します。わたしたちは福音を宣べ伝える時、なぜ悪鬼のことを述べないのでしょうか？　これは、ある罪を犯して、他の人がその同じ罪について述べるのを恐れている人と同じではないでしょうか？　このような人は、すでに悪鬼によって占有されており、他の人が悪鬼について述べるのを恐れます。普通の人にとって、このような議論は無意味です。しかし、思いが悪鬼によって占有されている人にとっては、恐れるだけの十分な理由があります。実は、信者がこのような言葉を語る時、彼は心の深い所で、自分の実際の状態が暴露されることを恐れているのです。もし彼が真に悪鬼によって占有されているなら、彼は何をすべきか知らないでしょう。ですから、彼はこのような言葉を語ります。彼は自分自身を隠して、自分自身を慰めたいのです。

信者が照らされて、自由を尋ね求め始める時、悪霊は多くの訴えを彼の思いの中に注ぎ出します。悪霊は、彼がこのことやあのことで間違っていると言います。あらゆる種類の罪定め、非難、訴えがあります。これらは信者たちをあまりにも占有してしまうので、信者たちは前進して悪霊に与えた地位を取り戻すことができなくなります。信者たちはすでに照らされているので、再び彼を欺く方法はないことを、悪霊は知っています。このゆえに、彼らは彼を訴えて、「あなたは間違っている。あなたは間違っている」と言い続けます。このような時、信者はまるで一種の罪の穴の中に沈み、再び起き上がる方法がないかのようです。しかしながら、もし信者がこれらを悪鬼の偽りであると認め、全き心をもってそれらに抵抗するなら、彼は勝利を得るでしょう。

経験はわたしたちに一つのことを教えます。信者がその状態の実情を理解し、自分が思いの中の主権を失ったことを知り、立ち上がってこの主権を取り戻そうとする時、悪霊は内側で最後のもがきを行ない、以前よりも何倍もの苦しみを信者に被らせます。このような時、悪霊は自分がいつも用いる偽りに頼ります。悪霊が信者に告げることは、信者がもはや自由となることはできず、すでに受け身の中へとあまりにも深く陥っており、神はもはやあわれみを賜ろうとはされないから、抵抗せずにその状態のままにしておくのが最上であり、信者が救い出される日は決して来ることがなく、それゆえ戦ったり、自らをむなしく苦しませたりする必要はないということです。信者は、自分が悪霊の恵みによって生きているのではないことを知るべきです！　たとえ死を意味するとしても、彼はやはり自由を得るべきです。あまりにも受け身的であるため救い出されることを得ることができないという人など、一人もいません。神は常に彼のためです。彼は自由を得ることができます。

信者がその状態の実情を理解し、自分の思いが暗やみの力の束縛から完全には解き放されていないことを知り、自分は悪霊に対して戦い、悪霊のすべての要塞《ようさい》を破壊すべきであることを知る時、この戦いの武器は霊的なものでなければならないことを彼は見るでしょう。肉に属するものは、全く役に立ちません。

繰り返し決心するだけでは十分でなく、また思いや記憶力を訓練する方法も自分に自由を得させることはできないことを、彼は見るでしょう。彼の思いは超自然的な力によって縛られているのですから、肉の武器は悪霊を追い払ったり、滅ぼしたりすることはできません。多くの場合、信者が全き心をもって霊的な真理――思いの中での真理に対する意見ではありません――を理解しようとし、失われた地位を取り戻すために悪霊に対して戦う準備をする時はじめて、暗やみの力がどの程度自分の思いを占有していたのかを、信者は認識します。このような時、悪霊は立ち上がって、自分がすでに得た地位を守ろうとします。このような時、信者もまた、いかに自分の思いが麻ひさせられ、受け身的になり、鈍くなっており、完全に自分の主権の外にあるかを見ます。彼はまた、悪霊が多くの手段を用い、彼の思いを通して彼を苦しめ、彼がその地位を取り戻すために行動するのを妨げることを見ます。彼は、自分の思いが実は敵の要塞であり、自分は今までにそれを完全に治めたことがないことを見ます。この時、彼はまた、悪霊の用いる方法が、彼の思いが知ることを欲した真理を彼が理解できないようにと妨げていることを見ます。なぜなら、彼は重要でない事柄は記憶することができるのに、真理を理解したり記憶することはできないからです。彼は、以前は同意していた真理に対して、自分の思いの中に一種の反抗が生じるのを感じるかもしれません。

今は、思いの自由のために戦いを始める時です。信者は、いつまでもサタンの要塞になっていたいのでしょうか？　だれがこの問題を解決すべきなのでしょうか？　神でしょうか？　神ではありません。人です。信者は、自分が完全に神に献身したいのか、それとも自分の思いをサタンの租借地にしたいのかどうかを、選択し、見るべきです。暗やみの力は、彼の思いを用いることが許されるのでしょうか？　悪霊は、穴から出てくるあらゆる種類の思想を、救われた人のこの部分から注ぎ出すことが許されるのでしょうか？　悪霊は、彼の思いを地獄の火で満たすことが許されるのでしょうか？　悪霊は、彼の思いを利用して、自分たちの教えを広めることが許されるのでしょうか？　悪霊は、彼の思いを利用して、神を中傷することが許されるのでしょうか？　悪霊は、彼の思いを支配して、自由に出入りすることが許されるのでしょうか？　悪霊は、彼の思いを通して神の真理に反対することが許されるのでしょうか？　悪霊は、彼の思いを通して彼を苦しめることが許されるのでしょうか？　信者は自分で選択しなければなりません！　問題は、信者がいつまでも悪霊の操り人形になることを願うかどうかです。信者は自分で選択しなければなりません。そうでないと、救い出される方法はありません。これは、信者が何か自信を持っていることを意味するのではありません。それは、信者が真に悪霊の攻撃に反対しているかどうかの問題です。

地位を取り戻す

わたしたちはすでに前に述べましたが、信者が悪霊に地位を与えているために、悪霊は信者の思いの中で働くことができます。わたしたちはまた、この地位が何であるかも述べました。わたしたちは、簡単にするとそれを六つの項目に分けることができます。もしわたしたちがこれら六つの項目を要約するなら、それらは大きく三つのグループに分類することができます。すなわち、(一)新しくされていない思い、(二)悪霊の偽りを受け入れること(あるいは、信じること)、(三)受け身的な状態です。信者は、自分が悪霊にどのような地位を与えてしまったのか、また何が自分を現在の状態にもたらしたのかを、注意深く調べなければなりません。それは、新しくされていない思いでしょうか？　それは、彼が悪霊の偽りを信じたことでしょうか？　それは、受け身的な思いでしょうか？　それとも、これら三つがすべて合わさったものでしょうか？　信者の経験によれば、多くの者がこのような地位を悪霊に与えています。もし彼が、どの点において、あるいはいくつかの点において、悪霊に地位を与えたかを知ったなら、彼は悪霊に与えた地位を取り戻すべきです。地位を取り戻すことが、救い出される唯一の方法です。信者は悪霊のための地位を取っておくので、現在の地位に陥ってしまったのです。ですから、いったんその地位が取り除かれるなら、信者は自由を得るのです。新しくされていない思いは、新しくされなければなりません。悪霊から受け入れた偽りは、あらわにされ、拒絶されなければなりません。受け身は、自らが統治する能動性へと変えられなければなりません。今わたしたちは、これら三種類の地位を取り戻すことについて、別々に見ていきたいと思います。

思いを新しくする

神は、彼の子供たちの思いが、悔い改めた時に変えられるだけでなく、完全に新しくされて、透明な水晶のようになることを願われます。このような命令が聖書の中にあります。なぜなら、信者はまだ肉の思いから完全には解き放されておらず、悪霊がそれを通して働くことができるからです。最初は、信者はただ狭い思いを持つだけであり、人を容認することができなくなります。あるいは、彼は愚かな思いを持ち、深遠な教理を理解することができなくなります。あるいは、彼は無知な思いを持ち、重要な働きを担うことができなくなります。しかし、後ほど、彼はさらに深い罪の中へと陥るかもしれません。「なぜなら、肉に付けた思いは神に敵対するからです」(ローマ八・七)。多くの信者は、ローマ人への手紙第六章の教えを学んだ後、自分は完全に肉の思いから解き放されたと、しばしば思います。十字架の効力が人のあらゆる部分に詳細にわたって適用されなければならないことを、彼らはほとんど知りません。「あなたがたも、自分は罪に対して死んでいる」(十一節)ことを認めた後、信者たちは、「あなたがたは死ぬべき体の中で、罪に王として支配させ」(十二節)ることをすべきではありません。同様に、思いが変えられた後、彼らは「あらゆる思想をとりこにして、キリストに対して従順にならせ」(Ⅱコリント十・五)るべきです。思いは完全に新しくされなければなりません。なぜなら、残っている肉の思いがどれほど少しであろうと、それは依然として神の敵であるからです。

もしわたしたちが思いを新しくしたいなら、わたしたちは十字架にやって来なければなりません。なぜなら、ここにおいてわたしたちは新しくされることができるからです。このことは、エペソ人への手紙第四章にはっきりと説明されています。十七節から十八節において使徒は、人の肉の思いがいかに暗くされているかを語っています。二二節から二三節においては、新しくする方法を語っています。「あなたがたは、以前の生活様式において、あの欺きの情欲によって腐敗している古い人を、脱ぎ捨ててしまったのです。そして、あなたがたの思いの霊の中で新しくされ」。わたしたちは、わたしたちの古い人が主と共に十字架につけられたこと(ローマ六・六)を知っています。しかし、これらの節は、わたしたちが「脱ぎ捨て」、わたしたちの思いが新しくされるようにと勧めています。このことによってわたしたちは、思いが新しくされるのは十字架を通してであることを見ます。信者は知るべきですが、わたしたちの古い思いは、古い人の一部分であり、神はわたしたちにそれを完全に「脱ぎ捨て」ることを求められます。神が十字架上で成し遂げられた救いは、単にわたしたちに新しい命を与えることではありません。神はまた、わたしたちの魂のすべての機能を新しくしたいのです。わたしたちの全存在の最も深い所における救いは、徐々に「達成」されるのでなければなりません（ピリピ二・十二）。今日欠けているものは、信者が、自分の思いが救われる必要のあること（エペソ六・十七）を知らないことです。彼らは、救いとは漠然としたあいまいなものであると考えています。彼らは、神がわたしたちの全存在を救い、わたしたちのすべての機能が新しくされて、神が用いるのに完全にふさわしくなることを願っておられることを、知りません。わたしたちの思いは、わたしたちの機能の一つです。神は、十字架が信者の古い人を十字架につけたことを、信者が信じることを願われます。信者ははっきりとした方法で、自分の古い人に対する神の裁きを認め、自分の意志を活用して、自分の古い人の行ないと、それに含まれる自分の古い思想を拒絶する――脱ぎ捨てる――べきです。彼は、十字架にやって来て、自分の古い思い、古い考え方、古い理屈を捨て去り、新しいものを与えてくださるよう神に信頼することを願うべきです。兄弟たちよ、これらのものはすべて、はっきりとした方法で脱ぎ捨てなければなりません。思いを新しくすることは、神の働きです。しかし、古い思いを脱ぎ捨て（拒絶し）、否む（捨て去る）ことは、あなたの働きです。もしあなたが自分の側のことを顧みるなら、神も彼の側のことを成し遂げてくださるでしょう。あなたがはっきりとした方法で脱ぎ捨てた後は、神があなたのために新しくしてくださることを、あなたは信じるべきです。たとえあなたが、新しくされる方法をまだ知らないとしてもです。

今日、無数の信者は、自分の古い思想を引きずっています。彼らは救われており、新しい命を得ていますが、彼らの以前の理屈、考え方、先入観において少しも変わっていません。彼らはクリスチャンの皮をかぶっているにすぎないのです！　彼らは今なお、以前の思い、理屈、考え方、先入観を適用して、霊的真理を調べ、受け入れ、あるいは宣べ伝えるのです。彼らが多くの誤りに陥り、教会に多くの論争をひき起こすのも、不思議ではありません。人が自分自身の力で神の働きを行なうことを神が憎まれるのと同じように、人が自分自身の思いで神の真理を考えることも神は憎まれます。新しくされていない思いは、霊的に死んでいます。その中から出てくるものも、やはりすべて死んでいます。多くの信者は、自分の聖書の知識の深さと、神学上の教義の卓越性を誇りますが、識別力のある人が見れば、それらは死んだものにすぎません。

信者は、自分の思いの古さを知り、十字架を通して「脱ぎ捨てる」ことに専心することを願った後、肉から出てくるすべての思想を、日々実行において拒絶すべきです。そうでないと、新しくされることは不可能です。たとえ神が信者の思いを新しくしようとしても、信者は日々、肉にしたがって考え続けるかもしれません。こうであれば、神の働きは成し遂げられません。

信者は自分の思想を一つ一つ神の光の中で、忍耐強く、堅い決意をもって調べるべきです。神から出たのでないもの、神の真理に反するものはすべて、思いの中から「絞り出し」、完全に捨て去るべきです。新しくされていない思いを活用して神の真理を理解することでさえ、完全に拒絶しなければなりません。使徒はわたしたちに告げていますが、新しくされていない思いは、神の知識に逆らい立つ「議論」やあらゆる種類の想像で満ちています（Ⅱコリント十・五）。これらの議論や想像は、人が真に神の知恵を得るのを妨げます。信者はそれらを打ち破らなければなりません。信者は、自分の思いのあらゆる思想がキリストに対して従順になるまでは、満足することはできません。使徒は、「あらゆる思想」と言いました。ですから、信者は一つの思想でさえもほうっておくことができません。信者は自分の思想を調べ、それが、（一）自分の以前の地位からやって来たものであるか、（二）自分が放棄した地位からやって来たものであるか、（三）悪霊に与えた新しい地位からやって来たものであるか、（四）それとも正当な思想であるかを、見いださなければなりません。彼は、なぜ自分の思いがそんなに混乱しており、先入観のある思想、反抗的な思想、怒りのある思想を持っているのかを、調べるべきです。例えば、なぜわたしはある真理を、一度も調べないで拒絶するのでしょうか？　なぜわたしは、うわさだけに基づいて、ある人に反対するのでしょうか？　わたしには十分な理由があるのでしょうか？　わたしの天然の思いの中には、憎んだりする意図があるのでしょうか？　あらゆる思想は、調べられなければなりません。それは、旧創造から出てくるあらゆる思想を見いだし、除き去るためです。もちろん、このことは、愚かに日を過ごすことに慣れている者たちにとっては、大変な重荷となります。なぜなら、彼らの思想は、暗やみの権威によって支配されており、荒々しいからです。しかし、戦いは戦いであり、それは簡単な方法によって成し遂げることはできません。もしわたしたちが戦わなければ、わたしたちはこれらの思想を一つ一つ打ち破ることはできません。なぜなら、思いは悪霊の要塞であるからです。敵は実在します。このことは、戦いによって証明されています。戦いがあるから、必ず敵もいるのです。敵がわたしたちの前にいるのですから、どうしてわたしたちはなおざりにすることができるでしょうか？

偽りを拒絶する

信者は、神の光の中で調べる時、自分が過去において、悪霊の無数の偽りを受け入れたことを見るでしょう。その結果、彼は現在の地位に陥ってしまいました。(一)ある時は、彼は悪霊の偽りを信じたために、神の真理を誤解し、誤った態度と振る舞いを持つようになりました。この態度と振る舞いは、悪霊の働きをひき起こしました。例えば、彼は、神と人との関係を誤解し、神は直接ご自身の思想を自分の中に与えるべきであると考えたかもしれません。ですから、彼は受け身的になって待ち望み、自分の信じたものが神から来た思想であるということを受け入れました。こうすることによって、彼は、悪霊が偽装し、似たような思想を自分の中に与えることを許してしまいました。(二)ある時は、信者は、悪霊が直接自分に語り、自分の身体の健康と自分に関するその他の事柄について述べた言葉を信じました。その結果、彼の身体とそれらの事柄は、悪霊が彼に告げたようになりました。例えば、悪霊は、ある事柄が必ず彼に起こるということを、信者の思いの中で語るかもしれません。彼の意志は抵抗せず、ある場合はそれを完全に受け入れさえします。その結果、悪霊が定めた時になると、その事柄が実際に彼に起こるのです。

もし信者が自分の状況を調べるなら、自分の人生で起こった多くの苦悩、弱さ、病、そして望ましくないさまざまな状況は、直接的にであれ間接的にであれ、悪霊の偽りを受け入れたことによってひき起こされたことを、彼は見るでしょう。その結果が、彼の現在の状況です。信者が直接、悪霊の偽りを信じたゆえに、あるいは悪霊の言葉を信じて行なった行為のゆえに、あらゆる種類の関連する事柄が、信者が疑ったり恐れたりしたことにしたがって、信者に対して起こります。もし信者が救い出されたいなら、彼は、何が神の光であり、何が神の真理であるかを理解しなければなりません。過去において彼は、悪霊の偽りを信じることによって、悪霊に地位を与えてしまいました。今や彼は、悪霊の偽りを拒絶することによって、地位を取り戻し、自由を得ることができます。真理だけが偽りを除き去ることができます。それはちょうど、光が暗やみを追い払うことができるようにです。ですから、信者は、自分自身、神、悪霊に関するすべての真理を追い求めなければなりません。彼は代価を払って真理を尋ね求めなければなりません。彼は専心して祈り、自分に光を与えてくださるよう神に求めるべきです。それは彼が、自分の真の状態(真理)、自分の過去の経験、自分がどのように欺かれたか、この欺きのゆえに自分がどのような苦難を被ったかを知るためです。彼は、自分が今受けている精神上、身体上、環境上の苦難がどこからやって来るのかを、調べるべきです。彼は、自分に臨むあらゆる苦難の原因を理解すべきです。その苦難は、彼が悪霊の、ある言葉を信じたことと関係があるのでしょうか、それとも、悪霊の偽りから出た誤った振る舞いと関係があるのでしょうか？　彼はその苦難を調べるべきです。それは、その源を静かに、祈りながら、期待してたどることによってです。

悪霊は光と真理を最も憎みます。なぜなら、これは悪霊の働きの根拠を取り去るからです。しかしながら、真理の言葉が信者の思いの中に入るためには、戦いを経なければなりません。悪霊が多くのことを行なっているのを信者が見いだすことを、悪霊は望みません。また信者が、自分の現在の状態のうちのどれが、自分の信じたどの偽りによってひき起こされているかを知ることも、悪霊は望みません。悪霊の働きの原則は常に、「輝きを、彼らの上に照らさせないように」(Ⅱコリント四・四)することです。ですから、信者が最も注意しなければならないことは、すべての事柄において真理を理解することです。真理の意味とは、実際の状態です。信者自身は悪霊を追い出すことはできませんが、彼は自分の意志を真理の側に置き、悪霊にその働きの地位を失わせることはできます。少なくとも彼は、自分が真理を欲しており、真理を理解することを欲しており、真理に服従することを欲していることを、宣言することはできます。彼の祈りと選択は、悪霊のすべての偽りを拒絶することであるべきです。たとえこれらの偽りの形が、思想であれ、想像であれ、教理であってもです。彼はこうすることによって、聖霊が彼の暗くされた思いを神の輝かしい真理の中へともたらす道を造るのです。経験によれば、時には、数か月(あるいは、それ以上)を経てはじめて、悪霊の一つの偽りを理解することができることを、信者は見るでしょう。彼はまず、自分の意志における悪霊の地位をすべて拒絶し、それから悪霊の偽りを注意深く一つ一つ覆さなければなりません。彼はもはや自分がかつて信じていたものを信じるべきではなく、自分の地位を徐々に取り戻すべきです。彼はもはや、悪霊が言うことを信じるべきではありません。そうすれば、悪霊はその力を失うでしょう。

正常な状態を知る

もし信者が、受け身になり、悪霊の偽りを信じたために、あらゆる種類の苦しみの状態に陥るなら、彼は自分自身の「正常な状態」を知る必要があります。新しくされていない思いという地位を除けば、悪霊に与えられたこれら二種類の地位が、あらゆる面において信者を確実に悪化させます。彼の思考力、記憶力、体力、その他すべてのものが、堕落していきます。いったん信者が自分自身の危険を認識するなら、彼は立ち上がって、救い出されることを追い求めることができます。しかし、救い出されるとは、何を意味するのでしょうか？　それが意味することは、彼が「元の状態に戻される」べきであるということです。しかしながら、信者が元の状態に回復されることを欲するなら、何が「元の」状態であるかを知るべきです。信者は、一つの正常な状態があることを知るべきです。悪霊に欺かれた時、彼はそこから堕落してしまったのです。彼は、自分の正常な状態が何であるかを知るべきです。彼は、正常な状態から今日の地位へと落ちてしまいました。もし彼が堕落していなかったら、彼は回復されることを尋ね求める必要はありません。信者が注意すべきことは、自分の今日の状態が以前と異なっているかどうか、また自分の状態が以前よりも悪くなっているかどうかです。彼は、自分の現在の状態を続けることを欲すべきではなく、自分の以前の状態へと回復されることを欲すべきです。彼は問わなければなりません、「自分の現在の状態は、自分の過去と比べてどれほど悪くなっているでしょうか？　わたしは以前どのようであったのでしょうか？　わたしは自分の以前の状態に戻るために、今何をすべきでしょうか？」。

この以前の状態が、彼の正常な状態です。彼がそこから堕落した場所が、彼の正常な状態です。もし信者が、自分の「原点」や自分の正常な状態を理解していないのであれば、自分自身に次のようないくつかのことを問うべきです。「わたしの思想は、わたしが生まれた時からいつもこのように混乱しているのでしょうか？　わたしがこのようではなかった時があったでしょうか？　わたしの記憶力は、わたしが生まれた時からこのように悪いのでしょうか？　わたしがとてもよく記憶することのできた時があったでしょうか？　わたしはいつも眠ることができないのでしょうか？　わたしが眠ることのできた時があったでしょうか？　わたしの目の中では、いつも多くの像が映画のように行ったり来たりしているのでしょうか？　わたしがはっきりしている時があったでしょうか？　わたしはいつもこのように弱いのでしょうか？　わたしがより強かった時があったでしょうか？　わたしはいつも自分自身を管理することができないのでしょうか？　わたしがもっと良かった時があったでしょうか？」。これらの、またこれらと類似した質問をした後、信者は、自分が正常な状態を失ったかどうか、また自分が受け身的であるのか、それとも攻撃を受けているのかを知るでしょう。彼はまた、自分の正常な状態が何であるかも知るでしょう。

自分自身の正常な状態を理解するために、信者はまず、自分が正常な状態を持っているということを、認め、信じなければなりません。今日、彼は堕落してしまいましたが、堕落する前に経験した一つの標準を、確かに彼は持っていました。これが彼の「原点」です。今や彼はこの点に向かって追い求め、回復を尋ね求めるべきです。正常な状態の意味とは、一人の人の正当な状態にほかなりません。もし信者が、自分の正当な状態が何であるかを定めるのが困難であるなら、自分の一生においてどのような時が、自分の霊、あるいは魂、あるいは体が「最上」の時であったかを、思い起こすべきです。彼は、自分の霊が最も強かった時はいつであったかを、自分の記憶力と思想とが最も強くまたはっきりしていた時はいつであったかを、自分の体が最も健康であった年はいつであったかを、思い起こすべきです。彼は自分の人生の最上の時期を見いだしたなら、その時期の状態を自分の正常な状態とすべきです。これが最低限度のことです。少なくとも彼は、この水準には到達すべきです。もし彼の生活がこの水準よりも低いのであるなら、彼は満足すべきではありません。彼は認識すべきですが、もし彼がそのような状態に到達した時があったのなら、彼が今、同じ状態に到達することができないという理由はありません。また、過去における彼の頂点の状態が、彼の到達することのできる最高水準ではないかもしれないという事実は、言うまでもありません。ですから、彼は自分の正常な状態を主張しなければならず、下っていくことを願ってはなりません。

信者が自分の現在の状態を以前の状態と比較する時、自分がすでに「はるか遠く」にあるかどうかを知るでしょう。思いが攻撃を受けている人は、いかに自分の記憶力と思想とが「はるか遠く」にあるかを見る必要があります。体が攻撃を受けている人は、いかに自分の力が「はるか遠く」にあるかを見る必要があります。いったん信者が、自分が正常な状態から堕落してしまったことを知ったなら、彼は自分の意志を活用して、拒絶し、抵抗し、自分の正常な状態に戻るべきです。しかし、悪霊は、このように「覆される」ことに対して甘んじることは決してありません。彼らは信者に言うでしょう、「あなたはすでに年老いています。あなたは、自分の思いが若いころのように強くなることを期待することはできません。人の機能は一般的に、時と共に衰え、弱まるものです」。もしあなたが若いのであれば、彼らは次のように言うでしょう、「あなたは生まれつき弱いのです。こういうわけで、あなたは他の人のように、強い思いの祝福を絶えず享受することはできないのです」。あるいは、悪霊は信者に対して、「あなたは働き過ぎです。こういうわけで、あなたはこのような状態に陥ってしまったのです」と言うかもしれません。あるいは、悪霊はもう少し大胆になって、次のように言いさえするかもしれません、「あなたは本来このようであるのです。他の人のほうが、あなたよりも良いかもしれません。しかし、これは賜物の違いによるのです」。このようにして、悪霊は信者に、自分の弱さの原因が、自然なものであり、明らかなものであり、必然的なものであり、驚くべきことは何もないと思わせようとします。もし信者が欺かれておらず、受け身的でもなく、絶対的に自由であるなら、これらの言葉を信じる余地もあるかもしれませんが(しかし、確実ではありません)、それらはなおもテストされる必要があります。もし信者が欺かれており、あるいは受け身的であるなら、すべてを自然な原因によるとする口実は、絶対に信頼できません。信者は救われており、さらに良い状態——霊的にも、思いにおいても、体においても——を得ているのですから、暗やみの権威が自分をさらに低い地位に縛るのを許すべきではありません。これらはすべて悪霊の偽りであり、信者はそれらを完全に拒絶すべきです。

わたしたちは一つのことに注意を払わなければなりません。すなわち、わたしたちの思いが、自然な病によって弱められることと、悪霊に地位を与えることによって弱められることとの間には、絶対的な違いがあるということです。もし弱さが自然な病によるものであるなら、必ず人の神経に対してある損害をひき起こすでしょう。しかし、もしそれが悪霊の働きによってひき起こされているなら、悪霊の働きは器官の性質を変えることはなく、その器官に正常な機能をさせなくするだけです。人の思いは損害を受けるのではなく、受け身的になり、一時的に機能することができなくなるだけです。悪霊が追い出されると、思いは以前の状態へと回復されます。多くの精神病患者の思考は、まず自然の病にかかり、その後に悪霊がこれらの病を利用して、さらに多くの障害をひき起こすのです。もし悪霊が彼らの背後で働いていないのであれば、精神病だけをいやすことは困難ではありません。

受け身であることを覆す

信者が自分の正常な状態を認識した後、彼のなすべき最も重要なことは、戦って、自分の正常な状態に戻ることです。彼は、自分には「原点」があることを知っており、今、回復されたいと願います。しかし、悪霊は自分が得た地位を、この世の王が自分の領土を守るのと同じように守ろうとするのを、彼は知っておくべきです。悪霊が自分の得た地位を進んで戻すようなことを、わたしたちは期待することはできません。悪霊は、他に方法がない限り、放棄しようとはしません。ですから、信者は認識すべきですが、地位を明け渡すことはとても容易ですが、失われた地位を取り戻すことは労力を要するのです。しかしながら、わたしたちが注意を払うに値すべき事柄が一つあります。ちょうどわたしたちの国家に法律があり、その法律の裁判が最高の権威を持ち、すべての市民がそれを守るべきであるのと同じように、神の宇宙にもやはり法則があり、その法則の定めが最高の権威を持ち、すべての悪霊はそれを守らなければなりません。ですから、わたしたちは霊的領域の法則を理解し、それにしたがって歩かなければなりません。そうすれば、悪霊は自分の地位を明け渡さないわけにはいかなくなります。

霊的領域における最も重要な法則とは、人に関するあらゆることは、人の意志の同意があってはじめて成され得るということです。信者が知らず知らずのうちに悪霊の欺きを受け入れる時、彼は、悪霊が自分の上で働くことを許しているのです。信者がその地位を取り戻すためには、彼は自分の意志を活用して、最初の許可を覆し、自分は自分自身に属するものであり、悪霊には自分のどの部分をも利用する権利がないことを、主張しなければなりません。このような戦いにおいては、悪霊は法則に反することができず、退かなければなりません。信者の意志が受け身的である時、彼の思いも受け身的になります。その結果、彼の思いは悪霊によって占有されるようになります。この時、彼は神の定めにしたがって、自分の思いが自分自身のものであることを宣言すべきです。彼は、自分自身の思いを用いることを選択すべきであり、もはや外側の力が自分の思いに対してそそのかしたり、啓示を告げたり、利用したり、圧迫するのを許すべきではありません。もし信者が継続的に受け身的になった地位を取り戻し、自分自身の思いを用いるなら、彼の思いは徐々に自由にされ、その本来の正常な状態に戻るでしょう。(地位を取り戻すことと戦いとに関する詳細は、次の部で述べます)。

この戦いにおいて、信者は自分自身の思いを活用しなければなりません。彼は最善を尽くして、この働きを行なわなければなりません。毎回、彼が率先しなければならず、どんなことにおいても他の人に頼ってはなりません。もし可能であるなら、彼はあらゆることにおいて自分で決断すべきであり、他の人や環境を受け身的になって待つべきではありません。彼は、過去を振り返ったり、将来のことを心配したりすべきではなく、ただ現在のこの時のために生きるべきです。彼は祈りながら、また目を覚ましながら、一歩一歩と前進すべきです。彼は自分自身の思いを用いて、自分が何を行なっているのか、自分が何を語っているのか、自分が何であるかを考えなければなりません。彼はつえを捨てるべきであり、この世の事柄や方法を用いて自分の思いに取って代わらせるべきではありません。彼は自分の思いを用いて、考え、考慮し、記憶し、理解すべきです。

信者の思いは長い間、受け身的になっていたために、戦って自由の地位へと戻されるためには、時間を要します。彼が自由になる前は、彼の思いの中の思想の多くは、彼自身のものではなく、彼の思いの中の悪霊に属するものです。ですから、この期間の思想はすべて、一つ一つ調べられなければなりません。そうでないと、古い地位が完全に取り戻される前に、知らず知らずのうちに、あるいは無意識のうちに、新しい地位が悪霊へと与えられるでしょう。このような時、信者が受けるすべての訴えや賞賛は、必ずしも信者の悪い行ないや良い働きによるのではありません。多くは、悪霊からの言葉です。ですから、彼の思いが失望の思想で満ちる時、自分には本当に望みがないなどと、彼は考えるべきではありません。あるいは、彼の思いが高く引き上げられた思想で満ちていたとしても、自分は本当にすばらしいなどと、彼は考えるべきではありません。

さらにまた、信者は悪霊の偽りにも繰り返し直面するはずです。悪霊がどのような思想を信者の思いの中に提案しようと、信者は聖書の言葉を用いてはっきりと答えなければなりません。悪霊は彼に疑わせようとします。ですから、彼は信仰に関する節を用いて答えなければなりません。悪霊は彼を失望させようとします。ですから、彼は望みに関する節を用いて答えなければなりません。悪霊は彼を恐れさせようとします。ですから、彼は平安に関する節を用いて答えなければなりません。もし彼がどの節を用いるべきかわからないなら、自分に示してくださるよう神に求めることができます。それとは別に、もし彼が、これらは確かに悪霊から出たものであると認識しているなら、彼は悪霊に対して、「これらはあなたの偽りです。わたしはそれらを欲しません」と告げることができます。このように聖霊の剣を適用することが、勝利を得る方法です。

この戦いにおいて、信者は十字架の地位を忘れてはなりません。彼はローマ人への手紙第六章十一節の上に立ち、自分はすでに罪に対して死んでおり、キリスト・イエスにあって神に対して生きている者とされていることを、信じるべきです。彼は死んだ人であり、旧創造を脱ぎ捨ててしまいました。今や、悪霊は彼に対してもはや何もすることができません。なぜなら、悪霊が働くことのできる場所は、十字架にかけられているからです。彼が悪霊を拒絶し、自分の思いを活用しようとする時はいつも、十字架の達成に完全に信頼しなければなりません。彼は、自分が主と共に死んだことは事実であることを、認識しなければなりません。ですから、彼は悪霊の前でこの事実を堅く保つべきです。彼はすでに死んでおり、悪霊は死んだ人に対しては何の権威も持っていません。パロはもはや、紅海の向こう側にいたイスラエル人を苦しめることはできませんでした。主の死の上で安息することは、信者に最大の益をもたらします。

自由と新しくされること

信者がこのようにして一歩一歩と地位を取り戻した後、その結果は徐々に現れてくるでしょう。最初は、彼が取り戻そうとすればするほど、ますます状況が危険になっていくかのように思われます。しかしながら、信者がすべての地位を取り戻すことを主張した後は、悪霊が徐々にその力を失い、もはや何もすることができなくなるのを、彼は見るでしょう。地位が徐々に取り戻される時、すべての症状は徐々に減少していくでしょう。信者は、自分の思い、記憶、想像、理性が徐々に自分自身で活動し、用いられることができるようになるのを、見るでしょう。悪霊はもはや以前のように攻撃することはできません。しかしながら、この時、一つの危険があります。それは、すべての地位が取り戻され、完全に回復される前に、信者が自己満足してしまい、戦い続けるのをやめてしまうことです。このように余地を残しておくことは、悪霊が将来戻ってくるのを可能にします。信者は、自分が真に、また完全に自由になるまで、自分の主権を取り戻し続けなければなりません。彼が十字架という土台の上に立ち、自分自身の思いを活用して、悪霊のごう慢さと古い観念を拒絶する時、しばらくすれば彼は完全な解放を経験するでしょう。彼は、自分が再び自分自身のすべての思想の主人となっていることを見るでしょう。

今わたしたちは、受け身的であることから自由にされるまでの段階を、要約して述べてみます。

(一)信者の思いは、本来正常なものである。

(二)信者は、自分の思いを神に用いていただこうとすることによって、受け身の中へと陥る。

(三)信者は、(二)の段階のゆえに、自分は今や一つの新しい思いを持っていると信じる。
(四)実は、信者は、悪霊によって攻撃されており、正常な状態の下へと落ちているのである。
(五)信者の思いは、弱くなり、無力になる。
(六)信者は、自分が(二)の段階で放棄した地位を取り戻すために戦う。
(七)信者の思いは、以前よりも悪くなり、混乱しているように見える。
(八)実は、信者は徐々に自由にされつつあるのである。
(九)信者は、自分の主権を主張し、受け身的であったその地位を取り戻す。
(十)受け身は覆され、信者は彼の本来の状態へと回復される。
(十一)信者は、自分の意志を堅く保ち、正常な状態に保たれる。それに加え、
(十二)彼の思いは完全に新しくされ、以前はすることができなかった働きを行なうことができるようになる。

新しくされた思いは自由な思いよりも深いということを、わたしたちは知るべきです。受け身へと失われた地位と、偽りへと与えられた地位を取り戻すことは、信者を本来の状態に戻すことにすぎません。しかしながら、新しくすることは、信者を彼の本来の状態に戻すだけでなく、彼を「原点」よりもさらに高い場所へともたらすことです。新しくされた思いとは、信者の思いがその一生においてまだ到達したことのない段階です。それは、神が彼のために定めた最高点であり、可能な限りの最高点です。神は、信者の思いが暗やみの権威から完全に切り離され、信者が完全に自らを治めることができるようになることを欲し

ているだけではありません。神はまた、信者の思いを新しくすることも欲しています。そうすれば、思いと聖霊とは完全に一つになり、光、知恵、聡明《そうめい》さに満ちるようになります。その時、彼の想像と理性は清められ、従順になり、完全に神のみこころに服従するようになります(コロサイ一・九)。わたしたちは、小さいものを得ただけで満足すべきではありません。

第四章　思いの法則

信者の思いが新しくされるという点に到達した時、信者は自分の思いの能力に驚くことでしょう。彼は今や、停滞した、重要でない活動から切り離されています。信者の集中力はさらに強くなり、理解力はさらに鋭くなり、記憶力はさらによくなり、理性はさらに明確になり、視力はさらに遠くにまで及び、働きはさらに迅速になり、思想はさらに幅広くなります。彼はもっと容易に、他の人の思想を理解することができるようになります。彼は自分のわずかな経験によって縛られることが少なくなります。また彼は、霊的知識の無限さと、それゆえに開かれた思いをもってそれを受け入れることの必要性を、さらに知るようになります。神の働きに関するすべての偏見、先入観、意見は、完全に取り除かれ、清められます。このような思いは、彼が通常行なうことのできない働きも行なうことができ、また彼が通常担うことのできる責任の二、三倍をも担うことができます。今日、信者の思いが役に立たないのは、新しくされるという段階にまだそれが達していないからです。しかしながら、このことは、いったん彼の思いが新しくされれば、彼が古い思いによって弾圧される可能性はもはやないということを、意味するのではありません。もし信者が継続して古い観念に抵抗しないなら、彼は知らず知らずのうちに自分の古い方法にしたがって考えるようになるでしょう。ちょうど信者が、日々霊にしたがって歩き、肉の行ないを拒絶すべきであるのと同じように、日々新しくされた思いにしたがって考え、古い考え方を拒絶すべきです。目を覚ましていることが必要となります。そうでないと、信者は自分の以前の地位へと戻ってしまうでしょう。霊的な事柄においては、後退は実際にあり得ることです。たとえ信者の思いが新しくされた後でも、もし彼が目を覚ましていなければ、悪霊の偽りを信じ、受け身的になって悪霊に地位を与えてしまう可能性が、依然として残っているのです。もし信者が、自分の思いを新しくされた状態に保ち、自分の思いを日々新しくさせることを願うなら、彼は思いの法則を知らないわけにはいきません。霊に法則があるように(このことを、わたしたちは前にすでに見ました)、思いにもやはりその法則があります。今わたしたちは、いくつかの事柄を述べたいと思います。もし信者がこれらの事柄を実行するなら、いつも勝利を得るでしょう。

霊と共に働く思い

もしわたしたちが霊的な信者の歩みの過程を分析するなら、それは次のような段階に分けられるでしょう。聖霊が神のみこころを信者の霊に啓示し、知らせる。信者は、自分の思いを通してこの啓示の意味を理解し、意志を通して自分の霊の力を行使して、自分の体を動かし、この事柄を執行する。信者の生活において、思い以上に霊と近い関係を持つものはありません。なぜなら、思いとは、精神と物質の領域の事柄を知る器官であり、霊とは、霊的領域の事柄を知る器官であるからです。信者は、思いを通して自分自身の事柄をすべて知りますが、神の事柄を知るのは、彼の霊を通してです。霊と思いとはいずれも「知識」の器官であるため、それらの関係は他の何よりも近いのです。霊にしたがって歩くわたしたちの生活の中で、思いは霊の最良の助け手です。もしわたしたちが完全に霊にしたがって歩きたいのであれば、これら二つが互いにどのように助け合っているかを、わたしたちは知らなければなりません。

思いと霊との間に存在する相互の助け合いと信頼の働きについて、聖書はわたしたちにはっきりと告げています。霊にしたがって歩くことにおいて、霊と思いとの協力はとても重要な事柄です。「どうか、わたしたちの主イエス・キリストの神、栄光の御父が、知恵と啓示の霊をあなたがたに与えて、あなたがたに彼を十分に認識させ、あなたがたの心の目が照らされ、……あなたがたが知るように」(エペソ一・十七―十八)。これら二つの節は、霊と思いとの密接な関係を啓示しています。わたしたちが以前述べたように、「知恵と啓示の霊」とは、神がわたしたちの霊の中で、ご自身とご自身のみこころをわたしたちに啓示し、知らせてくださったことを意味します。今わたしたちが注意を払わなければならないことは、霊の直覚を通して得られる啓示が、どのようにしてわたしたちの思いと協力し合うのかということです。

「あなたがたの心の目」とは、わたしたちの推論する機能、理解する機能であり、それはわたしたちの思いです。聖書のこの部分において、「知る」あるいは「認識」という言葉が、二回述べられています。これら二つの「知ること」は、異なる意味を持っています。一つ目の知ることは、直覚において知ることです。二つ目の知ることは、思いにおける知ること、あるいは認識です。啓示の霊は、わたしたちの存在の最も深い部分です。神はわたしたちの霊の中にご自身を啓示されます。それはわたしたちが、直覚を通して彼を十分に認識させるためです。しかし、この認識は直覚の中にあるだけです。それは、わたしたちの内なる人の中にあるだけであり、わたしたちの外なる人は依然としてそれを知りません。内なる人が、知っていることを外なる人に伝えることは、欠くことのできないことです。そうでないと、外なる人は、内なる人が求めているものを知らず、同じ行動を取らないでしょう。この伝達は、どのようにしてなされるのでしょうか？　聖書は、わたしたちの霊がわたしたちの思いを照らす必要があるとわたしたちに告げています。それは、わたしたちの思いが、わたしたちの霊の意図を理解することができ、わたしたちの外なる人も認識することができるようになるためです。わたしたちの外なる人は、思いを通して物事を知ります。こういうわけで、直覚を通して得られた霊の知識は、思いへと伝達されなければなりません。思いはそれを体全体へと告げ、霊にしたがって歩くようにさせます。

わたしたちは、まず直覚の中で神のみこころを受け、次にわたしたちの思いがわたしたちに、これが神のみこころであることを知らせます。聖霊はわたしたちの霊を感動させ、わたしたちに霊の感覚を与えます。次に、わたしたちは思いを適用して、この感覚を学び、理解します。神のみこころを完全に理解するためには、霊と思いとの同労がなければなりません。霊はわたしたちの内なる人に知識を持たせ、思いはわたしたちの外なる人に理解させます。霊と思いとのこのような協力は、信者に神のみこころを完全に知らせるものであり、一瞬のうちに起こるものです。わたしたちがそれを言葉に表そうとすれば、多くの時間がかかるかもしれません。しかし、実際は、この二つの事柄は左右の手のようなものです。何かを指示されるやいなや、霊はそれを瞬《また》く間に知り、そして思いに理解させます。こういうわけで、すべての啓示は聖霊からやって来て、人の霊(人の思いではない)へと到達します。人の霊は、直覚を通して神の啓示を知り、受けます。しかし、人は思いを通して、霊の直覚の意味を調べ、それを理解します。

わたしたちは自分の思いを、神の啓示を受けるための主要な器官とならせるべきではありません。しかし、わたしたちはまた、自分の思いが神の啓示を理解するための二次的な器官となることを、妨げるべきでもありません。肉的な信者は、霊にしたがって歩くことを学んでいないので、自分の思いの中の思想を、自分の歩みの規則としなければなりません。霊的な信者は霊にしたがって歩くべきです。しかし彼は、思いが霊の意図を理解することを否定すべきではありません。真の導きにおいては、霊と思いとは一致します。思いの中の理性が霊の中の導きに逆らうようなことはありません。霊の中の導きは、普通の人の思いのいわゆる理性には反するかもしれません。しかし、霊の中の導きを持っている信者が、思いと霊との同労を通して神のみこころを理解する時、彼の理性は、霊の中の導きが完全に正しいことに同意するでしょう。もちろん、わたしたちは、思いが新しくされている信者について語っているのです。しかし、信者の霊が最高の地位に到達する前は、思いはたいてい霊の中の導きに反します。

エペソ人への手紙第一章十七節から十八節でわたしたちは、どのようにして霊が思いを助けるかを見ます。霊はまず聖霊からの啓示を受け、次に思いを照らします。霊の人の思いは、天然の命によって生きていないので、霊の照らしによって生きなければなりません。そうでないと、それは暗やみの中へと陥ります。新しくされた思いは、霊の光の導きを必要とします。ですから、信者の霊が悪霊によってふさがれる時、彼は自分の思考の道筋が暗くされていることを感じるでしょう。彼の思想は混乱し、彼の思いは秩序がなくなり、彼の全存在は集中することができなくなります。信者の思考力は霊からやって来ます。霊が封鎖される時、力は思いに届かず、思いはその指揮を失うかのようです。ですから、もしわたしたちが自分の霊と思いとを正当な関係に保ちたければ、わたしたちは目を覚ましていなければならず、自分の霊を悪霊によって取り囲ませてはなりません。それは、わたしたちの思いが正常に機能することができるようになるためです。

信者の思いは、聖霊の出口です。わたしたちは、聖霊が人の霊の中に住んでいることを知っています。しかし、わたしたちは今までに、聖霊がどのようにしてご自身を表現されるかについて考えたことがあるでしょうか？　聖霊が自分の霊の中におられることを信者たちが感じ、信じるだけでは、聖霊は満足されません。聖霊の目的は、人を通してご自身を表現し、他の人々にご自身を得させることです。それに加え、数百数千もの事柄を、聖霊は人を通して行なう必要があります。聖霊がわたしたちの霊の中に住んでいるだけでは、十分ではありません。聖霊は、霊を通して表現されなければなりません。思いは、人の霊を表現します。もし思いがふさがれるなら、霊は開かれることができず、聖霊はわたしたちの霊から他の人々へと流れることができません。わたしたちは、わたしたちの直覚の意図を「解釈」する思いを必要とします。それによって聖霊は、わたしたちを通してご自身の意図を表現することができます。もしわたしたちの思いが狭く、愚かであるなら、聖霊はご自身の意図にしたがって信者と交わることができないでしょう。わたしたちは、わたしたちの霊の中の聖霊を閉じ込めることがないよう、注意しなければなりません。

霊を思うことと霊的な思い

信者が霊的になればなるほど、さらに彼は霊にしたがって歩くことの重要性と、肉にしたがって歩くことの危険性を知ります。しかし、霊にしたがって歩くこととは、本当は何を意味するのでしょうか？

ローマ人への手紙第八章は答えを与えています。すなわち、それはただその霊を思い、霊的な思いを持つことです。「なぜなら、肉にしたがっている者は、肉の事柄を思い、霊にしたがっている者は、その霊の事柄を思うからです。肉に付けた思いは死ですが、霊に付けた思いは命と平安です」(五―六節)。その霊の事柄を探る思いを持つことと、思いを支配する霊を持つことが、霊にしたがって歩くことの意味です。「霊にしたがって」歩く人とは、「その霊の事柄」を思い、思いを「霊に付けた」人にほかなりません。もしわたしたちが霊にしたがって歩くことを願うなら、霊の支配下にある思いを通して、その霊の事柄を思い、探る以外に方法はありません。これが意味することは、わたしたちの思いがまず新しくされ、霊的な思い――霊によって支配されている思いにならなければならないということです。新しくされた思いを通して、人はその霊の事柄すべて――霊の活動すべてに注意を払うことができます。このようにして、わたしたちは霊にしたがって歩くことができます。

わたしたちはまたこれらの節から、いかに思いが霊と関係があるかを見ることができます。「なぜなら、肉にしたがっている者は、肉の事柄を思い、霊にしたがっている者は、その霊の事柄を思うからです」。人の思いは、肉の事柄を思うこともできるし、その霊の事柄を思うこともできます。わたしたちの思い(魂)は、霊と肉(ここでは、それは体を指しています)との間に立つものです。何であれ思いが思うことにしたがって、わたしたちは歩きます。もし思いが肉を思うなら、わたしたちは肉にしたがって歩くでしょう。もし思いがその霊を思うなら、わたしたちは霊にしたがって歩くでしょう。ですから、わたしたちは、自分が霊にしたがって歩いているかどうかを問う必要はありません。わたしたちはただ、自分がその霊を思っているかどうか、その霊に注意を払っているかどうか、その霊の活動を探っているかどうかを問う必要があるだけです。肉の事柄を「思い」ながら、霊にしたがって「歩い」ている、というようなことはありません。あなたの思いが思っていることにしたがって、必ずあなたは歩くのです。これは変えることができません。わたしたちの日常生活において、わたしたちの思いは何を考え、何に注意を払い、何に付いているでしょうか？　わたしたちが注意を払い、わたしたちが服従しているのは何でしょうか？　わたしたちは霊を思っているのでしょうか、それとも肉を思っているのでしょうか？　その霊の事柄を思うことは、わたしたちを霊の人にします。肉の事柄を思うことは、わたしたちを肉の人にします。もしわたしたちの思いが霊の支配を受けていなければ、肉の支配を受けているのです。もしわたしたちの思いが天的なものの支配を受けていなければ、地的なものの支配を受けているのです。もしわたしたちの思いが上からのものの支配を受けていなければ、下からのものの支配を受けているのです。霊にしたがって歩くことの結果は、命と平安の中で生活することです。もし信者が肉を思い、肉にしたがって歩いているなら、彼は「死」の中で生活することになるでしょう。彼の行なうことや言うことはすべて、霊的な価値がなく、全く死に属するものでしょう。なぜなら、彼の持っているものはすべて、神の目には、霊の命のない肉から出てくるものであるからです。信者は命を持っているかもしれませんが、それと同時に、「死」の中に生きているかもしれないのです。

霊にしたがって歩く生活において、なぜその霊の事柄を思うことがそんなに重要なのでしょうか？　なぜなら、これは、わたしたちが霊の中の導きを受けるための最大の条件であるからです。多くの信者は、神が自分のために多くの案配をしてくださり、（環境を通して）自分を導いてくださることを願いますが、霊を思うことをせず、自分の霊の活動に注意を払いません。多くの時、内住する聖霊はすでにわたしたちの霊の中でわたしたちを導いておられますが、わたしたちの思いはとても鈍く、また愚かになっているために、わたしたちは彼の導きについてはっきりすることができません。多くの時、聖霊はわたしたちの霊に何かを啓示しておられますが、わたしたちの思いが霊の活動に注意を払っておらず、あるいは幾千もの他の事柄を思っているために、霊の感覚はわたしたちによって無視されてしまいます。別な時には、わたしたちの霊は間違っていないのですが、わたしたちの思いが間違っており、そのためわたしたちは依然として霊にしたがって歩くことができないのです。霊が直覚を通して表現する意図は、細やかで、静かで、穏やかなものです。もしわたしたちが絶えず霊の事柄を思っているのでなければ、霊の意図を知り、それにしたがって歩くことができるでしょうか？　わたしたちの思いは、一人の夜警のようになるべきであり、常に霊の意図を思い、把握し、理解すべきです。それは、わたしたちの外なる人が完全に服従するようになるためです。

神のすべての導きは、かすかな感覚を通して、ご自身のみこころを啓示することによってやって来ます。彼は、人を圧倒する飲み尽くすような感覚、あるいは他の感覚を用いて、人を制圧して、彼に服従させるようなことは決してありません。彼は常にわたしたちに、選択する機会を与えられます。信者の行為で、強制されているように思われるものはすべて、神から来るのではありません。悪霊だけがこのように働きます。ですから、わたしたちは、聖霊の導きだけを仰ぎ望むべきではありません。もしわたしたちが聖霊の働かれる条件を満たしていなければ、聖霊は働かれないでしょう。わたしたちの霊と思いとは、活発に聖霊と同労しなければなりません。そうしてはじめて、聖霊はわたしたちを導かれます。わたしたちは霊にしたがって歩くために、むなしく奮闘すべきではありません。わたしたちが、わたしたちの霊を適用して聖霊と同労し、わたしたちの思いを適用して霊の中のすべての活動に注意を払いさえすれば、わたしたちは霊にしたがって歩いているのです。

思いを開くこと

真理を直接わたしたちに啓示することのほかに、神はしばしば(実際は、ほとんどの場合)、彼の他の子供たちを通して、真理をわたしたちに伝達します。このような真理は、まずわたしたちの思いによって受け取られ、それからわたしたちの霊に到達します。わたしたちは自分の思いを用いて、他の人の語ったことや文字と接触します。もしわたしたちに思いがなければ、真理がわたしたちの命に到達することは不可能でしょう。ですから、開かれた思いというのは、わたしたちの霊の命にとってとても重要なものです。もしわたしたちの思いが意見で満ちているなら、たとえそれが真理に対するものであれ、あるいは真理を宣べ伝える人に対するものであれ、真理がわたしたちの思いや命に入ることはないでしょう。もし信者が、自分はどのような教えについて読み、あるいは聞こうかと前もって決めてしまうなら、彼らが多くの助けを受けることがないとしても不思議ではありません。

信者は、真理が命へと入る過程を知らなければなりません。そうしてはじめて、開かれた思いの重要性を見ることができます。真理は、まずわたしたちの思いの中で認識され、次にわたしたちの霊の中に入り、わたしたちの霊を感動させます。それはわたしたちの生活において現されます。閉ざされた思いは、真理が霊に到達するのを妨げます。最後に、閉ざされた思いとは、意見で占有された思いを意味します。それは、自分の思想に一致しないものすべてに反対し、批判します。その意見が、すべての真理の標準となります。その観念に一致しないものはすべて、真理とはされません。このような思いは、多くの神の真理が入ってくる機会を与えません。結果として、信者は命の事柄において損失を被らないわけにはいかなくなります。経験のある信者はみな、開かれた思いが真理の啓示に関して重要であることを、証しすることができます。多くの時、わたしたちに理解力がないのは、わたしたちが開かれた思いを持っていないからであり、真理がわたしたちに宣べ伝えられていないからではありません。時には、神は何年も待たなければならず、そうしてはじめて、彼はわたしたちに、すべての妨げを取り除かせ、彼の真理を受けるようにさせることができます。開かれた思いが開かれた霊と協力することは、信者が真理において成長するための大きな助けとなります。

思いが開き続けていれば、真理はしばしば思いの中でぼんやりしているように思われるかもしれませんが、霊の光がやって来る時、信者は真理の尊さを見るでしょう。多くの時、信者は真理を受けても、無意味のように思われるかもしれません。しかし、しばらくすると、霊の光がやって来て、信者はすべてのことを理解し、その真理の内在的な内容を見ているように思われます。外面的には、彼はそれを言葉にすることができないかもしれませんが、内面的には、言葉には表せない理解があります。開かれた思いは、真理が入ってくる道を開きます。しかしながら、霊の照らしがなければ、それは役に立ちません。

思いが支配すること

信者の存在のあらゆる部分は、支配の下に置かれることが必要です。同じことが、思いについても言えます。思いが新しくされた後でさえ、これは軽んじるべきではありません。わたしたちは決して自分の思いを自由なままに任せてはいけません。そうでないと、悪霊がやって来て、それを再び利用するでしょう。わたしたちの思想はわたしたちの行為の種であることを、わたしたちは認識する必要があります。もしわたしたちが自分の思想において注意深くなければ、しばらくすればわたしたちは罪に陥るでしょう。一つの思想の種が植えられた後、それがいつ成長するかわたしたちにはわかりませんが、遅かれ早かれそれは成長します。もしわたしたちが、意図的にであれ無意識的にであれ、わたしたちが犯したすべての違反を注意深くたどってみるなら、それらはわたしたちが以前に持っていた思想の実であることを、常に見いだすでしょう。もしわたしたちが罪深い思想をわたしたちの頭の中にとどめておき、それを取り除かないなら、しばらくすれば、あるいは数年たつと、それは罪深い行為となるでしょう。例えば、もしわたしたちがある兄弟に対して悪い思想を持ち、それを直ちに取り除かなければ、それは悪いことであるとわたしたちが知っており、また神に赦しを求めたとしても、その思想は実を結ぶことでしょう！　正当でない思想はすべて、必ず正当でない行為を生み出します。ですから、信者は自分のすべての思想を徹底的に対処しないわけにはいきません。もし人が自分の思想を管理することができなければ、自分は何も管理することができないことに気がつくでしょう。こういうわけで、ペテロは、「あなたがたは思いの腰に帯を締め」（Ⅰペテロ一・十三）と言いました。これが意味することは、わたしたちは自分の思想を管理し、それを放蕩《ほうとう》させない必要があるということです。

神の目的は、「あらゆる思想をとりこにして、キリストに対して従順にならせ」（Ⅱコリント十・五）ることです。ですから、信者は自分の思想の一つ一つを、神の光の下で考慮すべきです。わたしたちはどの思想をも、自分の統治権から逃れさせたり、自分の注意から逃れさせたりすべきではありません。どのような思想であっても、わたしたち自身の吟味を経なければならず、またわたしたち自身の管理下に置かなければなりません。

わたしたちは自分の思想を管理する時、正当でない思想は残らないことを見るべきです。正当でない思想はすべて、追い払うべきです。

信者は、自分の思いを怠惰にすべきではありません。これは、信者が自分の思想をすべてのことに適用しなければならないことを意味します。彼は、霊的で、全き意識を持つ人になるべきであり、自分の思想を停滞したままにしたり、野放しにすべきではありません。もしそうするなら、悪霊は働きをする機会を捕らえるでしょう。彼の思いは、怠惰であったり、何の働きもしない状態であってはなりません。それは常に活動的であるべきです。彼は霊の中で啓示を受けた後でさえ、やはり自分の思想（思い）を活用すべきです。彼は霊の中で啓示を持った後、それにしたがって行動することができると考えてはいけません。彼は自分の思いを適用して、自分の行なおうとしていることを吟味し、考慮し、自己の意図や、神にしたがっていないものや、肉から出ているものが依然としてあるかどうかを、見いださなければなりません。彼の行為は、完全に霊にしたがっており、完全に神の時にしたがっているでしょうか、それとも依然として自己から出ているものがあるでしょうか？　このように考慮することは、霊が直覚の啓示をさらに照らすのを助けるでしょう。もしそれが神の啓示でなければ、それは暴露されるでしょう。自己を中心とする思いは、わたしたちが神のみこころを認識するのを妨げます。自己を中心としているわたしたちの思想を顧みないことは、とても助けとなります。神は、わたしたちが盲従することを望まれません。彼は、わたしたちが彼のみこころをはっきりと理解することを望まれます。十分に理解されていないものはすべて、信頼することができません。

思いが働いている時、信者はそれを単独で働かせないように注意すべきです。その意味は、霊の支配を離れてそれが働きをすべきではないということです。思いがそれ自身の意見を持っていない時は、それは信者を助けて、神のみこころをさらにはっきりと知らせます。しかし、それが独立的になる時、それは堕落した肉を表現します。例えば、聖書の学びの多くは、人が自分自身の思いを用い、自分の思想にしたがって、自分の力によって、追い求めることにすぎません。多くの人々は、思いの中で真理を理解しているのにすぎません！　このように思いが独立して行動することは、とても危険です。なぜなら、このような知識は、考えるための情報を人の思いにさらに多く与え、誇るための根拠をさらに多く与えるだけであり、命の上では何の影響もないからです。信者は最善を尽くして、思いの中で理解しているだけの真理をすべて拒絶すべきです。このような理解は、サタンに働く立場を与えます。信者は、どんな知識であれ、ただ思いによって獲得されただけのものは、悪魔に働く道を与えるという事実に、目覚めなければなりません。このような願望は制限されなければなりません。

思いは働くべきであり、また安息すべきです。もし信者が自分の思いを働かせて安息させないなら、それは体と同じように病気になるでしょう。信者は思いの働きを制限し、それを過度に活動させたり、支配することができないようにすべきではありません。えにしだの木の下でのエリヤの失敗は(列王上十九・四)、彼の思いが過度に働いていたからです。

信者は、自分の思いを常に神の平安の中に保たなければなりません。「あなたは思いの堅固な者を、／平安に平安をもって守られます。／彼はあなたに信頼しているからです」(イザヤ二六・三)。平安のない思いとは、常にかき乱されている思いです。このような思いは、霊の命と霊の働きの両方にとって有害です。それは信者を無数の誤りの道へと導くでしょう。平安のない思いは、その正常な状態にしたがって働くことができません。こういうわけで、使徒パウロは信者たちに、いかなる思い煩いの思想も自分の中にとどめないようにと教えました(ピリピ四・六)。いったんそのような思想が入ってくるなら、それは神へと明け渡すべきです。そうすれば、神の平安が彼らの心と思考を守ってくださるでしょう(七節)。使徒はまた信者たちに、自分の思いに何か働きをさせ、怠けさせないようにと勧めました。彼は言いました、「最後に、兄弟たちよ、何であれ真実なこと、何であれ誉れあること、何であれ義なること、何であれ純粋なこと、何であれ愛らしいこと、何であれ好評なこと、またもし何らかの徳があり、何らかの称賛があるなら、これらのことを考慮しなさい」(八節)。

思いは、感情の命の支配を受けるべきではありません。わたしたちは、信仰により、その原則を理解して、神の中で静まり、安息して、働くべきです。これが、「冷静な思い」(Ⅱテモテ一・七)の意味です。信者はもはや、「声」や「ビジョン」や「光」に頼って、自分の導きの原則とすべきではありません。そうではなく、彼らはただ霊の中の直覚に従うべきです。彼らは、感情の感覚を尋ね求めたり、何か外面の刺激、励まし、約束を用いて、自分を働かせるべきではありません。彼らはただ神の是非の原則に信頼し、すべてを決定すべきです。

思いはまた、へりくだりの中に保たれるべきです。ごう慢な思想は、信者を過ちへともたらす傾向が大きいのです。自己を義とする、自己を誇る、自己満足する思想はすべて、思いに誤った思考をさせます。多くの人は、知識においては欠けていません。しかしながら、彼らは自己によって欺かれており、混乱してしまっています。なぜなら、彼らの思いがごう慢であり、またあまりにも自己を顧みるからです。ですから、すべて主に真に仕えることを願う者は、「あらゆるへりくだりの思い」(使徒二〇・十九、キング・ジェームズ訳)を持たなければなりません。信者は、自己を欺く思想をすべて捨て去り、神がキリストのからだの中で自分に案配してくださった地位を認識すべきです。

思いが神の言葉で満たされること

神は、「わたしの律法を彼らの思いの中に分け与え」(ヘブル八・十)、と言われました。わたしたちはさらに多く聖書を読み、さらに多く聖書を記憶する必要があります。それはわたしたちが、急な必要がある時に、聖書を捜さなくてもよいようになるためです。もしわたしたちが聖書を読むなら、神はわたしたちのあらゆる思想を、彼の律法で満たしてくださるでしょう。わたしたちが歩みのために光を必要とする時、直ちに聖書の中の御言を思い起こすでしょう。多くの信者は、思いを用いて聖書を読むことを好みません。彼らは祈った後、気ままに聖書のページをめくり、自分が見つけた所を、神から来たものであるとすることを好みます。彼らは、これが全く信頼できないものであることを認識していません。もしわたしたちの思いが神の御言で満たされているなら、聖霊は直ちに直覚を通してわたしたちの思いを照らし、ふさわしい節をわたしたちに思い起こさせ、わたしたちに何をすべきか示してくださるでしょう。わたしたちは、だれかがわたしたちに盗まないようにと告げる必要はありません。なぜなら、これは神の御言の中にあることを、わたしたちは知っているからです。この言葉は、すでにわたしたちの思いの中にあります。もしわたしたちが他の事柄においても、このように聖書と一つになることができるなら、わたしたちはすべてのことにおいて神のみこころを知るでしょう。

きよい思いを呼び求める

信者は絶えず神に、自分の思いをきよめてくださり、それを新鮮に保ってくださるよう、求めるべきです。わたしたちは、神に対する自分の悪い思想とむなしい想像をすべて除き去っていただくよう、神に求めるべきです。それは、わたしたちの信じるものが、完全に神の永遠のみこころにかなうようになるためです。わたしたちは、自分を神について考えさせてくださるよう神に求めるだけでなく、正しい方法で神について考えさせてくださるよう神に求めるべきでもあります。わたしたちは、自分の邪悪な性質からいかなる思想も出てこさせないよう、神に求めるべきです。もしそのような思想があるなら、神の光がそれを照らしてくださり、またそれを直ちに終わらせてくださるよう、わたしたちは求めるべきです。わたしたちは、自分の古い観念にしたがって、自分が何か特別な教理を考え出して、神の教会を分裂させるようなことがないよう、神に求めるべきです。わたしたちはまた、自分が思いを通して、何か特別な教えを受け入れ、自分を神の他の子供たちから分離させることがないよう、神に求めるべきです。わたしたちは、他の人々と同じ思いを持ち、他の人々と一つの思いに達していないすべての事柄において、忍耐強く待つことができるようにしてくださるよう、神に求めるべきです。わたしたちは、自分が新しい命を用いて、誤った思想や、そのような思想から出てくる教えを維持することがないよう、神に求めるべきです。わたしたちは、自分が邪悪な性質に対して死ぬだけでなく、邪悪な思想に対しても死ぬよう、神に求めるべきです。わたしたちは、自分の思想がキリストのからだの分裂の原因となることがないよう、神に求めるべきです。わたしたちは、自分が再び欺かれることがないよう、神に求めるべきです。わたしたちは、神のすべての子供たちが神によって生き、もはや散らされることがなく、互いに傷つけ合うこともなく、さ迷うこともなく、同じ命だけでなく同じ思いをも持つようにと、神に求めるべきです。

第九部　魂の分析（三）　意志

第一章　信者の意志

人の意志は、人が決定をする器官です。わたしたちが願うことや願わないこと、欲することや欲しないこと、決定することや決定しないことは、すべてわたしたちの意志の機能です。人の意志は、人の「舵《かじ》」です。船が舵によって向きを変えるように、人は意志にしたがって行動します。

人の意志は、人の真の自己、人自身であると言うことができます。なぜなら、意志は人を代表するからです。意志のすべての行動は、実際はこの「人」の行動です。わたしたちが、「わたしは願う」と言う時、実際はわたしたちの意志が願っていることを意味します。わたしたちが、「わたしはこれを欲する」とか、「わたしはこうすることを決定した」と言う時、それは、わたしたちの意志がそれを欲しており、あるいはわたしたちの意志がそれを決定したことを意味します。意志の機能は、わたしたちの全存在の意図を表現することです。感情はわたしたちが感じるものにすぎず、思いはわたしたちが考えるものにすぎませんが、意志はわたしたちが欲するものです。このゆえに、意志はわたしたちの全存在の最も重要な部分です。人の意志は、人の感情や思いよりも深いものです。ですから、信者は霊的な生活を追い求める時、意志に注意を払わないわけにはいきません。

多くの人々は誤った考えを持っており、宗教(さしあたって、この言葉を用いることとします)は感情の問題にすぎず、その唯一の目的は人の感情を慰め、幸いにすることであるというものです。また別な人々もおり、彼らは、「宗教」は理性(思い)と調和すべきであり、過度に感情に偏るべきではないと考えます。彼らにとっては、理性のある宗教だけが、信じることができます。真の「宗教」とは、感情や思いのためでもなく、人が霊の中で命を得、人の意志を神のみこころへと服従させることであることを、彼らはほとんど知りません。もしわたしたちのすべての経験が、わたしたちが神のすべてのみこころを受け入れるのを願う所までもたらさないのであれば、わたしたちのすべての経験は、非常に浅薄なものにすぎません。もし信者の霊的な生活が、意志においてあまり表現がなければ、何の役に立つでしょうか？　このような場合、自己を代表する意志は、依然として同じままです。

真の救いの方法は、人の意志を救うことです。人の意志を救うのに十分深くないものはすべて、空虚です。すばらしい感覚や明らかな思想はすべて、外面的なものにすぎません。人は神を信じることによって、幸い、慰め、平安を得ることができます。人はまた、神の奥義を理解し、高くてすばらしい知識を持つことができます。しかしながら、人は依然として神との最も深い結合を持っていません。神との意志の結合以外には、この世には他の結合はありません。ですから、信者は命を得た後、自分の直覚以外に、自分の意志に注意を払うべきです。

自由な意志

人と人の意志について語ることにおいて、わたしたちが常に覚えておくべきことは、わたしたちが人として自由意志を持っているということです。これが意味することは、人は自己を治めるということです。

人は独立した意志を持っています。彼が賛成しないことはすべて、彼に強いることはできません。また彼が反対することはすべて、彼に押しつけることはできません。自由意志を持つということは、人が自分自身の意見を持つことを意味します。人は、他の人によって操られる機械ではありません。人のすべての行動は、人自身によって支配されます。人の中には、一つの意志があります。この意志は、人の内外の事柄を支配します。人は機械のように、外側からの力によって支配されるのではありません。人の中には支配する原則があり、それが人の行動を決定するのです。

これが、神が人を創造された時の状況でした。神が創造されたのは、一人の人であり、機械ではありませんでした。神は人に言われました、「あなたは、園のどの木からでも自由に食べてよい。ただし善悪知識の木からは、食べてはならない。それを食べる日に、あなたは必ず死ぬ」(創二・十六―十七)。これらの節においてわたしたちが見るのは、ただ勧告と禁止を伴った命令だけであり、強制はありません。もしアダムが進んで服従し、食べなかったなら、そのように願ったのはアダムであったはずです。アダムが服従せず、食べてしまった時、神には彼を止める方法はありませんでした。これが自由意志です。神は、食べるか食べないかという責任を人の上に置き、人に自分の自由意志にしたがって選択させました。神は、罪を犯すことのできない、背くことのできない、盗むことのできないアダムを創造されたのではありませんでした。このようなことは人を機械にしてしまうことでしょう。神は勧告し、禁止し、命令することはできました。しかし、服従するかどうかの責任は、人の上にありました。神は愛の心のゆえに、前もって命令しないわけにはいきませんでした。しかし、神はその義のゆえに、人に強制して、人の行ないたくないことを行なわせようとはされません。もし人が神に服従しようとするのであれば、それは人自身が願うのでなければなりません。神は人を強いられません。神は多くの方法を用いて、人に願わせようとするかもしれません。しかし、人が同意しなければ、神は人に強制するためには何も行なわれないでしょう。

これはとても重要な原則です。後でわたしたちは見るでしょうが、神の働きは決してこの原則に反しません。しかし、悪霊の働きはそうではありません。こういうわけで、わたしたちは、何が神から出たものであり何がそうでないかを、識別することができます。

堕落と救い

人は堕落しました。この堕落は、人の自由意志に極めて大きな損失を与えました。その日、宇宙には、二つの相反する大きな意志があったと言うことができます。一方において、神の聖なる、良いみこころがありました。他方において、サタンの汚れた、反逆する意志がありました。これら二つの意志の間には、人の単独の、独立した、自由な意志がありました。人が悪魔の言葉に聞き従い、神に背いた時、それはまるで、一つの永遠の「否」をもって神のみこころに答え、一つの永遠の「しかり」をもって悪魔の意志に答えていたかのようでした。堕落の後、人の意志は悪魔の奴隷となりました。なぜなら、人は自分自身の意志を用いて、悪魔の意志を選択したからです。彼のすべての行動は、悪魔の意志に服従するものとなりました。人がこの最初の降伏を覆さない限り、彼の意志は悪魔によって縛られています。

人の堕落において、人の地位と状況は、完全に肉に属するものとなりました。この肉は、極みに至るまで腐敗しています。このゆえに、人の意志は他の機能と同じように、肉によって支配されています。このような暗い状況において、人の意志から出てくるものは、何も神を喜ばせることはできません。たとえ人が神を尋ね求めることを欲しても、彼の行動は肉の領域の中にとどまり続けており、何の霊的な価値もありません。彼はこのような状態にある時、自分自身の考えにしたがって、多くの方法を用いて神に仕えることができますが、これらすべては、「ひとりよがりの」礼拝にすぎず（コロサイ二・二三）、神には受け入れられません。

人が神の新しい命を受け、この新しい命の中で神に仕えるのでなければ、彼がどのように神に仕えようとも、彼の行為は肉に属するものにすぎません。たとえ彼が神のために働き、神のために苦難を受けようという意図を持っていたとしても、それはすべて空虚です。もし人が救われていなければ、彼の意志は上なるものを願い、善なるものに向かい、神に向かうかもしれませんが、やはり役に立ちません。なぜなら、神の目には、堕落した意志がどのようにして神のために働くかという問題ではなく、神がどのように人に、神のために働いてもらいたいのかという問題であるからです。人は多くの良い働きを開始し、用意し、これが神に仕えることであると考えるかもしれません。しかし、もしその働きが神によって開始され、遂行されるのでなければ、人は自分自身の意志を礼拝しているのにすぎないのです！

同じことが救いの事柄についても言えます。人が肉にある時は、たとえ彼が救われ、永遠の命を持つことを願っても、この意志は神を喜ばせることができません。「しかし、すべて彼を受け入れた者……に、彼は神の子供たちとなる権威を与えられた。これらの人は血からではなく、肉の意志からでもなく、人の意志からでもなく、神から生まれたのである」(ヨハネ一・十二―十三)。たとえ人は救われようと欲しても、自分自身を救うことはできません。救われようと欲する考えは、神から出なければなりません。もし人が救われようとして、命の道を尋ね求め、キリストの良い弟子になろうとするなら、これ以上に良いことはないと、信者たちは考えます。しかし、再生の事柄と、神に関するすべての事柄において、人の意志は役に立たないと、神はわたしたちに告げられます。

神の子供たちの多くが理解できないことは、なぜ神は、ヨハネによる福音書第一章では、人の意志は役に立たないと言っておられるのに、啓示録では、「欲しい者は、命の水を値なしに飲むがよい」(二二・十七)と言っておられるのかということです。後者の場合には、人自身の意志が、人の救いに完全に責任があるかのようです。さらにまた、ヨハネによる福音書第五章で主イエスは、なぜユダヤ人が救われなかったかという理由について語られました。それは、「あなたがたは、命を得るためにわたしに来ようとはしない」(四〇節)からでした。ここでは再び、人の意志が、人の滅びに対して責任を負っています。聖書はこのことで矛盾するのでしょうか？　このように異なる述べ方がされている目的は何でしょうか？　もしわたしたちがこれらの節の意味を理解するなら、クリスチャンの命において神がわたしたちに要求しているものを、わたしたちは理解するでしょう。

神のみこころは、「だれも破壊に遭うことがなく、すべての者が進んで悔い改めに至ることを望」むことです(IIペテロ三・九)。なぜなら、彼は「神はすべての人が救われて、真理の全き知識へ至ることを願っておられます。」(Iテモテ二・四)からです。ですから、現在の問題は、神がだれを救い、だれが滅びるかということにあるのではありません。なぜなら、これは問題ではないからです。現在の問題は、罪人が神のみこころに対してどのような態度を取るかということです。もし人が、生まれつき宗教的であり、この世的でなく、あるいは伝統、環境、家庭を通してクリスチャンになろうとするのであるなら、彼は、自分が他の罪人たちすべてと同じように、神の命から遠く離れていることを見るでしょう。もし彼が、一時的な刺激や熱烈な感動を受けたから、クリスチャンになることを決定し、決心し、選択するなら、それはやはり役に立ちません。主要な問題は、どのように人が神のみこころを取り扱うかということです。神は人を愛されます。しかし、人は愛されることを願っているでしょうか？　キリストは、人がご自分の下にやって来ることを望まれます。しかし、人はやって来ることを願っているでしょうか？　聖霊は人に命を与えることを望まれます。しかし、人は命を持って生きることを望んでいるでしょうか？　人の意志は、神のみこころにおいて役に立ちます。しかし、問題が残っています。それは、人の意志が神のみこころをどのように取り扱うかということです。

わたしたちはここでの違いを見たでしょうか？　たとえ人が自ら発起人となって救いを追い求めても、人は依然として滅びるでしょう。この世の多くの宗教家たちは、この部類の人に属します。もし人が福音を聞いた時、神が自分に与えたいものを進んで受け入れるなら、彼は救われるでしょう。一つは、人が自分自身を開始の源と考えることです。もう一つは、自分自身を受け身の立場に置くことです。一つは、人が開始することです。もう一つは、神が開始し、人が神のみこころを受け入れることです。ですから、これら二つが互いに矛盾することはありません。そうではなく、これらはわたしたちにとても重要な学課を教えています。ヨハネによる福音書第一章は、人が願うことを語っています。ヨハネによる福音書第五章と啓示録第二二章は、人が神のみこころを受け入れることを語っています。このゆえに、わたしたちは、「来ようとはしない」(ヨハネ五・四〇)と「欲しい」(啓二二・十七)というような表現を見るのです。これは、目的の問題ではなく、その目的がどこからやって来るかという問題です。

　神がわたしたちに示しておられることは、救いなどのような偉大ですばらしい事柄においてでさえも、もしそれが自己から出てくるのであれば、やはり神を喜ばせることにはならず、拒絶されるのです。もしわたしたちが自分の霊の命において前進したいなら、わたしたちが救われた時に、神がわたしたちを取り扱うために用いられたすべての原則を、わたしたちは理解しなければなりません。なぜなら、これらの当初の原則は、将来わたしたちが霊的な命において生きるべき原則を、わたしたちに指摘しているからです。そのうちの最大の原則の一つは、わたしたちの肉の意図が、神の前に何の価値もないということです。すべてわたしたち自身から出てくるもの、すなわち、わたしたちの旧創造から出てくるものは、神に受け入れられません。たとえわたしたちが救いのようにすばらしくて、重要なものを追い求めているとしても、依然として神によって拒絶されるでしょう。わたしたちは常に記憶しておくべきですが、神は良い事と悪い事、大きな事と小さな事の違いを顧みられません。神はただ、これらの事柄がどこからやって来たか、またこれらの事柄がご自身によって開始され、遂行されているかどうかを問われます。わたしたちが救われたのは、わたしたちが救われようとしたからではなく、神がそうしようとされたからです。このゆえに、わたしたちの一生においてわたしたちが見るべきことは、神がわたしたちを通して働きをなされるのでなければ、その他のすべての活動は、たとえそれが最もすばらしいものであったとしても、全く役に立たないということです。もしわたしたちが、救いの最初の段階から、わたしたちの生活の原則を学ぶのでなければ、その後わたしたちは果てしなく失敗をするでしょう。

人の状況に関して言えば、人が罪人であった時、彼の意志は神に反逆していました。ですから、人に新しい命を与える以外に(このことは、わたしたちは以前述べました)、神は人をご自身へともたらさなければなりません。ちょうど人の意志が人自身の本質であるように、神のみこころは神ご自身、神の真の命です。ですから、神が人をご自身へともたらしたいと言うことは、神が人の意志をご自身のみこころへともたらしたいと言うことと同じです。これが、信者がその一生の間、努めて行なうべきことです。救いの最初の段階においても、神はこの方向に向かって働いておられます。ですから、神が聖霊を通して、人に罪のことで自らを責めさせる時、神は人に、自分には何も言うべき事がないことを認識させるのです。たとえ神が人を罪定めし、人を地獄へと売り渡しても、人は何も言うことができません。神が福音を通して人に、主イエスの十字架において定められたご自身のみこころを啓示する時、神は人に、進んで心から「わたしは神の救いを受け入れたいと願います」と言わせるのです。人の救いの最初の段階は、人の意志の救いです。罪人が信じて受け入れることは、罪人が「命の水が欲しい」と願い、救いという結果になることにほかなりません。罪人の反対と抵抗は、罪人が「命を得るために(主)のもとに来ようともしない」で、滅びという結果になることにほかなりません。人の救いと滅びとの間の戦いは、人の意志の中で行なわれます。人の最初の堕落は、人の意志が神のみこころに反逆したからです。このゆえに、人の救いとは、人の意志が神のみこころに再び服従することにほかなりません。

人が救われた後、人の意志はまだ完全には神と結合されていませんが、人が主イエスを受け入れて、サタン、自己、この世を拒絶した時、彼の堕落した意志は幾らか高く引き上げられました。さらにまた、彼の意志は、主の言葉を信じ、神の霊を受け入れることを通して、新しくされます。人は再生された後、新しい霊、新しい心、新しい命を受けます。ですから、意志は今や新しい主人を持ち、この主人の支配と管理を受けます。もし意志が服従するなら、それはこの新しい命の一部分となります。もし反対するなら、この新しい命に対する強力な敵となります。

新しくされた意志は、人(魂)の他のいかなる部分よりも重要です。思想は間違えることがありますし、感覚も間違えることがありますが、意志は絶対に間違えるべきではありません。他のどんな間違いも、意志が間違えることほど重大なことはありません。なぜなら、意志は人の自己であると同時に、人全体を動機づける機能でもあるからです。いったんそれが間違えるなら、神の目的は直ちに妨げられます。

意志を征服する

それでは救いとは何でしょうか？　救いとは神が人を彼自身から救い出して、神の中にもたらすことにほかなりません。救いには終結と結合の面があります。自己に終結し、神と人が結合します。人が彼自身から神との結合の中へと救うという目標を持たない、どのような救いの方法も真のものではありません。もし人を彼自身から神との結合の中へともたらすことのできない救いの方法は、単に、むなしい言葉にすぎません。真の霊的な命は、肉体的な命から切断されて神聖な命の中に入ることです。被造物に属するすべてのものは出て行かなければなりません。被造物はただ創造主ご自身の中にある、創造主であるすべてを享受すべきです。被造物は真の救いが現れることができる前に無にならなければなりません。真の偉大さは、わたしたちがどれだけ多く得たかにはよらず、わたしたちがどれだけ多く失ったかによります。真の命は人の自己が失われる中にのみ見られることができます。もし被造物の天然の性質、命、行動が全く捨てられていないなら、そこには神の命が現されるための場所はないでしょう。わたしたちの「自己」はしばしば神の命の敵です。もしわたしたちが自分自身のために意図や経験を失わないなら、わたしたちの霊的な命は大きな損失を被るでしょう。

自己とは何でしょうか？　これは答えることが最も困難な質問の一つです。わたしたちは百パーセント正確には答えることができませんが、「自己」とは「自己の意志」である、と言うことは多かれ少なかれ正確であるかもしれません。人の自己の本質はまさに彼の意志です。なぜなら、意志はその人が実際にどうであるか、実際に何を望んでいるのか、何を喜んでするかを啓示するからです。神の恵みによって人の中で行なわれる働きを除いて、人の持っているすべてのものは、彼が罪人であるか、聖徒であるかにかかわりなく、完全に神に反対します。創造された人の性質は常に天然的であり、決して神の命と同じ種類ではありません。

救いは人を彼の肉的な、天然的な、創造された、動物的な、利己的な意志から救い出すことにほかなりません。わたしたちはこの点に注意を払うべきです。神がわたしたちに新しい命を与えたことに加えて、わたしたちの意志を神に戻すことは救いの最も偉大な働きです。神がわたしたちに新しい命を与えられたのは、わたしたちの意志を彼に連れ戻す目的のためです。福音は、わたしたちの意志において神との結合にわたしたちを導きます。もしそうでなければ、福音はその依託を達成していません。神はただわたしたちの感情や思いを救うことを意図していません。彼はわたしたちの意志を救うことを意図しています。なぜなら、いったん意志が救われるなら、残りのものも含まれることになるからです。ある程度、人は思いにおいて、神と結合しているかもしれません。彼はまた多くのことにおいて、神と同じ感情を共有しているかもしれません。しかし、最も重要で、最も完全な神との結合は、人の意志と神のみこころとの結合にあります。この意志の結合はその他すべての、人と神との結合を含んでいます。もし思いや感情が神と結合しても、意志がそうでないなら、この結合はなお不足しています。わたしたちの全存在はわたしたちの意志にしたがって動いていますから、わたしたちの意志はわたしたちの存在で最も力があることは明白です。霊は尊いかもしれませんが、意志の統治に服従しすぎます。(わたしたちはこれをすぐに見るでしょう)。霊は全存在を代表するのには十分ではありません。なぜなら、霊は人が神と交わりをする部分だからです。人がこの世と接触する部分としての体も同じように、全存在を代表するのには十分ではありません。しかし意志は態度、意見、人の真の自己の状態を表します。それゆえ、それは全存在を代表する力と十分な資格を持っています。もし意志が神に完全に結び付かなければ、その他の結合は浅く、無意味です。もしわたしたちの全存在を統治する意志が神との完全な結合の中にあるなら、わたしたちの全存在は完全に神の御手の下に服従するでしょう。

神と人の間に二つの結合があります。一つは命における結合であり、もう一つは意志における結合です。命における神との結合は、わたしたちの再生の時に神の命を受けることを通して起こります。神が聖霊によって生きているのとちょうど同じように、わたしたちもその時から、聖霊によって生きるべきです。これは命における結合です。これは、神とわたしたちがただ一つの命を持つという意味です。これは内面的なことです。しかしながら、意志はこの一つの命を表現します。こういうわけで、外側での意志の結合が依然として必要なのです。神とわたしたちの意志の結合とは、神とわたしたちが一つの意志を持つという意味です。これらの二つの結合には互いの関連と依存があります。今、わたしたちは意志の結合についてのみを語ります。なぜなら、その他はわたしたちの現在の範囲を越えているからです。新しい命の結合は自然です。なぜなら、新しい命は神の命だからです。しかしながら、意志の結合はもっと困難です。なぜなら、意志はわたしたちに属しているからです。

わたしたちが前に述べたように、神はわたしたちが魂の機能でなく、魂の命を捨てることを望んでおられます。それゆえ、わたしたちが神と命において結合した後、神はわたしたちの魂(思い、感情、意志)を更新し、神のみこころとの一と同じように、わたしたちの新しい命との一へともたらすことを願っておられます。わたしたちの意志は最も重要な部分であるので、再生された後、神は日々、わたしたちの意志が神のみこころに結合することを求めておられます。もしわたしたちの意志が完全に神と一でないなら、それは救いが完全には達成されていないという意味です。なぜなら、人自身がまだ神との調和の中にいないからです。神はわたしたちが彼の命を持つだけでなく、わたしたち自身が彼との結合の中にあることを願っておられます。意志は絶対にわたしたちに属します。もし意志において結合がないなら、わたしたち自身はまだ神と結合されていません。

もしわたしたちが聖書を注意深く学ぶなら、わたしたちはすべての罪の間に、一つの共通の原則――反逆――を見るでしょう。アダムはこの罪を通してわたしたちに永遠の滅びをもたらしました。一方、キリストは従順を通してわたしたちに救いをもたらされました。わたしたちは生まれながらに反逆の子でした。今、神はわたしたちが従順の子供となることを願っておられます。反逆はまさにわたしたちの意志に従うことです。一方、服従は神のみこころに従うことです。神の救いのすべての目的はわたしたちがわたしたちの意志を捨て、神のみこころと一つになることです。信者はしばしばこの事柄において大きな間違いを犯します。彼らは霊的な命は感覚における喜びであり、思いにおける知識であると考えます。彼らはすべての種類の感覚と聖書的な知識を追い求めて努力し、これらは最高であると考えます。その間に、彼らは多くのすばらしく、偉大で、重要な働きを彼らの感覚と考えにしたがって行ない、それらは神を非常に喜ばせているに違いないと考えます。彼らは神の要求は、いかに人が感じるか、また人が何を考えるかには関係がないことをほとんど知りません。神は人の意志が彼と結合することを願われます。彼は信者が真心を込めて彼が願っておられることを追い求め、喜んで彼の言われるすべてに快く従うことを願望しておられます。もし信者が無条件に神に服従せず、神の完全なみこころを快く受け入れないなら、たとえ彼がいかに聖《きよ》く、幸せであると感じ、彼が何を受けたとしても、彼のいわゆる霊的な命は表面的です。すべてのビジョン、異常な夢、声、予言、熱心、働き、活動、労苦は外側のものです。もし信者が彼の意志で、神の行程を終わらせるすべての道を行く決心をしないなら、彼の行なうすべてのことは無益です。もしわたしたちの意志が神と結合しているなら、わたしたちはすぐに自己から起こる活動を停止するでしょう。そこにはもはや、どのような独立した行動もないでしょう。わたしたちは自分自身に死に、神に生きます。これはわたしたちがわたしたち自身の衝動や方法にしたがって神のために行動できるという意味ではありません。それはわたしたちは神の動きにしたがって動き、すべて自己の活動からのものを断つという意味です。別の言葉で言うなら、このような結合はだれが中心であるかを変え、だれが発起人であるかを変えることです。以前、わたしたちのすべての働きは自己を中心にしており、わたしたちのすべての活動は自己によって始められていました。今、すべては神に対してです。神はわたしたちが始めた事柄の性質を問われません。彼はただ、だれがそれを始めたかを問われます。自己から引き離されていないものは何でも、それがいかに良いかにはかかわりなく、神によって無視されるでしょう。

神の御手

神の子供たちは救われていますけれど、神のみこころに完全には従っていません。その結果、神は信者を完全な服従に導くために、多くの方法を用いなければなりません。神は信者を彼の霊で感動し、彼の愛でかき立てて彼らを彼のみこころに服従させ、彼ご自身の外側の何ものをも愛し、追い求め、行なうことをさせられないでしょう。神が感動され、かき立てられる時、信者の中に願望が生み出されない結果になるなら哀れです。その時、神は彼の御手を伸ばして、信者を彼が願っている場所へもたらされます。彼の御手は第一に環境の中で現されています。神は信者の上に彼の御手を重く加え、彼らを押しつぶし、壊し、縛られます。それは彼らの意志がもはや神の前でかたくなであることができないためです。

信者が主と深く結合されていない限り、神は満足されません。神の救いの目的は、救われた者が彼のみこころと完全に結合されることです。神がこの段階にわたしたちをもたらすために、彼は環境を用いなければなりません。彼はわたしたちを多くのざ折に出会わせられます。彼はわたしたちを悲嘆にくれさせ、悩ませ、苦しませられます。彼は多くの実行的な十字架をわたしたちの上に来たらせられます。これらのことを通して、彼は服従の中で、わたしたちの頭を下げさせられます。わたしたちの意志は非常に強いので、多くの道において神によって打たれなかったなら、彼に服従しないでしょう。もしわたしたちが喜んで神の大能の御手の下に来て、彼の訓練を受けるなら、わたしたちの命で占有されている意志は何度も何度も切断する働きを経験し、何度も何度も死に引き渡されるでしょう。もしわたしたちが神に抵抗するなら、激しい苦しみがわたしたちの上に臨み、わたしたちを征服するでしょう。

神はわたしたちのすべてのものをはぎ取りたいのです。信者が真に再生された後、彼らはみな一つの考え――神のみこころを行なうこと――を持っています。ある者は公にこのような約束をし、ある者はひそかにこの意図を保持しています。神はこのような約束(または意図)が真実かどうかを証明されるでしょう。彼は信者が好まないはぎ取りを経過させられます。彼は彼らに物質的な物、健康、名声、地位、有用性を失わせられます。結局、彼は彼の臨在や共感と同様に、彼らの感覚における喜びや熱心を失わせられます。神は彼は信者を神のみこころ以外のすべての物を彼らにとって消耗し尽くされる段階にもたらされます。神はある事が神のみこころにしたがっている限り、彼らが肉体的に、また感覚において困難があったとしても、それを受けるべきであることを彼らが認識するのを願っておられます。もし神が彼らを苦しめ、すべてのものをはぎ取り、彼らの「霊的な有用性」を取り去ることを喜び、また彼らを渇かせ、暗くし、孤独にさせるなら、彼らはそれを喜んで受け入れるべきです。神は、彼が彼らを救ったのは彼らがすべてを享受する目的のためではなく、彼のみこころのためであることを彼らが認識するのを願っておられます。それゆえ、得ることがあろうが失うことがあろうが、喜びがあろうが渇きがあろうが、神の臨在があろうが見捨てられようが、信者は常に神のみこころに注意を払うべきです。もし神のみこころがわたしたちを見捨てることであるなら、わたしたちは喜んで見捨てられることができるでしょうか？　罪人が最初に主を信じた時、彼の目的は天です。これはすべてよいです。神に教えられた後、彼はそれは神のみこころのためであるという認識にもたらされるでしょう。もし神を信じた結果が地獄に行くことだとしても、彼はなおも信じるでしょう。信者が完全に教えられた後、彼はもはや彼自身が得ることや失うことに注意を払わないでしょう。もし彼が地獄に行くことによって、神が栄光を受けられることができるなら、彼は喜んでそうするでしょう。もちろんこれは一つのたとえにすぎません。しかし信者は、主を信じることは、地上に生きている限り、彼ら自身のためにではなく、神のみこころのためであるということを見なければなりません。彼らの最大の幸い、最大の権利、最大の栄光は彼ら自身の腐敗した、天然の、肉的な意志を廃棄して、神の心の願いを成就するために、神のみこころと結合することです。被造物の得ることと失うこと、栄光と恥辱、辛苦と喜びは考慮する価値がありません。もし最も高い方が満足することができるなら、低い者がどうなろうとも心配することはありません。これが信者が神の中で彼自身を失う唯一の道です！

二歩の試み

神のみこころの結合には二歩の試みがあります。第一歩は、神がわたしたちの意志の活動を征服されることです。もう一歩は、神がわたしたちの意志の命を征服されることです。しばしばわたしたちの意志は、ある特別な事柄においてだけ神によって征服させられます。これらの事柄において、わたしたちは完全に服従していると考えます。しかしながら、わたしたちの意志は、一度機会が与えられるなら、まだ活動的になる隠れた性向があります。神はわたしたちの意志の活動の面が彼によって制限されることを願っているだけでなく、わたしたちの意志の性向が完全に破壊され、粉々にされ、滅ぼされ、性質そのものが変えられることを願っています。厳密に言うと、服従する意志と調和する意志は違います。服従は活動の面にあるだけですが、調和は命、性質、性向の面にあります。主人のすべての命令を満たしている召使いは、ただ服従する意志を持っているだけです。両親の心に対して親密に共感している息子の意志は、彼の父の意志に調和しています。なぜなら、彼はするべきことをするだけでなく、それを行なうことが喜びでもあるからです。服従する意志はただそれ自身の活動を停止しているだけですが、調和する意志は神と一であり、神と同じ心からのものです。神と完全に調和した意志は、その人の心全体が神のみこころの中に置かれて一つになっています。神との調和の中にあるこのような人のみが、神の心を真に理解することができます。もし信者が彼の意志と神のみこころが完全に調和する段階に到達していないなら、彼はまだ霊的な命の最高点を経験していません。神に服従することは良いですが、恵みが完全に天然の性質に勝利を得る時、信者は神との完全な調和の中にあるでしょう。確かに、意志の結合は信者の命の経験の最高点です。

多くの人々は、すでに自分の意志を完全に失っていると考えます。彼らは、実はそれから遠く離れていることをほとんど知りません。すべての誘惑と試みにおいて、彼らは服従する意志を見るだけで、調和する意志を見ません。服従する意志は抵抗しない意志であって、自己のない意志ではありません。自分自身には何ものも得ず、何ものも取っておかないのはだれでしょうか？　金、銀、誉れ、自由、幸福、便利さ、高い地位を欲しがらず、何であれその少しを欲しがらないのはだれでしょうか？　ある人は彼の心はこれらのことを気にかけないと考えるかもしれません。しかし彼がそれらをまだ持っている間は、彼はそれらにどんなに堅く結び付けられているかを認識しません。彼がそれらを失おうとする時にのみ、彼はそれらを手放すのがどれほど気が進まないかを認識するでしょう。ときどき、服従する意志は神のみこころと全く矛盾しません。しかしその他の時、人は彼自身の意志の命において、神のみこころに対して激しく戦っていることを感じます。もし神の恵みの働きがないなら、勝利することは困難でしょう。

それゆえ、服従する意志はなお完全ではありません。意志は破壊され、もはや神に抵抗する力はなくなっているけれど、神と一である段階には達していません。わたしたちは、抵抗することができない段階に到達することは、すでに神の大いなるあわれみであることを認めます。一般的に言うなら、服従する意志はすでに死んでいます。しかしながら、厳密に言うなら、その中にまだ破壊されていない一筋の命があります。その中にはある種の隠された性向、以前の道を慕う願望がまだあります。それゆえ、わたしたちはその他の事柄よりもさらにある事柄において、神のみこころを成就することを素早く、喜んで、勤勉に行なうようであるのです。両方の場合とも、わたしたちは神のみこころを成就しているのですが、そこには個人的な好みの程度に違いがあります。もし自己の命が本当に完全に死んだなら、信者は神のみこころの成就に関するすべての事柄で同じ態度を保つのを見るでしょう。わたしたちが用いる努力に違いがあるように、速さ、遅さ、楽しさ、つらさの違いは、わたしたちの意志がまだ神と調和していないことを示します。

意志の二つの状態はロトの妻、エジプトから出て来たイスラエル人、預言者バラムのたとえによって例証されるかもしれません。ソドムから出てくるロトの妻の経験において、エジプトから出たイスラエル人の経験において、イスラエル人を祝福したバラムの経験において、彼らはみな神のみこころを遂行していました。彼らはみな神によって征服され、彼ら自身の意志によって行動しませんでした。それにもかかわらず、彼らの内の性向は神と一ではありませんでした。それゆえ、結果はすべて失敗でした。わたしたちの歩みの方向が正しい時でさえ、しばしばわたしたちの心はひそかに神と調和していません。その結果として、わたしたちは失敗します。

目的を達成する方法

神は、決してわたしたちに服従しません。彼はご自身のみこころ以外には、またわたしたちが彼に服従すること以外には、何も喜ばれません。さらに公正で、さらに良く、さらに偉大で、さらに重要なことであっても、神のみこころに置き換わることはできません。神が成就なさりたいのは彼ご自身のみこころです。もし彼が彼ご自身のみこころを成就されないなら、わたしたちがそれを成就することを期待するのは困難です。神の目には、人の自己の要素が含まれている限りすべての最高のことでさえ腐敗しているのです。もしそれらが神の聖霊の導きにしたがって行なわれるなら、多くのことはすばらしく、有益です。しかし、もしそれらが人自身によって行なわれるなら、神の御前のそれらの価値は完全に異なっています。それゆえ、それは人の性向の事柄でなく、事の性質の事柄でなく、神のみこころが何であるかの事柄です。これが記憶しておく第一の点です。

今わたしたちは、どのようにして人の意志が神のみこころに調和できるかを問う必要があります。どのように人は彼の中心としての自己の意志から離れて、彼の中心として、神のみこころを持つことができるでしょうか？　すべての問題のかぎは魂の命です。わたしたちが魂の命の制御から離れた程度が、神とわたしたちの間の結合の程度です。なぜなら、魂の命以外にわたしたちの神との結合を妨げる物はないからです。わたしたちは魂の命を失うまで神のみこころを追い求め、わたしたちの意志がその中心として神を取るまで神のみこころを追い求めます。この理由は新しい命は自然に神に向き、ただ魂の命によって抑圧されるからです。目標を達成する方法は魂の命を死に引き渡すことです。

神がおられないなら、人は滅びます。神がおられないなら、すべてのことはむなしいです。神の外側のすべてのことは肉(自己)からです。それゆえ、神の外側で、人自身の努力で行ない、人自身の考えにしたがったものは何でも罪定めされます。信者は彼自身の力と願望のすべてを否まなければなりません。彼は何でも自分自身のためであること、何でも彼の自己によって行なうことをしてはいけません。彼はすべてのことにおいて神を完全に信頼し、神の時を待ち望み、神の要求にしたがい、一歩一歩神の道にしたがって前に進まなければなりません。彼は神からの力、知恵、善、義、働きを彼自身のものとして受け入れなければなりません。彼は彼の持っているすべてのものの源は神であることを承認しなければなりません。この道だけが調和を可能にします。

これは真に「狭い道」です。しかし困難な道ではありません。それはすべての歩みが神のみこころによって規制されているので狭いのです。この道はただ一つの原則があるだけであり、自己のための余地は残されていません。神のみこころからの少しの逸脱は、わたしたちをこの道から運び去るでしょう。しかしながら、これは困難な道ではありません。魂の命が消滅させられ、習慣、好み、願望、切望が一つ一つ砕かれ、もはや何ものも神に反対しなくなる時、必然的に、人は困難な道であると感じないでしょう。残念なことに、多くの信者は門を入っておらず、この道を歩いてさえいません。またある人は忍耐がなく、甘美な地点に到達する前にこの道から離れてしまいます。しかし、困難な期間が長いか短いかにかかわらず、一つのことは確かです。唯一のこの道は命の道です。これは神の道です。それゆえ、真実であり、確実です。豊富な命を願うならだれでも、この道を歩く以外に選択はありません。

第二章　受け身であることと受け身であることの危険

今日、クリスチャンには二種類の知識の欠乏があります。この欠乏の理由は、彼らが回復されることのできない、終わりのない苦悩の中に落ち込んでいるからです。これらの二種類の知識は、(一)悪霊たちが働く条件と、(二)霊の命の原則です。無知のゆえに、サタンと彼の悪霊たちは最大の利益を得、神の教会は最大の苦しみを経験しています。「あなたがあの知識を捨てたので、わたしはあなたを捨て」(ホセア四・六)。これは真に、今日の信者のために書かれた言葉です。人が知識と見なす多くは、単に彼の観念にすぎません。それゆえ、それらは役に立ちません。この知識のほかに、信者には神の知識が不可欠です。神の知識の欠乏の結果は、深刻な損害となるでしょう。今日のように無知が広く行き渡っている時に、信者はなお神の御前にへりくだらず、神が啓示される真理を追い求めないとは、悲しいことです。彼らは依然として、聖書に精通していることや彼らの経験の豊かさを誇り、自慢しています。一方で、彼らは危険の中に落ち込んでおり、どのように引き返せばよいか知りません。彼らは望みのない状況の中に陥っており、救いが必要であるという考えも持っていません。もう一方で、自分の知識の豊富さを自慢しています。これは何と哀れなことでしょう！

悪鬼にとりつかれる

四福音書の中に、悪鬼にとりつかれた多くの記述があります。今日、「異教徒」の間になお多くの悪鬼にとりつかれた事例があります。もしわたしたちが信者に、クリスチャンが悪鬼(または悪霊)にとりつかれ得ると告げるなら、彼は大いに驚くでしょう。中国の一般の信者は、異教徒だけが悪鬼によってとりつかれる可能性があり、クリスチャンが同じ経験をするのは不可能であると考えています。それもまた誤解です。かつて一人の人が悪鬼にとりつかれて、狂人のようになりました。聖書はわたしたちに告げていますが、悪鬼は突然、人を水や火の中に倒すだけでなく(マタイ十七・十五)、女が穏やかで平静であるのに、彼女の腰を折れ曲がらせてしまいます(ルカ十三・十一)。

信者は、自分たちがそそのかされ、誘惑され、攻撃され、欺かれる可能性があることは認識していますが、また彼らが悪鬼によって、憑《つ》かれる――とりつかれる――可能性があることは認識していません。彼らは信じた最初のころ、多くの間違った教えを受けました。今、彼らは、クリスチャンがキリストを持っている限り、悪鬼にとりつかれることはないと考えます。彼らがこう言うのは、クリスチャンはある異教徒のようには発狂しないと考えているからです。しかしながら、聖書の中にこのような教えは見いだされません。聖徒たちの経験によっても確認されません。神の子供たちは、悪霊が外観を変え、信者の体に憑《つ》くことができることを全く知りません。今日、考えることができないほど多くの信者が悪鬼にとりつかれていることは、変えることのできない事実です。多くの信者が悪鬼にとりつかれています。

悪鬼にとりつかれるとは正確にはどういう意味でしょうか？　信者がその意味を理解したなら、クリスチャンが悪鬼にとりつかれることもあり得ることを認識するでしょう。「悪鬼にとりつかれる」、または単純に「とりつかれる」とは、悪霊が人の体の全部か、一部に憑《つ》いている（粘着している）という意味です。悪霊は、彼らが得た地位に彼ら自身を憑《つ》けます。彼らは足場がある限り、それがどんなに小さいかにかかわらず、すべての部分を得るまで働き続けます。普通の信者は、悪鬼にとりつかれることは、福音書に記録されているのと同じように激しいものに違いないと考えます。彼らは、それらはすべて極端な場合であることを知りません。さらに、福音書によれば、悪鬼にとりつかれた者の苦しみの程度は同じではありませんでした。彼らの苦しみは、それぞれ全く異なります。わたしたちが最初に話した二つの事例は互いに完全に異なりました。

聖徒たち――完全に献身した者たち――も、他の者たちと同じように悪霊にとりつかれることがあります。なぜなら、彼らはしばしば、知らず知らずに悪霊が働くための条件を満たしているからです。それゆえ、彼らは悪霊が憑《つ》く立場を与えています。今日、とりつかれる程度は違っていますが、多くの信者が悪鬼にとりつかれています。しかしながら、彼らはとりつかれていることを認識していません。彼らは奇妙で異常な経験を、彼らの「自己」または罪からと同じ「自然な」ものであると考えます。彼らがこのように彼らの経験を説明するのは、これらの経験が外見上は悪霊からであるようには見えないからです。

神が創造されたすべてのものに法則があります。これは、すべての活動が一定の規則に従っていることを意味します。悪霊の働きにも一定の規則があります。一つの原因には一つの結果があります。もしだれでも悪霊の働く条件を満たすなら(魔術、降霊術、占いをする人たちのように故意にそれを満たしている人であるか、あるいはクリスチャンのように意図しないでそれを満たしている人であるかにかかわりなく)、悪霊は必ずその人の上で働きます。わたしたちは、悪霊のすべての活動には一定の法則がある事を認識するべきです。人が法則の条件を満たしている限り、すぐに悪霊の活動を経験するでしょう。これが、原因と結果の法則です。火は人を焼き尽くし、水は人を溺死《できし》させます。これらは法則です。これまでに、火の中に入って焼かれなかった人はだれもいませんし、水の中に沈んでおぼれ死にしなかった人はだれもいません。それは悪霊の働きについても同じです。悪霊が憑《つ》くのに必要な条件を満たしさえすれば、彼らは憑《つ》くでしょう。原因があるなら、結果があるに違いありません。それは、あなたがクリスチャンであるかないかの問題ではありません。もしあなたが悪霊の働く条件を満たすなら、彼らは働くでしょう。悪霊は、自分が働く条件を満たしているすべての人に、彼ら自身を憑《つ》けるでしょう。それゆえ、クリスチャンは、自分がクリスチャンであるというだけの理由ではこの危険から分離されません。クリスチャンも、火の中に入って焼かれないことはありませんし、水の中に沈んでおぼれないことはありません。また、自分はクリスチャンだから傷つけられない、または死なないと言うことはできません。同様に、自分は悪霊が働く条件を満たすことはなく、クリスチャンだから悪鬼にとりつかれることはない、と言うことはできません。火はその中に入るすべての人を焼き、水はその中に入るすべての人をおぼれ死にさせます。同じように、悪霊は、自分に地位を与えるすべての人に憑《つ》きます。人がクリスチャンであるかどうかは問題ではありません。

こういうわけで、もし信者が悪霊に働く機会を与えるなら、彼らは決してあきらめないでしょう。むしろ、彼らは機会を捕らえて、信者に憑《つ》くでしょう。

悪霊が人に憑《つ》く条件とは何でしょうか？　人が悪霊にとりつかれるには、何をしなければならないのでしょうか？　悪霊が働く前にどのような条件を満たさなければならないのでしょうか？　これは最も重要な問題です。聖書はこの条件を「所」（エペソ四・二七）と呼んでいます。この「所」または「余地」は、悪霊のために人の中に残されている空いている場所です。この所は、悪霊が人の中に得ることのできる足場です。悪霊は、自分に与えられた所にしたがって人に憑《つ》きます。彼らに与えられた所の総計が、彼らが人に憑く程度です。この所が異教徒によって与えられようと、クリスチャンによって与えられようと、悪鬼は全く同様にその人に憑《つ》きます。何であれ人において、悪霊に攻撃させる余地を与え、侵入させる好機を与え、立つための足場を与えるものは、「所」と呼ぶことができます。もし人が悪霊に所を与えるなら、悪霊にとりつかれざるを得ません。原因があるから、結果があるに違いありません。もし信者が悪霊に所を与えても、自分はクリスチャンだからとりつかれないという観念に頼っているなら、彼はすでに悪霊によって巧妙にだまされているのです。

要約すると、信者が悪鬼に与える所は、罪です。罪はすべての所を含んでいます。信者が罪を大目に見る時、罪の背後の悪霊を大目に見ているのです。どのような種類の罪でも悪霊に所を与えるでしょう。しかしながら、罪は二種類に分類できます。一つは積極的なもの、もう一つは受け身的なものです。積極的な罪とは、手を用いて悪事を行ない、目でみだらなことを見、耳で不道徳な音を聞き、口で下品な事を語るような、人の犯す罪です。それらはすべて、悪霊が手、目、耳、口に憑《つ》く機会を与えます。そこには、罪を犯した人の体の一部に悪霊が来て、住むようにとの招きがあります。わたしたちは、積極的な罪がどのようにして悪霊との関係を発展させるのかを定める三つの事柄に注意を払わなければなりません。（一）ある罪は悪霊がとりつくことによる結果ではありません。（二）他の罪は悪霊にとりつかれることをもたらします。（三）さらにもう一つの罪は悪霊によって引き起こされた罪です。もし信者がある罪を犯した結果、悪霊によってとりつかれたなら、彼ははっきりとその罪をやめるべきです。彼はその地位を取り戻した後、救われるでしょう。そうでなければ、彼が悪霊に与えた地位は徐々に増加して、彼の全存在がとりつかれるに至るまでとどまらないでしょう。多くの信者は、自分がキリストと共に十字架につけられた事実を受け入れていますが、容易にまとわりつく罪から依然として救い出されていません。なぜなら、彼らの病の源は「肉」であるだけでなく、彼らの体が超自然的な悪霊によってとりつかれることでもあるからです。

積極的な罪を通して悪霊に働く機会を与えるこの面は、比較的、理解しやすいことです。多くの信者はこれを信じています。わたしたちはそれに関してさらに話すことはしません。なぜなら、それはわたしたちの取り扱っている範囲外だからです。今わたしたちは、罪の第二の面――受け身的であることによって悪霊に与えられた所――に注意を払います。この面は、今日の信者が最も理解していない面です。ほとんどの信者の間違いは、この面にあります。その上、この種の罪は、意志の領域にある罪です。それゆえ、わたしたちはそれについて詳細に語ることにします。

積極的な罪と受け身的な罪の間に違いがあります。人は通常、積極的な罪を罪と見なし、受け身的な罪を罪と見なしません。人自身が犯したさまざまな不義を罪と呼ぶ以外に、聖書はまた、「人が、行なうべき善を知っていながら、行なわないのは、その人にとって罪です」(ヤコブ四・十七)とも言っています。聖書は、人が行なうことを罪と見なすだけでなく、人が行なわないことも罪と見なします。罪とは、悪霊が憑《つ》く所です。(わたしたちは今からこれを、悪鬼がとりつくことと呼びます)。ですから、悪鬼がとりつくことに地位を与える積極的に犯した罪以外に、悪鬼がとりつくことに地位を与える、何も行なわないという受け身的な罪もあるのです。

受け身的な罪は、信者が受け身的であることを通して悪霊に地位を与えます。神の目には、わたしたちの存在のある部分を用いるのをやめること、あるいはそれを誤って用いることは、両方とも罪です。神はわたしたちにさまざまな能力を授けられました。それらは、わたしたちが誤って用いるためではなく、また用いないでおくためでもありません。信者が自分の能力のどの部分も用いない時、受け身に陥ることを許し、悪霊が信者の代わりにそれを用いるための道を開きます。これは、悪鬼がとりつく所を与えます。すべての信者は、罪が悪鬼にとりつかれるための条件であることを認めますが、受け身も一種の罪であり、悪鬼がとりつくための条件であるということを、認識していません。いったん所を与えるなら、人はとりつかれざるを得ません。いったんとりつかれると、苦難を受けないわけにはいきません。

受け身的であること

「異教徒」と肉的な信者が悪鬼にとりつかれる理由は、おもに罪によります。しかし、献身した信者の中にも悪鬼にとりつかれる者がいる理由は、一言で述べることができます。すなわち、「受け身」です。受け身の意味は、意志が人の霊、魂、体や、その中のあらゆる部分を、もはや積極的に支配したり導くことがなく、その結果、自分の意志を用いて、自分自身に関係するあらゆる事柄を選択したり、決定することがないということです。受け身であるということは、積極的であることの反対です。信者が受け身であることには、二つの面があります。(一)自己の支配を失うこと――これが意味することは、人が自分の全存在やその一部分を支配することができないということです。(二)自由を失うこと――これが意味することは、人が、神のみこころと一致することを決定することができないということです。信者が受け身的になるということは、彼が自分のさまざまな能力を用いず、受け身的な状態に陥ってしまうことを意味します。彼は口を持っていますが、語ろうとせず、聖霊に自分の口を通して語ってもらおうとします。彼は手を持っていますが、手を用いようとはせず、神に自分の手を用いてもらおうとします。彼は自分の存在のどの部分をも動かそうと願わず、神に動かしてもらおうとします。彼は、自分は完全に神に献身しており、もはや自分の存在のどの部分をも用いる必要はないと考えます。このようにして、彼は受け身の状態に陥り、悪霊が自分を欺き、自分の体の受け身的な肢体に憑《つ》くことを許します。

多くの信者は、神のみこころとの結合に関して、わたしたちが前の章で語ったことを受け入れます。しかしながら、彼らは、このように神と結合すること、神の心の願いを理解すること、自分自身の意図を否むことは、受け身的になって神に服従することを要すると、誤解してしまいます。彼らは、自分の意志は無にされ、自分は機械のような人になるべきであると考えます。彼らは、神に服従することの意味は、もはや自分自身の意志を用いず、自分の意志によって自分の体のどの部分をも用いないことであると考えます。そのような人はもはや、(一)選択したり、(二)決定したり、(三)自分自身の意志を用いて行動したりしません。外面的には、それは偉大な勝利のしるしであるかのように思われます。なぜなら、彼はかつては意志において頑固であったのに、突然とても従順になり、水のように弱くなったからです。彼はどんなことにおいても意見を持たず、他の人々に従うことにおいて全く従順になります。彼は自分の思いや意志を用いず、自分の良心の識別力も活用しません。彼は完全に従順な人になります——神が自分を動かす時はいつでも、彼は動きます。しかし、これは悪鬼にとりつかれることの誘因となります。

信者はこのように神にささげていますから、彼は自然に受け身的な状態へと陥ってしまいます。彼は自分では何も動こうとしません。一日中、彼は外からやって来る力が自分を動かすのを静かに待っています。そのような外からやって来る力がある時、彼は動きます。そうでなければ、彼は平静で居続けます。このような状態が長い間続くと、彼は、自分が動くべき時にも、外からやって来る強制する力がないために、動くことができないことに気が付きます。彼は自分では動こうとするかもしれませんが、外からやって来る促す力がないために、動くことができません。このようなことが続くにつれ、信者は、外からやって来る力がなければ自分は一歩も動くことができないことに気が付きます。たとえ意志が動こうとしても、まるで何かに圧迫されているかのようです。（彼は、体に一種の束縛があるかのようであり、それは彼が思うように動くことができないようにしています）。彼は、外からやって来る力が自分を促すのを待たなければならず、そうしてはじめて動くことができます。このような状況において、信者は、自分は神に対してとても従順であると考えます。なぜなら、彼には何の活動もないからです。しかし、たとえ彼が動くことを願っても、彼はそうすることができないのです。

信者の無知

信者は受け身の状態に深く陥った時、自分は神に対して従順であると考えるかもしれません。しかし、悪霊が彼の受け身的な状態を利用して、自分たちの欺きを成し遂げていることを、彼は認識していません。信者は、自分は全く受け身的でなければならず、そうしてはじめて神に対して真に従順になることができ、自分の意志において真に神と結合することができると考えます。彼は、神が自分の受け身的な状態を用いられないことを、認識していません。彼の受け身的な状態を用いるのは、暗やみの力です。さらに、神は、信者が自分自身の意志を用いて、積極的に彼と同労することを求められます。これは、聖書が繰り返し言っていることです。「だれでも彼のみこころを決意して行なおうとするなら、……知るであろう」（ヨハネ七・十七）。「何でも望むものを求めなさい。そうすれば、それはあなたがたにかなえられる」（十五・七）。神はわたしたちの意志をまっ殺することはしません。

人には自由意志があります。神は決してこれを侵害されませんし、このことを変えられません。神は、人が活発に彼と同労することを望まれます。彼はわたしたちが彼に服従することを求められますが、彼はわたしたちの人格をまっ殺することはしません。(著者注：本書では、「人格」とは「人のパースン」を指しているのであり、「人の性格」を指しているのではありません。読者は注意してください)。彼は、わたしたちが自分自身で提案し、彼がわたしたちに選択してもらいたいものをわたしたちが選択することを望んでおられます。彼は、わたしたちに代わって選択して、わたしたちの意志を死の状態に陥らせたりすることはされません。彼は、わたしたちの活発な同労を必要とされます。神は、人が被造物としての最高の到達、すなわち意志の完全な自由に達するのを見ることを、喜ばれます。神は創造において、人の自由意志を定められました。神は贖いにおいて、人の自由意志を取り戻されました。創造において神は、人が機械のように彼に服従することを望まれませんでした。ですから、贖いの後は、人が機械のように彼の指示に従うことを、彼は決して望まれません。まことに、神はとても偉大であるので、人が木や石になって彼に服従することを、彼は要求されません。彼の方法は、わたしたちの中での聖霊の働きに信頼することです。聖霊は、わたしたちが彼に服従することを願わせます。しかし、彼は決してわたしたちに代わって決定されません。ここにおける違いは、本当に計り知ることができません。

人の中での神の働きとサタンの働きの原則は、同じです。神は人を創造された時、人が自由意志を持つことを望まれました。こういうわけで、彼は人に自由意志を与えられました。彼は、人が自分自身に関するすべてのことを、選択し、決定する権利を持つことを、望まれました。神は宇宙の主ですが、制限されることを喜び、人の自由意志を侵害することをされません。彼は、自分に忠実になるよう人に強制しようとはされません。同様に、人の同意(意識的にであれ、無意識的にであれ)がなければ、サタンは人のどの部分をも占有することができません。神も悪魔も、人の意志の許しを必要とします。そうしてはじめて、人の中で働きをすることができます。人が一つの良いことを「求めれば」、神がこのことを達成してくださるのと同じように、もし人が邪悪なことを「求めれば」、悪霊もこのことを達成します。これは、わたしたちがエデンの園で見ることです。

人が再生される前、人の意志はサタンの奴隷であり、自由になることができません。しかし、再生され、勝利を得た信者については、彼の意志は自由です。彼は、神に属するすべてのことを選択することができます。しかしながら、サタンは、これらの新しく再生された信者については、あきらめようとはしません。サタンは彼らを得ようとたくらみます。サタンは、信者たちの明確な許しを得て、悪霊が彼らの中に入り、彼らを支配するようにはできないことを、知っています。ですから、サタンは欺きを用いて、必要な許しを得るのです。わたしたちは、サタンが信者の許しを得なければならないことに注意すべきです。しかしながら、信者は決して彼に許しを与えないでしょう。こういうわけで、彼はただ欺きの手段を通して、この許しを盗み取ることができるだけです。悪霊は、最初に人の意志の許しを得ることがなければ、人の中に入ってくることはありません。悪霊が入ってくる程度でさえも、人の意志によって決まります。

悪霊は、この一人の信者が完全に神に服従しており、最後まで代価を払って神に従うことを願っていることを知っています。このゆえに、悪霊は、神ご自身を装うことによって、神の声、神の働き、神の臨在を装うことによって、信者を欺きます。霊的領域に接触したことのある信者たちの中には、自分が感覚の上で受けた超自然的な経験のゆえに、ある事柄は神から出たことであると思い込んでいる人が、多くいます。その結果、彼らは悪霊の多くの偽りを受け入れ、危険へと陥ってしまいます。このようにして、信者は欺かれ、悪霊の偽りを真のものと考え、悪霊が彼らの上で働き続けることを許してしまいます。最初は、彼らは単に欺かれただけでした。しかし、彼らは同意を与えると、受け身になって、悪霊が働くことを許してしまいます！　このようにして、悪霊は意志の同意を得、彼らをさらに欺き、彼らの存在のある部分は悪霊にとりつかれるまでになってしまいます。受け身になることは、悪鬼にとりつかれることへの第一歩です。

もし信者が、悪霊の働く条件を知り、霊の命の原則を知るなら、このような危険へと陥ることはないでしょう。しかしながら、もし信者が、受け身であることは悪霊に便宜を与えることと、霊的な命は活発な意志が神と同労するのを要することを知らなければ、彼は自分の意志を受け身にならせてしまうかもしれません。わたしたちが特に注意すべきことは、神は決してご自身のみこころを用いて、人の意志に取って代わらせることはしないということです。人は、自分が行なったことに対して責任を負うべきです。神は、人に代わって提案することはされません。

実は、もし悪霊が受け身的な人において働いていなければ、彼の受け身は単に、怠惰と活動しないという結果になるだけです。普通の「活動しない」状態においては(すなわち、悪霊の働きがない時は)、このように活動しない人も、いつでも再び活動することができます。しかし、彼が受け身の状態に陥り、悪鬼にとりつかれると、たとえ彼がそうしようとしても、すなわち、たとえ彼の意志がそうしようとしても、彼は再び活動することはできません。

ここにわたしたちは、人に対する神の働きとサタンの働きとの違いを見ることができます。神は、人が完全にご自身にささげることを望まれます。神は、人が自分の全存在の能力を活用して、ご自身の聖霊と同労することを望まれます。サタンは、人の意志が完全に受け身になり、すべての活動をやめ、サタンの悪霊を自分に代わって活動させることを望みます。神は、人が積極的に、意識をもって、願いを持ち、選択し、神のみこころにしたがって行動し、それによって人の霊、魂、体がすべて自由になることを望まれます。サタンは、人がサタンの受け身的な奴隷と囚人になることを望みます。神は、人が独立し、自由になり、意識を持ち、自己の主人となることを望まれます。サタンは、人が自分の操り人形、機械、働き手となることを望みます。神は、人が自分の活動を停止するのを要求して、それからご自身が働かれるようなことは、決してされません。その反対に、サタンは、人が完全に受け身になり、すべての活動を停止することを求めます。神は、人が意識を持って神と同労することを望まれます。サタンは、人が受け身になり、それによって人を脅迫して自分に服従させることができるようになることを、望みます。神が要求されることはただ、人が自分の罪深い――それが自分の性質から出たものであろうと、あるいは命から出たものであろうと――活動を停止することだけです。なぜなら、このようにして、人は聖霊と同労することができるからです。しかし、サタンは、人が自分のすべての活動――魂の機能でさえも――を停止することを望みます。なぜなら、サタンは、人に代わって活動しようとするからです。サタンは、人がただ意識のない機械となって、何の責任も負わないようになることを望みます。

最も恐ろしいことは、信者が、神が人の中におり、人を通して働かれるという原則を、知らないことです。彼らは、自分が死んだ木や石のようになって、神によって操られることを、神は望んでいると考えます。神が人を創造された時、人に自由意志を与えられたことを、彼らは認識していません。確かに神は、人の意志が神から離れて、何かを要求したり、何かを行なったりすることを喜ばれません。しかし、神はまた、人が意志のない者となって、機械のようにご自身に服従することも望まれません。信者の意志が、神の望まれるものを選択するなら、神は満足されます。神は、人が意志のない者となることを要求されません。多くの事柄は、信者が自分自身で行なわなければなりません。神はこれらのことを、彼らに代わって行なわれません。今日、一つの誤った教えがあり、人はすべてのことを神に託し、自分に代わってすべてのことを神に行なっていただくべきであると言います。このような教えは、わたしたちが自分の手を上げたり、自分の足を動かす必要はないものであると推測します。神がわたしたちに代わって、上げたり動かしたりするものであると推測します。それは、わたしたちは完全に内側の聖霊に服従し、彼にわたしたちに代わってすべてのことを案配していただくべきであると言います。この教えには、真理がないわけではありません。しかし、その中に混ざっている誤りは、おそらくその中に含まれている真理よりも多いことでしょう！（このことについては、次の章で詳しく述べることにします）。

危険

信者たちはこのように無知であるので、暗やみの権勢に欺かれ、無意識のうちにサタンの欺きを受け入れてしまいました。同時に、悪霊が働く条件を満たし、こうして悪鬼にとりつかれています。わたしたちはこの順序に注意すべきです。なぜなら、これはとても重要であるからです。(一)信者は無知になり、(二)欺かれ、(三)受け身的になり、(四)悪鬼にとりつかれます。信者の無知は、悪鬼にとりつかれる最初の原因です。信者は、悪霊の働きの原則と聖霊の要求を知らないので、サタンは欺くことができるのです。信者が真理を知っており、どのように神と共に働くかを知っており、神の働きの規定を知っているなら、サタンの虚偽を受け入れないでしょう。悪霊に欺かれるので、神が自分を通して生き、働いてくださるために、自分の全存在は受け身的になるべきであると思うのです。また、多くの悪霊の超自然的な現れを受け入れ、それらを神からのものであると考えます。このようにして、さらに欺かれ、悪霊はとりつくことができます。

(一)信者が悪霊に所を与えるなら、これは悪霊が彼ら自身を信者に結びつけるための招きとなります。(二)それらは入ってきた後、必ずその活動を通して自らを現します。(三)信者がこれらの活動を誤認して、それらが悪魔からであることがわからないなら、ますます悪霊に所を与えるでしょう。なぜなら、彼はすでに悪霊の虚偽を信じたからです。これが一つのサイクルとなって、何度も繰り返されるのです。こうして、信者が悪鬼にとりつかれる程度は日ごとに深まっていきます。信者がいったん受け身に陥ると、すなわち、悪霊に所を与えた後、その危険は言い尽くすことのできないものです。

信者が受け身に陥り、自分に関するいっさいの事で選択しないなら、環境から自分に臨むすべてのことに受け身的に従うでしょう。彼は、神が自分に代わって環境の中で、また自分と関係のある人の中で、決定してくださっている、自分はただ受け身的に従うだけである、と考えます。彼に臨むことはすべて、神のみこころであり、神の案配されたものであり、神が彼に与えられたものである、と考えるので、彼は静かにすべてを受け入れます。しばらくすると、彼は日常生活の中で何も選択することができないことを見いだします。彼は多くの行なうべき事で、何も決定することができず、これらのことで主導権を取ることもできません。彼は自分の好むことを語り出すのを恐れ、自分の決定したことを語り出そうとしません。他の人は、選択し、決定し、主導することができますが、彼は水に浮かぶ海草のようであり、風や波にもてあそばれます。彼は、だれかが自分に代わって事を決めるか、あるいは環境が自分のために、行くべきただ一つの道を案配し、自分は何も選択しなくても良いようにと願います。彼は、人に事を行なうように強制されるのを喜びます。なぜなら、これは心配を免れさせるからです。彼は、選択するのがとても難しいので、環境の中で自由になって選択することよりも、環境の強制を受けることのほうを願います。

彼は受け身になった後、最も小さい決定をすることでさえ、重荷であることがわかります。彼は常にどこでも助けを求め、決定することができるように、外から援助を得ます。彼は、日常生活の小さな事柄でさえ取り扱うことができないようであるので、とてもあわれに感じます。彼は人が話すことを理解し難くなります。彼は何を覚えておくのも、思い起こすのも、非常に難しいと感じます。もし何かを決断しなければならないとしたら、どうしたらよいか途方にくれてしまいます。もしある事を行なうのに相談するとしたら、彼はとても恐れます。なぜなら、彼の受け身的な意志は、そのような重責に耐えられないからです。彼の意志は非常に弱く、環境の助けを待ち、人の助けを求めなければなりません。もしある人がいつも助けてくれるなら、彼は一方で、この人が自分に代わってすべてのことを決定してくれるので喜ぶのですが、同時に、この人が自分から意志を奪ってしまったと感じるのです！　彼は外からの力の助けを待っている時、計り知れないほどの時間を無駄にしています。わたしたちは、このように受け身的な信者は、働きたくないのだ、と言っているのではありません。彼は衝動を受けると、ある事柄を行ないたくなり、あるいはある事柄を行なうことができると思います。ところが、働きを始めるべき時に、その衝動が停止して、自分の力では不十分であると思うのです。多くの働きはうまく始まるのですが、意志が受け身的であるがゆえに、終わりは失敗です。

このような受け身的な状態は、何と不便なことでしょう！　このような時、信者は多く書き留めて、多くのことを覚えておかなければなりません。彼は思いの中で声を出して自らを助け、他の百の「杖《つえ》」を用いて、その日、自分を支えることを発明しなければなりません。最終的に、彼は、次第に自分の感覚が麻ひして、知らないうちに多くの奇妙な嗜好《しこう》や習慣を得ていることを見いだします。彼が人に語る時、あえて目を見ません。歩く時は腰を曲げます。極端に体の必要を顧みるのでなければ、極端に体の必要を抑制します。何をしても、自分の思い、意志、理性、想像の一部、あるいは全部を放棄しようとします。

信者は無知のゆえに、これらの病状が、受け身的であることと悪鬼にとりつかれていることから来ることを知りません。彼は、それらは自分の天然の弱さから来ると思っています。信者は、これらは自分に人の持っている「賜物」がなく、自分の「知性」が人と異なっており、自分の「能力」が人に劣っているからである、と考えて自らを慰めます。ですから、彼がこのようであるのも不思議ではありません。彼は、これらが悪霊の虚偽であること、それは彼をさらに欺くものであることを、ほとんど知りません。彼があえて働かず、あえて責任を負わないのは、自分が働きに反感を持っており、神経が衰弱しており、雄弁ではなく、思考が鈍いからであるとみなします。彼は、おそらく以前から働きすぎて肉体的に健康ではないと考えます。彼は、なぜ他の信者たちがこのようではないのかと、決して尋ねません。なぜ賜物において劣る人はこのようではないのでしょうか？　なぜ彼は、以前にはこのようでなかったのでしょうか？　彼は、これらのものは先天的で、自然で、性質上のものであると考え、悪霊の働きであることを認識していません。このような愚かさは、悪霊にさらに多くの地位を得させ、信者たちにさらに多くの苦しみを耐えさせます。

暗やみの権勢は、信者の現在の状態を知っており、信者の環境の中で多くの困難を作り出して、彼を悩まし続けます。信者の意志が受け身になって、働けなくなると、悪霊は、意志を用いるべき地位に信者を置いて、彼をざ折させ、人の前で笑いものとします。信者はこの時、かごの中の鳥となり、悪霊はいたずらな子供のように、望むままに彼をもてあそびます。彼らは常にかき立てる嵐《あらし》であり、多くの事柄で信者を悩まします。信者には、それらに抗議したり抵抗したりする力はありません。彼の環境はますます悪くなり、生活はますます意義がなくなります。信者にはあらゆることを対処する権威がありますが、黙ったままです。こうして、暗やみの権勢は次第に優勢になり、信者を無知、欺き、受け身の状態から、悪鬼にとりつかれた状態にもたらし、悪鬼の手で苦しめます。ところが、神の子供たちは驚くほど無知で、これらの状態が神からのものではあり得ないことがわからず、かえって受け身的に受け入れてしまうのです。

信者がこのような状態に達すると、知らないうちに、悪霊に助けてもらうようにと依り頼みます！　すでに見てきたように、何と信者自身(内側)は決定する力を持っておらず、外面の力に依り頼んで支えてもらっていることでしょう。多くの時、悪霊による苦しみのゆえに(その苦しみが悪霊からであることを知らないで)、自分を助けていた外面の力が速く来て、自分を助けてくれるようにと望みます！　悪霊が信者を受け身的にするのは、このためです。信者のすべての使っていない能力は、悪霊の手中に陥ってしまいました。信者がもしこの状態の中で自分の能力を用いようとすると、悪霊に、信者を通して自分たちを現す機会を与えるだけです。悪霊はとても喜んで、人に代わって提案します。人は彼らを望み見るので、彼らはその要求を拒絶しません。彼らは常にこのような時、先入観念の思想を信者の思いの中に注入し、各種のビジョン、夢、声、光、火、文脈からはずれた聖書の箇所を与えます。これらのことを通して、彼らは信者たちに代わって考えや決定を与えるのです。信者は状況がわからずに、これらは真に神の啓示であり、神のみこころにかない、自分が苦しむ決断をすることはないと考えます。その結果、盲目的に従うのです。悪霊は喜んで、思いを用いたり意志を用いたりすることなく、外面の啓示にしたがって愚かに歩くようにと、人を助けます。こうして、彼らは常に、このような奇跡的なことを信者に与えるのです。

　とても哀れなことに、信者は神の働きの原則を知らないゆえに、欺かれて、自分は神に服従していると思います。このような時、彼は(一)悪霊を信じ、(二)彼らに依り頼み、(三)彼らに従い、(四)自らを彼らにささげ、(五)彼らに聞き、(六)彼らに祈り、(七)彼らに導かれ、(八)彼らのメッセージを受け入れ、(九)彼らが与えた聖書を受け入れ、(十)彼らと共に働き、(十一)彼らのために働き、(十二)彼らの心の願いと働きを達成するよう彼らを助け、なおも自分は神に向いており、神のためである、と考えることがあり得ます。一つの事に注意すべきです。「だれかに自分を奴隷としてささげて従順になるなら、あなたがたは自分が従っている者の奴隷であって」(ローマ六・十六)。わたしたちは、名目上は自らを神にささげていても、実際には自分を悪霊にささげているなら、彼らの奴隷になることは免れません。わたしたちは欺かれているのですが、明らかに自分自身を虚偽の神にささげてしまっています。ですから、わたしたちには責任を逃れる道はありません。信者は、もし神との交わりの条件にしたがって神と交流しないで、悪鬼にとりつかれている条件にしたがって神と交流するなら、彼の祈りは悪霊への祈り、彼の献身は悪霊への献身、彼の信頼は悪霊への信頼となります。彼は心の中で、自分は神と交流しており、自分の得たものは神から来たのであると考えます。ところが、実際は、彼は悪霊と交流しており、彼らの「賜物」を受け入れているのです。

わたしたちは、この過程の手順を知っているべきです。信者は感覚とその他の経験において神の臨在を慕い求めるので(第三巻と第七巻で述べたように)、悪霊は彼を欺き、彼に虚偽を与えます。彼は無知のゆえに、盲目的にそれを受け入れ、それが神から出たものであると考え、こうして自らを受け身に陥れます。信者は受け身に陥った時、自分は動く必要はなく、神に自分のために動いていただくと考えます。ですから、彼は動きません。ところが、神は彼を動かされません。なぜなら、神は人に、活発にご自分と同労してもらいたいからです。神は人に、意識のない機械になってもらいたくないのです。信者が悪霊の働く条件を満たすので、彼らは信者の上で働きます。人が動かず、神も動かれないなら、悪霊が動くでしょう。信者は彼の霊の直覚において神のみこころをはっきりと知った後、自分の全存在が活発に神のみこころを遂行し、受け身的になってはならないことを、知っているべきです。信者は悪鬼にとりつかれた後、自分の真の状態に無知になり、自分はとても霊的であって、多くのすばらしい経験を持っていると考えます。ところが、主の中で訓練を経過し、霊的な識別力を持っている人は、このような信者の経験がたとえすばらしくても、その人は「二重人格」であることを知っています。二重人格は、悪鬼にとりつかれていることの明確なしるしです。

二重人格

二重人格は、一人の人の中に二つの人格、あるいは二人の主人があることを意味します。これは、わたしたちが通常述べている新しい人と古い人とは違います。深く悪鬼にとりつかれている人には、「二重人格」の特徴を、はっきりと見ることができます。人が極端に悪鬼にとりつかれると、他の人は、別の頭脳がこの人を管理していると感じるでしょう。彼は自分の性質とは相反することを行ないます。彼の体は外側の力に捕らえられているかのようです。神経と筋肉は、思わず伸縮し、口は彼の知らない言葉、あるいはほとんど知らない言葉を語り、声は別人のようです。悪鬼にとりつかれた多くの異教の人には、悪鬼の現れを見ることができます。悪鬼が「来る」前、その人は静かにして正常ですが、悪鬼が「来る」と、直ちに正常な態度が変わって、気が狂ったようになります。ここから一つの事を見ることができます。すなわち、人が悪鬼にとりつかれると二重人格を持つ、ということです。本人のほかに、もう一人の人が、彼の内側で彼の魂と体の器官を用います。悪鬼が現れると、ほとんどすべてを取り去ってしまい、すべての活動は彼らに属し、人自身の人格は活動的ではありません。ですから、多くの悪鬼にとりつかれた人は、悪鬼が去った後、悪鬼がいた時に行ない、語り、現したことがわかりません。これは、悪鬼の人格が活動しており、人の人格が機能していなかったからです。こうして、人の人格は、どのようなことが起こったのかわからず、あるいは全く無知であるのです。

しかしながら、悪鬼の「現れ」は、時にはとても洗練されています。多くの時、悪鬼は人に、正常な人のように語らせ、振る舞わせますが、実は、悪鬼の人格が活動しており、人の人格は眠ったままです。このような現れの中で、わたしたちは常に、これは人の働きである、悪鬼がそこで活動しているとは知り難いと誤解します。悪鬼が不正常に振る舞ってはじめて、わたしたちは一人の人の中に二重人格を発見することができます。

悪鬼にとりつかれた信者には、二重人格もあります。彼らがとりつかれている程度が異なるので、二重人格の現れも異なります。悪霊は、深く欺かれている人のあらゆる部分を、驚くほど支配します。彼らは信者たちを震えさせ、燃やし、各種の奇異な感覚を持たせ、床に倒し、わからない異言で語らせ、その耳に人が聞いたこともない声を聞かせ、その目に人が見たこともないビジョンを見させます。同時に、これらの信者たちは、依然として霊の中でとても平安であり、神と交わることができます。彼らは識別しないで、自分は神と交わっているのだから、このような現れは聖霊から出たものに違いないと思います。

彼らは次のことをほとんど知りません。すなわち、(一)聖霊は決して、人の体のどの部分にも取って代わり、それをご自身のために使うことをされません。パウロはこのビジョンを見た時、なおも自分を制し、自ら語ることができました(使徒九・五)。ペテロがビジョンを見た時、彼の思いはとても明らかで、自分を制することができました(十・九—十七)。ヨハネがビジョンを見た時も、自分を制することができました。ですから、彼は啓示録を書くことができたのです。彼は最初、主の栄光の光に耐えることができなくて、地に倒れました。しかし主が彼を力づけられた後、彼は立ち上がりました。彼は自分の見たことを、覚えていることができました。これは、今日、聖霊によって打ち倒されたと叫ぶ人で、自分が倒れた時に何をしているのか、何を経験しているのか、わからないようなものではありません。

(二)信者は自分の霊に内住しておられる聖霊を持っていますが、同時に、彼の体は悪霊にとりつかれています。ですから、彼には二重人格の経験があるのです。彼は霊の中で神と交わりますが、悪霊は彼の体において彼らの働きを現します。信者は、霊の中で神と交わっているので、自分の外側の体で行なうことは何であれ神からのものであると、決して考えてはいけません。彼は再生されているので、彼の新しい命は常に神と交わっていると考えるべきです。一つの事がはっきりしています。すなわち、真に聖霊で満たされた命には、決して二重人格の経験がありません。二重人格は、人が悪鬼にとりつかれていることを示します。

あまり欺かれていない人は、この二重人格が、以上述べたほどに顕著ではありません。時には、信者は、自分の外から別な人が自分の機能をつかんでいることを見ます。自分からでない多くの思いが、集まってきます。彼の意志は麻ひし、感覚を失い、主張、選択、決定をすることができません。彼の想像と記憶力は、他人によって封鎖されているかのようです。彼の理性は幾らか冷たくて硬く、どのように論理的に考えてよいかわかりません。多くの予期しない言葉、振る舞い、態度が、彼の意志の外から出てきて、それを制御することができません。これは二重人格のさらに隠された表現です。

二重人格の意味は、二つの独立した、人のような、人格化された実体の存在です。それは、人が自分の意志を用いて何も決める必要がなく、人の魂と体の一部、あるいは全部が意外にもそれら自身で活動することができることを意味します。それは、人の意志の外で、もう一つの意志が直接、人の魂と体を管理することを意味します。悪鬼にとりつかれた信者は、自分の意志のほかに、悪霊の意志を内に持っています。悪鬼にとりつかれた信者は、自分の意志が抑圧され、悪霊の意志によって治められています。これが二重人格です。

信者が二重人格を持つと、彼の体には二種類の力があるようになります。時には聖霊が信者の内なる人から彼の力を送り出し、また時には悪霊が信者の外なる人から彼らの力を送り出します。時には聖霊が、彼の恵み、祝福、光を、信者から現します。また時には悪霊が、神の偽の働きである彼らの働きを彼らから現して、人にビジョンを見させ、粗野に笑わせ、大声で泣かせ、慟哭《どうこく》させ、一種の麻ひした快楽が彼の体を経過することを感じさせます。今日、このような二重人格の働き人が、何と多いことでしょう！　ところが、霊を識別できる人は少ないのです！　サタンはこのような人を利用して、彼の働きを達成します。信者たちは彼らの行なうことの多くが神からであるので、サタンが後ほどその人の後に入ってくるのをあえて拒絶しません。彼らはそれらの中の神のものについて、「これらのことは非常に良いのではないでしょうか？」と言います。彼らはこれが悪霊と混合した働きであることを忘れています。

サタンは常に、混合の働きをします。麦の間に毒麦をまくことが、彼の働きのすべての原則です。彼はただ虚偽を伝えるだけでなく、真理も伝えます。彼は真理を用いて彼の虚偽のラッパを吹きます。さらに、彼は虚偽よりもさらに多く真理を伝えて、彼の陰謀が暴露されないようにします。彼は立場を得ると、当初の比率を逆にするのです！ 多くの集会の中で、このような混合を見ることができます。信者たちは、すべての事をどのように識別し、試すかを、学ばなければなりません。そうでないと、二重人格の働き人によって悪影響を受け、受け身に陥り、悪鬼にとりつかれるでしょう。

第三章　信者の誤解

わたしたちは、悪霊に欺かれた信者がとても汚れており、堕落し、罪深いと、誤解すべきではありません。これらの信者たちは、自らを完全に神にささげた人であって、普通の信者よりもさらに前進していることを、わたしたちは知る必要があります。彼らは努めて主に従い、どんな代価を払ってでも主に服従することを願っています。彼らは完全に主にささげたのですが、どのようにして主と同労するかわからないので、受け身に陥っています。このようでない人は、受け身的になる可能性はありません。彼らは完全に自分を神にささげていると思っていますが、その行為は、まだ天然の命の思いと理性にしたがっており、まだ自分の意のままに生活しています。このような信者は、受け身に陥ることはなく、悪鬼にとりつかれることもないでしょう。彼らは別の事では悪霊に地位を与えることがありますが、神のみこころに従うことでは、受け身の地位を悪霊に与えません。しかしながら、真に献身し、自分の利害を顧みず、神のすべての命令に進んで聞き従う人が、受け身になり、とりつかれる可能性があるのです。このような信者の意志は、受け身に陥りやすく、すべての命令に完全に従おうとする人が、受け身になる可能性があるのです。

多くの人は尋ねます、「なぜ神は彼らを保護してくださらないのか？　彼らの動機はとても純粋ではないか？　神は、忠実に彼を追い求めている人に、悪霊によって欺かれさせているようではないか？」。多くの人は、どのような環境の中でも、神は彼の子供たちを保護してくださるべきであると考えます。神の保護を受けるためには、神に保護される条件を満たさなければならないことを、彼らはほとんど知りません。信者がもし悪霊の働く条件を満たすなら、神は悪霊が働くのを禁じることはできません。神は律法を守られる神です。信者は、意図的であっても意図的でなくても、自らを悪霊の手中に明け渡したなら、神は、悪霊が信者を管理する権利を持つのを、阻止することはできません。多くの人は、動機が純粋であれば欺かれることを免れる、と考えています。この世で最も欺かれやすい人は、動機の純粋な人であることを、彼らはほとんど知りません。誠実なのは、欺かれないための条件ではありません。知識がその条件です。信者がもし聖書の教えを顧みず、目を覚まして祈らないなら、そして純粋な動機だけが、欺かれないようにすることができると考えるなら、必ず欺かれるでしょう。彼がもし欺かれて、悪霊の働く条件を満たすなら、神が保護してくださるのを、どうして期待することができるでしょうか?

多くの信者は、自分は主に属しているので欺かれることはない、と考えています。あるいは、自分は完全に主にささげており、多くの霊的な経験をしているので、欺かれることはない、と考えます。信者は、このように自分を安定していると考えるなら、すでに欺かれていることを、ほとんど知りません! 信者が少しもへりくだらなければ、極みまで欺かれるでしょう。すなわち、彼は悪鬼にとりつかれ、そしてなおも自分は聖霊に満たされていると思うでしょう。とりつかれるのは命の事柄ではなく、動機の事柄でもありません。それは知識の事柄です。信者がクリスチャンの生涯の初期に、あまりに多くの理想的な教えを受けるなら、聖霊が彼の必要とする真理をもって彼を教えるのは難しくなります。信者はまた、聖書の解釈に対して偏見を持って、他の信者が自分に欠けている光を分け与えることを難しくします。信者がこのような危険の中で安全であると誇るなら、悪霊に働く機会を与え、悪霊に働き続けさせます。

すでに見てきたように、悪鬼にとりつかれる原因は受け身であり、受け身である原因は無知です。信者が無知でなければ、悪鬼にとりつかれることはないでしょう。実は、「受け身」は誤解して服従することであり、誤解して献身することです。それは過度の服従、過度の献身と言ってもよいでしょう。信者が知識を得て、人の受け身を悪霊が喜び、それを必要とすること、こうしてはじめて悪霊が働くことができることを知ったなら、自らを受け身に陥らせ、悪霊に働く機会を与えることはしないでしょう。神は人がご自身と同労するのを必要としておられ、人が自分を機械とするのを願っておられないことを信者が知るなら、自分を受け身に陥らせ、神がやって来て自分を動かしてくださることを期待しないでしょう。今日、信者たちは無知であるがゆえに、この段階に陥ってしまっています。

信者は神の動きとサタンの働きを区別する知識を必要とします。信者は神が働かれる原則とサタンが働く条件を、認識する知識を必要とします。この知識を持っている人だけが、自らを暗やみの権勢から守ることができます。サタンは信者たちを攻撃するために、虚偽を使います。ですから、真理がそれらに置き換わらなければなりません。サタンは信者たちを暗やみの中に保っておきたいので、光が輝かなければなりません。わたしたちは、悪霊の働きと聖霊の働きとの原則が異なることを、思いの中にしっかりととどめておくべきです。そうでないと、毎回彼らが働く時、常に自分の原則にしたがって働くことになります。たとえ悪霊が彼らの様相を巧みに変えていても、彼らの働きの総合を見るなら、内側の原則は常に同じであるのを見ることができます。この区別を知った後、わたしたちは自分の過去の経験を調べ、その根拠となった原則を識別すべきです。これによって、何が聖霊の働きであるか、何が悪霊の働きであるかを、区別することができます。ある原則にしたがって行なわれたことは何であれ、それに相当する霊によって行なわれなければなりません。

信者が悪鬼にとりつかれることに陥ったのは、無知のゆえであるので、信者が極めて容易に誤解するいくつかの事を、詳細に見ていく必要があります。

キリストと共に死ぬ

信者の受け身は、多くは「キリストと共に死ぬ」という真理を誤解していることによります。使徒は言いました、「わたしはキリストと共に十字架につけられました。生きているのはもはやわたしではありません。キリストがわたしの中に生きておられるのです。そしてわたしは今、肉体の中で生きている……神の御子の信仰の中で生きるのです」(ガラテヤ二・二〇)。信者はこれに基づいて、最高の霊的な命は「もはやわたしではない」ことであると思います。彼らは、自分の人格を失い、もはや自分の意志や力を持たず、「わたし」は完全に死ぬべきであると思い、一種の機械のようになって神に服従するのです。彼らは、何の感覚も持つべきではない、自分の人格を消滅させるべきである、人生の欲望、興味、好みを消し去るべきである、と思います。彼らは屍《しかばね》のようになります。ですから、もはや「わたし」はなく、彼らの「人」はなくなっています。彼らは、このような命令は自分をぬぐい去り、自分を滅ぼし、「自殺」して自分について、あるいは自分の必要、情況、感覚、願い、環境、状態、安楽、苦痛などについて、感じさせなくし、ただ神の活動、働き、動きだけを感じさせるように要求すると考えます。彼らは、自分に対して死ぬとは、もはや自覚がないことを意味する、と考えます。ですから、彼らは自分の「自覚」を死に渡し、神の臨在のほかは何も感じないまでに、死のうとします。彼らは、死は実行されるべきであることを知っているので、毎回、自覚を持つと、もっぱら自己を死に渡します。欲望、欠乏、必要、興味、感覚があることを感じる時はいつも、もっぱらそれを対処し、死なせます。

彼らは、自分はキリストと共に十字架につけられた、だから「わたし」はないと考えます。彼らはまた、キリストが自分の内に生きておられる、だからもはや「わたし」は生きていないと考えます。「わたしはキリストと共に十字架につけられた」。ですから、「わたし」は死にました。彼らはこの死を実行に移し、もはや何の思想も感覚も持とうとしません。彼らは、自分の人格がもはやあるべきではない、なぜなら「キリストが、わたしのうちに生きておられる」からである、と考えます。キリストが内に生きておられるので、彼らは、受け身的に彼に服従し、自分に代わって彼に考え、感じていただくべきである、と考えます。ところが、彼らはパウロの次の句に注意していません、「わたしは今、肉体の中で生きている」！　パウロは死にましたが、パウロはまだ死んでいません！　「わたし」は十字架に釘《くぎ》づけられました。ところが、「わたし」は依然として生きています。十字架を経過した後、パウロは、「わたしは生きている」と言ったのです！

十字架は「わたし」を消滅させるのではありません。わたしは永遠に存在するでしょう。天に入った後でさえ、なおも「わたし」があるでしょう。もしある人が「わたし」に代わって天に入るとしたら、救いに何の意味があるのでしょうか？　キリストの死を受け入れるという意味は、罪に対して死に、自分の魂の命を死に渡すことです。最も良い、最も高貴な、最も清潔な人でさえ、死に渡されなければなりません。わたしたちはこれについて、すでに何度も語ってきました。神はわたしたちが、自分の天然の命によって生きる心を拒絶し、彼によって生きて、時々刻々、彼の命を吸収し、全存在の必要が供給されることを願われます。彼は、人の各種の機能が消滅し、わたしたちの全存在が受け身に陥ることを願われません。むしろ、クリスチャン生活は、日ごとに、もっぱら、活発に、信じて、意志を活用し、自己の血気の命を拒絶し、神の霊的な命を取ることを要求します。人の体の死が消滅ではなく、火の池の死が消滅ではないように、霊の命においてキリストと共に十字架につけられることも、消滅ではありません。人の自己は存在しているべきであり、人の自己の代表——意志——も、存在しているべきです。人が生きる天然の命だけが、死ぬべきです。これが聖書の教えです。

キリストと共に死ぬことについて信者が誤解して、自らを受け身に陥らせた後、(一)彼はもはや活動的ではなく、(二)神は、これがご自身の働きの原則に違反しているので、彼を用いられず、(三)悪霊は、このような状態が自分の働く条件に合うので、この機会を利用して、信者たちにとりつきます。ですから、キリストと共に死ぬことについてのこの誤解と、死を実行しようとすることの結果は、ほかでもなく、悪鬼にとりつかれることと、神に満たされていることの偽装です。多くの場所で見てきたように、信者はガラテヤ人への手紙第二章の教えを誤解した後、悪鬼にとりつかれ、多くの奇異な経験を持ちます。

信者がこのように「死んだ」後、悪霊は、彼に感覚をなくさせ、自分の感覚の必要について無知にします。彼が人と接触する時、人は彼が鉄や石の彫刻のようであって、感覚のない器官を持っているように感じます。彼は人の苦痛を感じないし、どのようにして人を苦しませたかも知りません。彼には、自分の外と内にあるいっさいのことを知り、区別し、感じ、観察する能力がありません。彼は自分の態度、容姿、行動について、全く意識がありません。彼は意志を用いて思い、推測し、決断してから話し、行動することをしません。彼は自分の言葉、思い、感覚がどこから来たのかわかりません。彼の意志は決して何の行動も取らないのですが、多くの言葉、思い、感覚が、彼を捕らえてあたかも運河のようにして、彼を通してそれら自身を現します。彼のすべての動作と行為は、機械的です。彼にはこれらの原因がわかりません。彼はうろたえて、ある源のわからない命令と圧力を受けたので行動するにすぎません。彼には「自覚」がないのに、人が彼を軽くあしらうなら、彼は大いに誤解して、傷つきます。彼はこのように無感覚で日を過ごします。彼は、自分はキリストと共に死んでおり、自分自身でさえ何も感じないと思っています。彼は「知覚がない」ことが、悪霊が彼にとりつく条件であり、その結果でもあることを、ほとんど知りません。これは悪霊が、彼にとりつくようにさせ、彼を妨げ、攻撃し、感動し、提案し、自分のことを思わせ、支え、促し、抑制もなくせき立てさせます。なぜなら、信者には何の感覚もないからです。

ですから、人が普通「自己に死んだ」と言うのは、自己の命、力、意見、神以外の自己の活動に対して死んだのであって、人自身の死ではないことを、覚えておかなければなりません。わたしたちは、自分自身を消滅させて、それを存在させなくするのではありません。これはとても明確にしなければなりません。自己がないと言う時、それは、自己の活動がないことを意味するのであって、自己の存在がないことではありません！　信者がもし、自分の人格の存在を消滅させるべきであり、自分は思い、感じ、意見を持つべきではない、体の動きも持つべきではない、日夜、夢の中で自分の命を生きるべきであると思い、自分がどこにいるかも知らないなら、彼はとりつかれるでしょう。彼は、これが真に自己に死ぬことであり、自分は真に自己のない人であり、自分の霊的な経験はどの人よりも高いと思うでしょう。ところが、このような献身は、神への献身ではなく、悪霊への献身であるのです。

神の活動

「なぜなら、神の大いなる喜びのために、願わせ働かせるのは、あなたがたの内で活動する神だからです」(ピリピ二・十三)。この節も、容易に誤解されます。信者は、願うのは神であり、働くのも神であり、神が願ったこと、働いたことを自分の内に置き、神が自分に代わって願い、自分に代わって働かれる、だから自分は何も願ったり働いたりする必要はなく、神が自分に代わって願い、働かれる、と思います。彼は超人的な信者であり、何も願ったり働いたりする必要はなく、神が願い、働かれます。彼は知覚のない機械のようであって、願うこと、働くこととは何の関係もありません。

この節は、わたしたちが願い働こうとする程度に、神はわたしたちの内側で働かれるだけであるという意味であることを、これらの信者たちは知りません。神はこれ以上には働かれないでしょう。彼はこの点まで働かれます。神は人に代わって願い、働かれるのではありません。神が働かれるのは、人が神のよしとするところにしたがって願い、働く時です。願い働くのは、人自身のことです。使徒はとても慎重でした。ですから彼は、「願わせ働かせるのは、あなたがたの内で活動する神」と言ったのです。ただ神だけがであるのです。あなたがたは自ら願い、働かなければなりません。願うことと働くことは、あなたがた自身の事です。神は活動されますが、彼は身代わりではありません。願い働くのは人自身の事です。神の活動の意義は、神がわたしたちの内で働き、わたしたちを感動し、柔らかくし、励まして、彼のみこころに従おうとする心を持たせることです。彼はわたしたちに代わって彼のみこころに従おうとは願われません。彼はわたしたちに、彼のみこころに傾かせられるのです。その時、わたしたちは自ら従うことを願わなければなりません。この節は、人の意志が神の力の扶助を必要とすることを教えています。人が神から離れて決定し、自分の意志にしたがって行なうことは、役に立ちません。神は人に代わって願われませんし、人に単独で願ってもらいたくもありません。神は人に、彼の力に依り頼んで願ってもらいたいのです。神がわたしたちに代わって願われるのではなく、わたしたちが彼の働かれることにしたがって願うのです。

しかしながら、信者はこれを知らないで、神が自分の内で活動しておられるのだから、自分は動く必要はない、受け身的に彼に働いていただき、外側でも内側でも彼に従っていけばよい、と思うかもしれません。神が活動して願われるのであるから、自分の意志を用いる必要はない、別の意志に自分の上で、自分を用いてもらう、と彼は思います。ですから、彼はあえて何も決めず、何も選ばず、何にも抵抗しないで、受け身的に神のみこころが臨むのを待っています。外側の意志が彼に代わって決める時、彼は受け入れます。自分の意志から出るいっさいのものを、彼は撲滅《ぼくめつ》します。このようにした結果、(一)信者は自分の意志を用いません。(二)神もご自分の意志を用いて彼のために何も提案されません。なぜなら、神は信者が活発に彼と同労することを願われるからです。(三)悪霊が機会をつかんで彼の受け身的な意志を捕らえ、彼に代わって行動し、信者を麻ひさせて前進できなくさせるか、あるいは「鬼火」で燃やすかします。(四)このような時、信者は、神は自分のことを思っておられる、と考えるかもしれません。実は、暗やみの勢力が、彼の主となったのです。

わたしたちは、神がわたしたちに代わって「願われる」ことと、わたしたちが自分の意志を用いて神と同労することとの違いを、見なければなりません。もし神がわたしたちに代わって決定されるなら、この事はわたしたちと何の関係もありません。わたしたちの手は何かを行なっていても、心はそれを提案していません。冷静になった時、これらのことはわたしたちが行なったのではないことを知ります。しかしながら、わたしたちが意志を用いて活発に神と同労するなら、事が神の力に頼ってなされたとしても、わたしたちが行なったのです。極端に悪鬼にとりつかれている人は、悪鬼が「来る」時、自分の挙動が何もわかりません。彼は一時気が狂ったようになりますが、後には、自分の行なったことが全くわかりません。これは、その気違いじみたことが、悪鬼によって、彼の意志を通して彼のために行なわれたことを告げています。信者は欺かれると、自分がすべてのことを行ない、すべての言葉を語り、すべてのことを考えたと思います。ところが、彼が神の光によって照らされ、自分が真にこれらのことを行ない、語り、思いたいのかと自らに問い始めるや、これらの事は自分とは何の関係もないことがわかります。これは、彼にとりついたことが、彼に代わって行なっているのです。

わたしたちの意志を消滅させることは、神のみこころではありません。わたしたちがもし、「今後は自分の意志を持たない。神のみこころが、わたしから現れ出るようにする」と言うなら、自分を神にささげていません。むしろ、悪霊と契約を立てています。なぜなら、神は彼のみこころをもって、わたしたちの意志に置き換えることをされないからです。正しい態度はこうあるべきです、「わたしには自分の意志があるが、わたしの意志は神のみこころを欲する」。わたしたちは自分の意志を神の側に置くべきであり、しかも自分の力によってではなく、神の命によってなすべきです。真正な真理は、以前わたしたちの意志が用いた命は死に渡され、今やわたしたちが神の命によって自分の意志を用いる、ということです。わたしたちは自分の意志を消滅させるのではありません。意志はなおもあります。ただ命が変わっただけです。死んだのは自己の命であり、意志の機能は依然としてあります。それは神によって新しくされたのであり、新しい命は今やそれを用いています。

聖霊の働き

信者は聖霊の働きに無知であるゆえに、受け身ととりつかれることに陥ります。いくつかのごくありふれた誤解があります。

Ａ　聖霊を待つ

今日の教会は、経験においてあまりにも聖霊に対して無知です！　多くの良い意図を持った信者は、多くの場所で、聖霊についての教えを強調します。それらの中で最も普通の教えは、「聖霊の満たしを待つ」、

「聖霊が下ってくるのを待つ」、「聖霊のバプテスマを待つ」です。実行の面で、ある人は家で夜を徹して祈り、長い期間、断食して、「彼らの個人的なペンテコステを待っています」。ある集会は、説教が終わると「待つ集会」に変更し、聖霊を求めている人はみな待つことができるようにします。その結果、多くの人は奇異な経験を持ち、超自然的な霊が自分に下ることを経験します。こうして彼らは不思議ですばらしい感覚を持ち、ビジョン、不思議な光を見、声を聞き、異言を語り、震え、その他の現象を持ちます。その後、主イエスは彼らにとってさらに尊くなり、多くの顕著な罪悪も除き去られます。彼らはさらに喜び、さらに熱心になり、自分は聖霊のバプテスマを受けたと思います。これらの行ないは次の節に基づいています、「わたしはわたしの父が約束されたものを、あなたがたの上に送る。ただ、あなたがたは、高い所から力を着せられるまで、都にとどまっていなさい」(ルカ二四・四九)。「エルサレムを離れないで、わたしから聞いていた父の約束を待っていなさい」(使徒一・四)。

わたしたちはいくつかの重大な点に注意すべきです。真に主イエスは弟子たちに、聖霊が彼らの上に下るのを待っているようにと命じられました。しかしながら、ペンテコステの後、使徒行伝や書簡のどこにも、使徒たちが信者たちに聖霊を受けるのを「待つ」ように命じている箇所を見いだしません。ペンテコステの後、「待つ」のではなく、「受け」(使徒十九・二)という言葉が使われています。

さらに、弟子たちが十日間待っていた時、聖霊は彼らが受け身的に「待っている」ようにとは告げられませんでした。むしろ、彼らは一つ心で祈り、懇願していました。今日の受け身的に一晩中(ある人は十日以上も)待つことは、弟子たちの経験とは異なっています。

さらに、ペンテコステの後、信者たちが聖霊で満たされたことを読む時はいつも、彼らは直ちに満たされています。彼らは使徒たちが当初待っていたように、待つ必要はありませんでした(参照、使徒四・三一、九・十七、十・四四)。

聖霊は直接呼び求められることはできませんし、呼び求めによって来ることもありません。なぜなら、彼は賜物であるからです(参照、ルカ十一・十三、ヨハネ十四・十六)。さらに、彼はペンテコステの時に下りました。新約全体で、だれもかつて直接、聖霊を呼び求めたことはありません。人が直接、聖霊の降臨とバプテスマを求めたという事例は、聖書にはありません。むしろ、聖書は主イエスが「あなたがたを聖霊……の中でバプテスマされる」と言っています(マタイ三・十一)。

それに加えて、前にも述べたように、聖霊はただ「新しい人」、すなわち内なる人にのみ下ります。聖霊が肉体の上に下るのを期待し、感覚を要求し、聖霊の降臨の確証としてある感覚をあらかじめ定めることは、欺きの源です。

ですから、今日の「聖霊を待つ」実行は、聖書的ではありません。なぜなら、この実行は完全に受け身的であるからです。このように待つことは、多く深夜に起こり、体はすでに疲れています。そして、断食を長く続け、何日も待ちます。信者の思いは自然に混とんとしてきます。さらに、座って、あるいはひざまずいて長く祈り続け、聖霊が体の上に下るのを「待つ」ことは、意志をとても容易に完全な受け身へと陥れます。信者は抵抗したり、分別したり、何をも選んだりしません。彼はただ受け身的に霊が自分の上に臨み、自分を床に打ち倒し、彼の舌と口を使って奇妙な感覚を与えるのを待つだけです。このように待つことは、悪霊がやって来る機会を与えます。このような状況の中で、信者が超自然的な経験を持つのも不思議ではありません。超自然的な者は、人が受け身的になるのを待たなければなりません。その後、自己を表現することができます。ところが聖霊は働かれません。なぜなら、それは彼の働きの原則に反するからです。悪霊は機会を利用して、とても活動的になります。それらは多くの虚偽の働きを信者たちに行ないます。その時、聖霊にささげられる祈り、約束、信仰はすべて、実際は悪霊にささげられるのです。たとえこのような集会の中で、喜ばしい雰囲気が家中を満たし、すべての人が平穏と快楽を感じても、その後、多くの献身と働きがあっても、天然の命はまだ取り扱われないままです。

B　聖霊に従う

信者は使徒行伝第五章三二節の言葉、「神がご自身に従う者に与えられた聖霊」に基づいて、「聖霊に従う」べきであると考えます。彼らは聖書に従って真理の霊と誤りの霊を試し識別しないので、自分に臨んだすべての霊を聖霊と考えます。ですから、彼らは受け身的に自分の上にある霊に従い、彼らの全存在は一種の機械になってしまいます。彼らの上の霊が教えることは何であれ、彼らは一つ一つ従います。彼らが行動する時はいつでも、まず自分の体に戻って命令を待ちます。時間が進むにつれて、この受け身的な状態は徐々に深くなっていきます。彼らの上の霊は直接、彼らの口、手などの肢体を使うことができます。信者たちは、このように聖霊に従うことは神を喜ばせると考えます。彼らのうちのほとんどは、この節が聖霊に従うように告げていないことを認識していません。わたしたちは聖霊を通して父なる神に従うべきであるのです。使徒は前の節で（二九節）、わたしたちは「神に従う」べきであると告げています。もし信者が、聖霊を従う対象と考えて、父なる神を忘れるなら、内側の、あるいは周りの霊に従うようになり、聖霊を通して天の神に従わなくなるでしょう。これが受け身の始まりであり、悪霊に虚偽を行なう機会を与えるのです。聖書をほんの少し越えるだけで、多くの危険に直面するのです！

C　聖霊を主とする

別の箇所ですでに言いましたが、神は聖霊を通してわたしたちの霊を訓練され、わたしたちの霊は魂（すなわち意志）を通してわたしたちの体、全存在を管理します。この言葉を少し見ただけでは、重要なことを啓示しているようには見えませんが、その霊的な関係はとても重要です。聖霊はわたしたちの直覚に影響を与えて、わたしたちに彼のみこころを知らせられます。聖霊が満たす時、ただわたしたちの霊を満たされるだけです。彼は直接、わたしたちの魂や体を管理されません。彼はまた直接、わたしたちの魂や体を満たされません。これはよくよく注意されるべき点です。わたしたちは、聖霊がわたしたちの思いを通して考えたり、感情を通して感じたり、意志を通して主張したりするのを期待することはできません。聖霊は彼のみこころを直覚の中で現し、信者自身が彼のみこころにしたがって思い、感じ、主張するようにされます。多くの信者は自分の思い（頭脳）を聖霊にささげ、彼に自分の内側から考えていただくと思っています。これが最大の誤りであることを知っている人はごくわずかです。聖霊は決して直接人に置き換わることはなく、このように人の思いを用いることもありません。聖霊は決して人が受け身的に彼にささげることを要求されません。彼は人が彼と同労することを願われます。彼は人に代わって働かれません。信者は彼の感動を消す力を持っています。彼は信者に何をすることも強制されません。

聖霊は直接、人の体を支配されません。人が語るためには自分で口を用い、行動するためには自分で足を挙げ、働くためには自分で手を動かさなければなりません。神の聖霊は決して、人の自由を侵されません。彼は人の霊の中で、すなわち神の新創造の中で働く以外に、人の意志の外で人の体のどの部分も動かされません。人に願いがあっても、彼は人に代わって人の体のどの部分も動かされません。なぜなら、人には自由意志があるからです。人は自分の主人であって、自分の体を使わなければなりません。これが神の律法です。神は自ら法を犯すことを願われません。

わたしたちはよく「聖霊は人を管理される」と言います。わたしたちの言う意味が、聖霊がわたしたちの内側で働き、わたしたちが神に服するようにされるというのなら、この表現は正しいです。わたしたちの言う意味が、聖霊がわたしたちの全存在を直接、管理されるというのなら、これは完全に間違っています。これに基づいて、わたしたちは悪霊と聖霊との働きを区別することができます。聖霊はわたしたちの霊の中に住んで、わたしたちが神に属していることを表明されます。悪霊はわたしたちの体に潜《もぐ》り込んで、わたしたちを機械のように使います。聖霊はわたしたちの同労を求められますが、悪霊は完全で直接の管理を求めます。わたしたちと神との結合は霊の中であって、体や魂の中ではありません。わたしたちが誤って、自分の思い、感情、体、意志がすべて、神によって直接「動かされる」と考えるなら、悪霊は欺きの働きをするでしょう。信者は自分の考え、感情、意志にしたがって行動すべきではありませんが、霊の中で啓示を受けた後、自分の思い、感情、意志を用いて、その霊の命令を執行すべきです。自分の魂や体を放棄して聖霊が直接用いてくださることを期待するのは、悪鬼にとりつかれる第一歩です。

霊的な生活

信者は今日、霊的な生活に対して多くの誤解を持っています。今そのいくつかを簡単に見ることができるだけです。

Ａ　言語

「語る者はあなたがたではなく、あなたがたの中で語るあなたがたの父の霊だからである」（マタイ十・二〇）。信者はこれを、神が自分に代わって語られ、自分は語る必要はない、神は自分の口から言葉を語られる、と考えます。彼らは自分の口を神に「ささげて」おり、自分では何も決定しないで、神が「唇」となってくださることを望み、自分の唇と音声を受け身に陥れ、外側の超自然的な力に自分を用いさせます。主のためにメッセージを伝えるある人たちは、集会の時、自分の思いも意志も用いる必要はない、ただ口を受け身的に神にささげ、神に自分の口から語っていただく、と考えています。このように行なうことの結果、㈠信者自身は語りません。㈡神も語られません。なぜなら、神は人を録音機とは考えておられないからです。㈢悪霊が信者の受け身的なのを利用して、彼の口を通して語ります。こうして信者はしばしばある種の力を持って、彼の口の中で語り、「天からのメッセージ」を受けるようにさせます。語られて

これを実証しています。マタイの言葉は、迫害され試みられている状況に言及しているのであって、聖霊が信者に代わって語られることを言っているのではありません。使徒ペテロやヨハネが後ほどサンヘドリンで経験したことは、これを実証しています。

B　導き

「あなたが右に向き、あるいは左に向くと、あなたの耳は後ろから、／『これが道だ、それに歩め』と言う言葉を聞く」（イザヤ三〇・二一）。信者は、この節が特に千年王国でのイスラエル人――神の肉の民――のことを言っていることを知りません。その時には、悪霊の欺く働きはないでしょう。信者たちは、超自然的な声によるこのような導きを最高のものと考えます。彼らは自分が他人よりも高く、常に超自然的な導きを持っていると考えます。彼らは自分の良心も直覚も用いません。彼らはただ受け身的に超自然的な声を待っているだけです。彼らは、自分は思い、考え、選択し、決定する必要はない、ただ受け身的に「従えば」よい、と考えます。彼らはこの声を、自分の直覚と良心に取って代えます。その結果、（一）信者は自分の良心と直覚を用いません。（二）神は彼に機械のように従うようには命じられません。（三）悪霊は超自然的な声を用いて、直覚の啓示に置き換えます。こうして、悪霊は信者たちにとりつくのです。

その後、信者たちはもはや直覚の促し、良心の声、自分の理解していること、感じていること、他の人の言うことを顧みません。彼らはただかたくなに、一瞬たりとも考えることなく、超自然的な声に従います。こうして彼らの道徳水準は、次第に堕落していき、それに気づきさえしなくなります。なぜなら、彼らは悪霊に彼らの良心に取って代わらせ、もはや善悪を識別することはできないからです。

C　記憶

「慰め主……は、あなたがたにすべての事を教え、またわたしがあなたがたに言ったすべての事を思い起こさせてくださる」(ヨハネ十四・二六)。この言葉の意味は、聖霊が彼の思いを照らして、彼に主の言葉を思い起こさせることであることを、信者は知りません。それは、もはや自分の記憶を用いる必要はない、神が自分にあらゆることを思い起こさせてくださることを意味する、と彼は考えます。こうして、信者は自分の記憶を受け身に陥らせ、意志が記憶を用いることをもはや経験しなくなります。この結果、(一)信者は意志を活用して自分の記憶を用いることをしません。(二)神もそれを用いられません。なぜなら、だれも彼と同労しないからです。(三)悪霊がやって来て、当《とう》を得たことをすべて彼の前に羅列し、拒絶することができないようにします。信者の意志は受け身的になり、もはや自分の記憶を支配するすべがなくなります。

D　愛

「聖霊を通して、神の愛がわたしたちの心の中に注がれているからです」(ローマ五・五)。信者はこの節を、自分は愛してはならない、聖霊が神の愛を与えてくださる、という意味であると誤解します。彼らは、神が彼らを通して愛し、神の愛を十分に供給してくださり、神の愛に満ちることができるようにと求めます。彼らはもはや愛しません。彼らは神が、自分が愛するようにしてくださるようにと求めます。彼らはもはや自分の愛する能力を用いないで、自分の愛する機能を冷たく麻ひした状態に陥らせます。その結果、(一)信者自身は愛しません。(二)神は人も人の天然の愛の機能も否定せず、超自然的な愛を人に与えられません。(三)悪霊が人に取って代わり、彼らの意志にしたがって、彼らの愛と憎しみを表現します。信者はこのように受け身的になり、意志を用いて自分の愛する機能を支配しないので、悪霊に、一種の愛の代替品を与えさせます。結局、信者は木や石のようになってしまい、すべてのものを冷たく感じ、何が愛であるのかわからなくなります。こういうわけで、多くの信者は聖《きよ》くなるのではなく、固くなり、近づき難くなるのです。

主イエスは言われます、「心を尽くし、魂を尽くし、思いを尽くし、力を尽くして、主であるあなたの神を愛しなさい」(マルコ十二・三〇)。これはだれの愛でしょうか？　だれの心、だれの精神、だれの思い、だれの力でしょうか？　もちろん、わたしたちのものです。わたしたち自身の命は死ぬべきですが、わたしたちのこれらの機能は、依然として残るべきです。

E　謙そん

「わたしたちは、自分自身を推薦するどのような者たちとも、あえて自分を同列に置いたり、比較したりはしません」(Ⅱコリント十・十二)。信者は謙そんの意味を誤解して、あらゆることで自分を隠すべきであると考えます。その結果、神が許される正当な自重心《じちょう》がなくなってしまいます。自らを卑しめることは、受け身ととりつかれることとの変装です。その結果、(一)信者は自己を否定します。(二)神は彼を満たされません。(三)悪霊が彼の受け身的なことを利用して、彼をさらに「へりくだらせ」ます。

信者がこのようにとりつかれて自己を卑しめる時、彼の周囲はすべて暗く、絶望的で、弱くなるように見えます。彼に接する人は、一種の冷たさ、意気消沈、憂いを感じます。重要な時に、彼は後退し、人を当惑させます。神の働きは、彼にとって何の重要さもありません。言行において、彼は「わたし」を隠すことによくよく注意します。ところが、彼がこのようにする時、彼の「わたし」は、むしろますます暴露されます。さらに、それは真に霊的な人を妨げます。神の王国に大きな必要がある時、彼は極端に自己を卑しめるゆえに、指も挙げられなくなります。彼に現れるのは、長く続く無能、絶望、不可能、感傷の感覚です。信者は、これは自分を考慮しない真の謙そんであると考えます。彼は、これが悪霊の過度に内省させる働きの結果であることを、ほとんど知りません。真の謙そんは、神を仰ぎ見、前進するものです。

神の案配

この世には、人の意志以外に、二つの完全に相反する意志があります。神は、わたしたちが彼に服するだけでなく、サタンに抵抗することも願っておられます。ですから、神はこれら二つの事を二度、聖書に置かれました。ヤコブの手紙第四章七節前半は、「神に服従しなさい」と言い、後半は、「悪魔に抵抗しなさい」と言います。ペテロの第一の手紙第五章六節から九節は言います、「ですから、神の力ある御手の下にへりくだらされなさい……あなたがたの敵である悪魔……彼に抵抗し、信仰において堅固でありなさい」。これは真理のバランスです。信者は遭遇するいっさいのことで神に服従し、神が自分のために案配してくださることは最高のものであると承認すべきです。彼は苦しんでも、これが神のみこころであるがゆえに、甘んじて服従します。これが、わたしたちが第一章で述べたことであり、真理の半分です。使徒たちは、わたしたちが偏る危険性があることを知っていたので、直ちに、わたしたちは服従した後、悪魔に抵抗しなければならないと言いました。これは、神のみこころ以外に、悪魔の意志もあるからです。多くの時、特にわたしたちの境遇において、彼は神のみこころを偽造します。もしわたしたちが誤解して、この世には神のみこころがあるだけであると考えるなら、悪魔に欺かれて、彼の意志を神のみこころと考えるでしょう。ですから、神はわたしたちが彼に服従し、同時に悪魔に抵抗することを願われるのです。抵抗することは、意志の働きです。抵抗するとは、意志が反対し、願わず、肯定せず、賛成しないことです。神はわたしたちが意志を用いることを願われます。ですから、彼は「抵抗しなさい」と言われるのです。神はわたしたちに代わって抵抗することはされません。わたしたち自身が抵抗しなければなりません。わたしたちはなおも意志を持ち、意志を用いて神の言葉に聞き従うべきです。これが聖書の教えです。

ところが信者は誤解して、神のみこころは彼の案配の中に現れると考えます。彼にとって、自分に臨むことはすべて神のみこころです。必然的に、彼の意志はもはや選択し、思い、決定し、抵抗し、あるいは別のことをする必要はなくなります。彼はただ静かにいっさいのことを受け入れるだけです。これは良く聞こえ、また正しいようですが、誤解を免れ得ません。もちろん、神の御手がいっさいの事柄の背後にあることを、わたしたちは承認します。わたしたちはまた、神の御手に完全に服すべきであることも知っています。ところが、これは「行為」である以上に、「態度」であるのです。わたしたちに臨むことが神の命令されたみこころであるなら、わたしたちには言うことがあるでしょうか？　これは態度の事柄です。わたしたちは進んで神に服従しようとした後、一歩進んで質問してみるとよいでしょう、「これらのことは悪霊からか、それとも神が許されたことか？」。それが神の命じられたことであるなら、わたしたちには何も言うことはありません。ところがそうでなければ、わたしたちは神と同労してそれらに抵抗すべきです。わたしたちは日ごとに試し、調べるのでなければ、いっさいの環境に服すべきではありません。態度はいつも同じであるべきであり、実行は環境を理解してはじめてなされるべきです。そうでないと、悪魔の意志に服することになります。

信者は頭脳のない人であってはならず、完全に受け身的で環境に支配されてもいけません。むしろ、遭遇するすべてのことで、いつも活発で、主導的で、意識を持ち、その源を考察し、その性質を試し、その内容を理解し、行動の過程を決めるべきです。神に服することは重要ですが、これは盲目的に服することではありません。活発に考察することは、わたしたちが環境の中で神に背いてもよいという意味ではなく、わたしたちが神に服従する心を持ち、しかもわたしたちが服従しているのは神に対してであるかを知るのを願うことです。今日、態度が服従的である信者は少数です。これは、神について何かを知っているとしても、服従するのは少数であることを意味します。彼らは神によって砕かれていても、ある事柄が神からであるかを決めかねます。何かが彼らに臨むなら、彼らは問うこともなく受け入れます。釣り合いの取れた真理は、態度が服従的であり、しかも、源がはっきりしてはじめて受け入れます。

多くの完全にささげた信者は、この違いがわかりません。彼らはただ受け身的に環境に服従し、すべては神の案配であると考えます。これは悪霊に、彼らを利用して苦しめる機会を与えます。悪霊は環境をわなのように用意して、信者たちに彼らの意志を遂行させます。彼らは嵐《あらし》を起こし、信者たちに彼らの害を受けさせます。彼らはこのようにして、信者たちに他の人の罪の害を受けさせ、これが「邪悪な者に抵抗して」(マタイ五・三九)はならないことであると考えさせるのです。神は彼らに、「罪と格闘して」(ヘブル十二・四)、環境に打ち勝つことを通して、この時代の霊に勝利することをも望んでおられるのを、彼らはほとんど知りません。

このように行なった結果、(一)彼らはもはや自分の意志を用いて選択したり決定したりしません。(二)神は環境において彼らを圧迫されません。(三)悪霊は環境を利用して、彼らの受け身的な意志に取って代わります。こうして信者たちは悪霊に服従し、自分は神に服従していると思うでしょう。

苦しみと弱さ

信者は完全にささげているゆえに、十字架の道を取ってキリストのために苦しむべきである、と考えます。彼はまた、自分の天然の命は役に立たないと考え、神から力を受けることを願い、甘んじて弱くなり、こうして強くなることを望みます。苦しみも弱さも神を喜ばせますが、信者の誤解のゆえに、いずれも悪霊が働く根拠となります。

信者は苦しむことが最高の利益であると考えます。彼はささげた後、その苦しみがどのような手段で来ようとも、受け身的に、自分に臨むあらゆる苦しみに服します。彼は、このような苦しみが主のためであり、それには褒賞も利益もあると信じます。彼は、もっぱら自分の意志を活用して、神が選んでほしいものを選び、悪霊が与えるいっさいのものに抵抗しなければならないことを、理解しません。もし彼が受け身的にあらゆる苦難を受けるなら、悪霊はよい機会を得て、信者に彼らの苦しみを受けさせるでしょう。受け身的に苦しみを受けることは、悪霊に、信者を苦しめさせるでしょう。信者は苦しみを受けた後、それは神からであると信じて――悪霊の虚偽を信じて――悪霊に、彼を長期間の苦しみの下に置く機会を与えます。信者は自分の苦しみが、悪霊が働く条件を満たした結果であり、それが神から来たものではないことを知りません。彼は、自分は教会のために苦しんでおり、キリストの苦しみの欠けたところを補っていると考えます。彼は、自分は殉教者であると思い、単なる被害者にすぎないことを知りません。彼は苦しみを栄光とし、これがとりつかれる兆候であることを知りません！

一つのことが注意するに値します。悪鬼にとりつかれることから来る苦難は、すべて意味がありません。それらは絶対に何の結果もなく、目的もありません。苦しみ以外に、何の意義もありません。さらに、それが神からであるという、わたしたちの直覚の中の聖霊の証しもありません。それは信者が思っているにすぎないのです。

信者は少し考察するだけで、自分が献身する前は、このような経験がなかったことを見いだすでしょう。彼は主に自分自身をささげ、苦しむことを選んではじめて、このような経験を持ったのです。さらに、彼はこのように選んだ後、すべての苦しみを受け入れ、それはすべて神からであると考えます。事実、すべてではなくても、大多数は暗やみの権勢から来ています。彼は悪霊に地位を与え、彼らの虚偽を信じたので、その一生は苦難に満ちるようになりました。理由もなく、原因もわからず、何の効果もありません。信者が悪鬼にとりつかれたことについて知るなら、この事も理解するでしょう。悪鬼にとりつかれているゆえに、取り除くことのできない多くの罪があります。多くの知られない源から来る苦しみも、悪鬼にとりつかれているからです。信者は悪鬼にとりつかれることの真理を知った後、罪を取り除き、意味のない苦しみも取り除くことができるでしょう。

弱さについて、信者はやはり同じような誤解をします。彼は、神の力を得るために、長い間弱くあるべきである、と考えます。彼は使徒の言葉、「わたしは弱い時にこそ、強いからです」(Ⅱコリント十二・十)を考え、「強くあるために弱くなければならない」と思います。彼は自分の経験の一つを語っているにすぎませんでした。彼はただ、自分が弱い時に、神の恵みが自分を力づけて神のみこころを達成させた、と言っているのです。パウロはこの弱さを求めませんでした。彼は実際に弱かったのですが、神は彼を強くされました。これは、信者が弱さを選ぶようにとの勧めではありません。パウロには、神が強くしてくださるために、強い信者がことさら弱さを選ぶように、という意図はありませんでした。彼は、すでに弱い信者が、強くなることができると指示したのです！

ことさら弱さを選ぶのは間違いです。それは悪霊に機の熟した機会を与えます。弱さを選び、苦難を選ぶことは、いずれも悪霊が働く条件を満たします。なぜなら、それらはもっぱら人の意志を悪霊の側に置くからです。多くの信者は当初は健康でしたが、弱さを選んでしまい、こうすることによって、神にあって強くなると考えます。驚いたことに、彼らは、自分の選んだ弱さが日ごとにますます明らかになってきて、彼らの望んでいる強さが決して実現しないことを見いだします。最後には、彼らは他の人の重荷となり、神の働きにおいて完全に無用になります。このように弱さを選ぶことは、決して神の力をもたらすことはなく、かえって悪霊が攻撃する機会を与えるでしょう。もし信者がそのような弱さにはっきりと抵抗し、反抗し、拒絶しなければ、長い間、弱いままになるでしょう。

最も重要な点

わたしたちが扱ってきた多くのことは、極端な人の行為についてです。多くの人にはこのように極端な挙動はありません。それにもかかわらず、その原則は同じです。意志において受け身的であり、あるいは悪霊が働く条件を満たす人はだれでも、悪鬼が内側で働いていることを見いだすでしょう。多くの信者が意識的に選ばなかったとしても、無意識のうちに、受け身に陥り、悪霊に地位を与えて、危険な地位に陥ります。以上に述べた経験のあるすべての人に、自分が悪霊に働く条件を与えているかどうか、自らに問わせてみてください。これは彼らを、多くの虚偽の経験や不必要な苦痛から救うでしょう。

わたしたちは、悪霊が聖書の真理を利用することを知っています。しかし彼らが利用する真理は長く伸びすぎて、本来の地位を越えています。自己を否むこと、服従、神の案配を待つこと、苦しむことなど、すべては聖書の真理です。ところが、信者が霊的な命の原則を知らないゆえに、悪霊は信者の愚かさを利用して、彼らが働く条件を満たさせるのです。わたしたちがもしあらゆる教えについてその原則を考察しないで、それが聖霊の働きと符合するのか、それとも悪霊の働きと符合するのかを見ないなら、欺かれるでしょう。すべての真理は少し伸びるだけで、大きな危険となります。ですから、注意しなければなりません。

今わたしたちは、わたしたちの上での神とサタンとの働きの原則の根本的な区別について、極めてはっきりしていなければなりません。(一)神は信者が自分の意志を通して、全存在のあらゆる能力を活用し、神と同労して、聖霊に満たされることを願われます。(二)悪霊は、信者が受け身的になり、全存在のあらゆる能力のすべて、あるいは局部を放棄して、その働きを便利にすることを要求します。

前者は、聖霊が人の霊を満たし、人の霊に命、力、解放、拡大、更新を与え、人の全存在を強め、人を奴隷状態から自由にすることです。後者は、悪霊が人の受け身の器官を占領することです。もし人がそれを察しなければ、それらは人に人格と意志を失わせ、それらの操り人形にし、監禁し、圧迫し、捕虜にし、強迫し、包囲します。それらは人の魂と体を征服して、人を束縛し、自由を奪い去りたいのです。前者は、信者に直覚の中で神のみこころを理解させた後、信者が思いを用いて思い、理解し、自由意志を用いて全存在を方向づけ、神のみこころを成就することができるようにします。後者は、信者を外側の力で圧迫し、この力が神のみこころの代表であると考えさせます。彼は思うことも決断することもできなくなり、機械のようにこの力によって圧迫されます。

今日、数知れない神の子供たちが、無意識のうちに、自らを受け身へと陥らせ、意志と思いの機能を停止させて、とりつかれ、苦しんでいます。受け身の程度がどれほど低くても、悪霊に働かせるには十分です。もし受け身の程度が高ければ、悪霊が彼の体において、多くの超自然的な不思議を現す余地を与えます。この現れは、悪霊に余地を与えた時の魔術を行なう者に見られる現れに似ています。唯一の違いは、前者にはクリスチャンの外形があるということです。わたしたちは多くの信者の超自然的な経験、例えば、異言、ビジョンを見ること、声を聞くことなどに驚くべきではありません。これらは法則にしたがったものにすぎません。自然界であらゆることに法則があるように、霊的な領域にもあらゆることに法則があります。ある種の現象や行為があるなら、必ずその現象や行為から生じる結果がなければなりません。法則を定められる神は、法則を守られる神です。ですから、もし人がことさら、あるいは意図しないでこの法則を犯すなら、必ずそれなりの結果を持つでしょう。あなたがクリスチャンであっても、魔術を行なう者であっても、受け身的であるなら、悪霊はあなたにとりつくでしょう。人が意志、思い、力を用いて神と同労するなら、神の聖霊は働かれるでしょう。これも一つの法則です。

第四章　自由へと至る道

献身した信者は、愚かにも、欺かれて、何年間も受け身へと陥り、しかも自分の地位の危険を知らないことがあり得ます。彼は時間がたつにつれてますます受け身的になり、受け身の範囲は思い、感情、体、環境に言い知れない痛みを加えるまでに大きくなります。ですから、献身の真の意義を彼に伝えることは重要です。わたしたちは前の章で知識の重要性を強調しましたが、これは、人を受け身から救い出すことで、真理を知ることが絶対に重要であるからです。真理の知識がなければ、解放を経験することは不可能です。受け身的な信者がこのような地位に落ち込むのは、欺きのゆえであり、欺きの原因は愚かさと無知です。愚かさと無知がなければ、欺かれることはあり得ません。

真理を知る

わたしたちはすべてのことについて真理を知らなければなりません。神と同労することについての真理、悪霊の働きについての真理、自分をささげることについての真理、超自然的な事柄についての真理を知らなければなりません。これが解放の第一歩です。信者は自分のすべての経験の源と性質についての真理を知ってはじめて、解放の望みを持つことができます。信者は(一)欺かれ、こうして(二)受け身的になり、(三)とりつかれ、(四)さらに欺かれて受け身的になります。ですから、信者が自由になり、とりつかれることを免れ、とりつかれることから来る欺きと受け身を免れたいのであれば、受け身を取り除かなければなりません。第一の点、欺きが取り除かれれば、他の点、受け身、とりつかれ、さらなる欺きと受け身は、次第に崩れていくでしょう。人が欺かれると、悪霊が入ってくる門を開きます。受け身的になると、悪霊が立ってとどまる地位を与えます。このように行なった結果、悪鬼にとりつかれます。とりつかれることから解放されるためには、受け身を取り除かなければなりません。受け身を取り除くためには、欺きを取り除かなければなりません。欺きを取り除くためには、真理を知らなければなりません。ですから、真理を知ることは、解放されるための第一歩です。実に、ただ真理だけが人を自由にするのです！

わたしたちは本書の初めから、すべての超自然的な経験（ビジョン、声、奇跡、不思議、炎、異言、感覚など）の危険性を繰り返し警告してきました。それは、すべての超自然的な経験が拒絶され、廃棄され、反対されるべきであるという意味ではありません。そのように言うのは非聖書的です。なぜなら、聖書は、神が多くの超自然的な事柄を行なわれたことを告げているからです。わたしたちの目的は、超自然的な経験の源はただ一つではないことを、信者たちに見せることです。神が行なうことができることを、悪霊もまねることができます。何が神からであり、何がそうでないかを識別することは、非常に重要です。信者がもし感情の命に対して死んでおらず、感情における経験を切に慕い求めるなら、欺かれるでしょう。わたしたちは、信者はいっさいの超自然的な事柄を拒絶すべきであると言っているのではなく、信者はサタンの超自然的な事柄をいっさい拒絶すべきであることを勧めているのです。この章では、聖霊の働きと悪霊の働きとの根本的な違いを指摘し、信者が両者をどのように区別するかを知るようにしたいと思います。

今日、信者たちは、超自然的な事柄で特に欺きを受けやすいです。これらの欺きのゆえに、彼らは悪霊にとりつかれます。わたしたちが切に望むのは、信者が時間を費やして超自然的な事柄を識別し、欺かれるのを免れることです。信者は、聖霊が超自然的な経験を彼に与えられても、彼は依然として自分の思いを使い得ることを、決して忘れてはいけません。彼はそのような経験をするために、完全に、あるいは部分的に受け身になる必要はありません。そのような経験をした後でさえ、彼はなおも自分の良心を用いて、善悪を識別し、受け入れるか拒絶するかを決定することができます。強制があるべきではありません。もし悪霊が超自然的な経験を人に与えるとしたら、人をまず受け身の状態に陥らせ、思いを空白にならせ、いっさいの挙動を外側の力によって強制させなければなりません。これが根本的な違いです。コリント人への第一の手紙第十四章で、使徒は聖徒たちの霊的で超自然的な賜物について語っています。その中には、啓示、預言、異言、その他の超自然的な表現があります。使徒は、それらがすべて聖霊から来たものであることを承認しています。しかし三二節で、彼はこれらの神聖な賜物の性質を告げています。「預言者の霊は預言者に服従する」。使徒は、預言者(信者)が真に聖霊からのものを得たのであれば、彼が得た霊は彼に服従すると言いました。聖霊が各種の超自然的な経験を人に与えるのであれば、霊はやはり彼に服従します。聖霊は人の意志に逆らってその体のどの部分も用いようとされません。人はやはり自らを治めるべきです。預言者(信者)に服従する霊だけが、神からのものです。預言者の服従を要求する霊はすべて、神からのものではありません。ですから、わたしたちは超自然的な事柄をすべて拒絶すべきではありませんが、超自然的な霊が自らに受け身的に服従することを、わたしたちに要求しているかどうかを調べなければなりません。異言やその他の類似の賜物を受けた人が、自らを治めることができないなら、話したい時に話すことができず、静かにしていたい時に静かにすることができず、座っていることができないで、地に身を投げることを強制され、外からの力が彼を治めるなら、これは、彼の受けた霊が悪霊であることを示します。これが、聖霊と悪霊との働きの根本的な違いです。前者は人が完全な自由を持つことを欲しますが、後者は人が受け身になることを欲します。ですから、信者は、自分の経験がどこから来たのかを知りたいなら、自分が受け身的であるかどうかを調べ、見いだすべきです。これがすべての問題を解決するでしょう。信者が欺かれるのは、この基本的な真理を知らないからです。

ですから、信者は自由が欲しいなら、自分の愚かさを取り除かなければなりません。言い換えれば、真理を知らなければなりません。真理を知るとは、ある事柄の真相を知ることを意味します。サタンの虚偽は信者を束縛しますが、神の真理は信者を自由にします。ところが、ここに問題があります。真理を知るためには代価が必要です。なぜなら、この真理は、信者が過去に経験したことから得た虚栄を打ち砕くからです。彼は、自分は他の人より二倍も進歩している、自分はすでに霊的である、間違いは犯していない、と考えます。彼が悪鬼にとりつかれている可能性があることを承認させ、事実すでに悪鬼にとりつかれていることを証明するのは、何と難しいことでしょう！　もし信者が神のすべての真理に忠実になろうとしないなら、彼を苦しませ、へりくだらせる真理を彼が受け入れるのは、非常に難しいでしょう。好むものを受け入れるのは難しくありません。人の虚栄を取り去る真理を受け入れるのは容易ではありません。しかしながら、この真理に激しく抵抗する者は注意すべきです。そうでないと、彼は悪鬼にとりつかれてしまいます。自分が欺かれることがあり得るのを知ることは容易です。自分がすでにとりつかれていることを知り、これを承認するのは、何と難しいことでしょう！　神は恵みを与えてくださいました。そうでないと、わたしたちが真理を知っているとしても、なおもそれに抵抗するでしょう。真理を受け入れることは、救いへの第一歩です。わたしたちは、進んで自分に関するいっさいの真理を知らなければなりません。それにもかかわらず、自分が霊的であることと超自然的な経験の真相を知るためには、へりくだりと誠実さを必要とします。

とりつかれた信者が真理を得る道はさまざまです。ある人はとても激しく束縛されているので、あらゆることで自由を失っています。その結果、これは彼らを目覚めさせ、自分の真相を知らせます。ある信者は、彼らの経験の九十九パーセントが神から来たように見えても、ほんのわずかの間違った要素が混ざっているので、彼らの疑惑をひき起こし、自分の経験が真に神からのものかを疑わせ、これによって真相を知ります。ある信者は、他の信者が真理を彼らに告げ、真相を知らせるゆえに知ります。どのような場合でも、信者が真相を知ったなら、最初の一線の光を決して拒絶してはいけません。

疑うことは真理を得る第一歩です。これは聖霊を疑うことでも、神と彼の言葉を疑うことでもなく、自分の過去の経験を疑うことです。この疑いは必要であり、聖書的でもあります。なぜなら、神はわたしたちが霊を試すことを願われるからです(Ｉヨハネ四・一)。あることを信じても、それを試す必要はありません。試さなければならないのは、それがどこから来たのかを決定できないからです。わたしたちはよく間違った考えを持ち、このように試すのは聖霊に罪を得ることであると思います。わたしたちは、聖霊がこのような試しをしてもらいたいことを知りません。あるものが聖霊からであれば、それが試されたとしても、やはり聖霊のものです。もしそれが悪霊からであれば、虚偽として暴露されます。神はあなたを今日の地位に陥れられたのでしょうか？　聖霊の働きに矛盾があり得るでしょうか？　あなたはどんなことでも決して間違いを犯さないことがあり得るでしょうか？

信者は真理の光を少し受けた後、自分が欺かれることが大いにあり得ることを認めるでしょう。これは真理に働く機会を与えます。信者の犯す最大の間違いは、自分は決して間違わないと思うことです。ある人は間違うことはあっても、自分は決して間違わないと思うことは、彼に最後まで欺きを受けさせます。しかし彼がへりくだった後、自分は欺かれていたことを見るでしょう。彼が神の働きの原則と悪霊の働きの条件を比較するなら、自分の過去の経験が、すべて受け身の中で得てきたことを見るでしょう。彼は悪霊の働きの条件を満たし、多くの奇異な経験を持ちます。初めのうち、それらは彼を幸いにしましたが、後には彼を苦しめます。彼が自分の過去の経験、神の働きの原則、悪霊の働きの条件を比較するなら、自分が神と活発に同労していなかったこと、むしろ受け身的に神のみこころに従おうとしていたことを知るでしょう。ですから、彼のすべてのすばらしい、あるいは苦しい経験は、悪霊から来ていたに違いありません。こうして、彼は自分が欺かれていたことを認めます。信者は真理を受けるだけでなく、それを承認しなければなりません。真理を承認してはじめて、サタンの虚偽が消滅します。信者の経験は次の段階にしたがっているべきです。(一)信者が欺かれる可能性があることを信じる。(二)自分も欺かれる可能性があることを信じる。(三)自分は欺かれていることを認める。(四)自分はなぜ欺かれているのかを問う。

地位を見いだす

断定して言えるのは、信者は悪霊に地位を与え得るということです。この地位とは何であるかを問う必要があります。信者は自分の内側にどういう地位を持っているかを問う前に、まず地位とは何であるかを考察する必要があります。そうでないと、悪鬼にとりつかれていることをそうでないと考え、悪鬼にとりつかれていないことを悪鬼にとりつかれると考えるでしょう。おそらく、彼は、暗やみの権勢との霊的戦いを、悪鬼にとりつかれることから自由にされるための戦いと混同するでしょう。こうして、彼は悪霊に、働きをする便利さを与えるでしょう。

罪の事柄に加えて、信者は、悪霊の欺きを受け入れる時はいつも、意志を受け身的にし、悪霊の注入された思想を信じる時はいつも、それらに地位を与えます。（この点は前の章ですでに論じました）。わたしたちが今注意しているのは受け身です。受け身的であることは、自分の思いや体を完全に活気のない状態――自分の各種の能力を用いない状態へと陥れます。それは意識的に思いを管理することを停止し、意志、良心、記憶を用いることを停止します。受け身になることによって、重要な地位を明け渡してしまいます。信者たちの間で、受け身の程度はさまざまです。受け身の程度の深さは、人のとりつかれている程度の深さを測ります。それにもかかわらず、信者が陥った受け身の程度がどれほどであっても、受け身がある限り、この地位を取り戻すべきです。信者は確定的に、はっきりと、長く、悪霊が彼におけるどのような地位も得ることに反対すべきです。特に自分が欺かれた領域において反対すべきです。欺かれた信者が自分の放棄した地位を知り、この地位を取り戻そうとするのは極めて重要です。

悪鬼にとりつかれることについての通常の思想は、主の御名によって悪鬼を追い出す必要がある、ということだけです。ところが、信者の悪鬼にとりつかれることに対して、この方法は、十分ではありません。なぜなら、信者がとりつかれることと異教の人がとりつかれることとは、原因が違うからです。異教の人がとりつかれるのは罪のゆえであり、信者がとりつかれるのは欺きのゆえです。ですから、救われる方法は、もはや欺かれないことです。悪鬼にとりつかれることの原因が欺きであり、わたしたちがただ悪鬼に出て行けと命じるだけなら、わたしたちが取り扱っているのは結果だけであって、原因ではありません。これは一時的には効力があっても、長く続く自由は得られません。悪鬼にとりつかれた原因――地位――を対処しなければ、悪鬼は一時的に従って出て行っても、彼らがまだ占有している地位によって、戻ってくるでしょう。これは一種の理想ではありません。これが、主がマタイによる福音書第十二章四三節から四五節で言われたことです。悪鬼が以前住んでいた「家」が壊れなければ、彼らはしばらく離れても、すぐに戻ってくるでしょう。そしてその人の状態は、前よりももっと悪くなるでしょう。この「家」は、人が悪霊に与えた地位です。

ですから、悪鬼を追い出すことは重要ですが、さらに地位を対処することは不可欠です。地位が対処されていなければ、悪鬼を追い出すことは役に立ちません。なぜなら、悪鬼はまた戻ってくるからです。こういうわけで、多くの信者は、主の御名によって悪鬼を追い出しても、自らに、あるいは他の人に、長く続く自由を得させることができないのです。悪鬼が追い出されることはできても、地位は追い出されることができません。地位は取り戻す必要があります。欺かれた地位、受け身的な地位を、もっぱら、継続的に取り戻さなければ、長く続く自由はないでしょう。

信者がもし悪霊に与えた地位を対処しなければ、それは悪霊に入ってこさせ、とどまらせる原因になります。主の御名によって自らの上の、あるいは他の人の悪鬼を追い出し、そして悪鬼は去ったように見えても、その人は真に自由ではありません。これは、悪鬼のある種の現れがなくなったにすぎません。彼らは別の種類の現れに変えるでしょう。あるいは今の現れをいったんやめて、さらに重大な攻撃を避けるでしょう。信者があまり注意深くない時に、彼らは現れを更新するでしょう。簡単に言えば、地位が対処されなければ、悪鬼はまだ何かをつかんでいます。思いは真理を受け入れ、意志は活発に、主導的に、固くいっさいの地位に反対しなければなりません。これが唯一の方法です。

ですから、信者が、自分は欺きによって悪鬼にとりつかれていることを見たなら、光を求め、自分の地位がどこにあるのかを知り、この地位を取り除くべきです。悪霊が入ってくるのは、自分に与えられた地位を通してです。地位を取り除けば、彼らは離れるでしょう。

ですから、信者がある事で悪霊に地位を与えてしまったことを見いだしたなら、すぐさま地位を取り戻すべきです。彼は自主、自治を明け渡し、受け身に陥ってとりつかれたのですから、活発に自分の意志を用い、神の力を通して、さまざまな試みや苦難の中で、暗やみの勢力に反対し、当初、悪霊に与えた約束を取り消すべきです。受け身は徐々に来るのですから、徐々に取り除かれます。信者は発見した受け身の程度に応じて、それを拒絶することができます。もし受け身の期間が長く続くなら、解放にも長くかかります。下山するのは容易ですが、山登りは困難です。受け身になるのは容易ですが、自由になるのは困難です。信者は、明け渡した地位を取り戻すには全存在の同労を要します。こうしてはじめて自由になることができます。

信者は祈って、自分がどこで欺かれたのかを、神が見せてくださるように求めるべきです。彼は誠心誠意、神が自分の全存在の真相を見せてくださるように願わなければなりません。一般的に言って、信者が聞くのを恐れ、人が述べる時に不安になる事は何であれ、彼が悪霊に地位を与えたものです。もし信者があることを対処するのを恐れるなら、それを対処すべきです。なぜなら、十のうち九まで、悪霊が背後の地位を占めているからです。信者は神から光を受けて、自分の症状とその原因を検査すべきです。自分の症状を知った後、はっきりと悪霊から自分の地位を取り戻すべきです。光は不可欠です。そうでないと、信者は超自然的なことを自然なことと考え、悪霊に属することを肉体に属することと考えるでしょう。これは悪霊に、何の妨げもなく、長くとりつかせます。このような態度は、悪鬼に「アーメン」と言うのと同じです。

地位を取り戻す

悪霊にいっさいの地位を与える中に、一つの共通の原則があります。それは受け身です。これは、意志が活動的でないことを意味します。ですから、地位を取り戻すために、意志は再び活発でなければなりません。信者は(一)神のみこころに従い、(二)サタンの意志に反対し、(三)自分の意志を活用して、自らを聖徒たちの意志と結び付けなければなりません。地位を取り戻す責任は、意志の上にあります。意志が受け身的であれば、受け身に反対しなければなりません。

意志が取るべき第一段階は決定することです。決定するとは、意志をある方向に定めることです。悪霊に苦しんだ信者が、真理によって照らされ、聖霊によってかき立てられると、もはや悪霊にとりつかれ続けることに耐えられなくなります。自然に、彼は神によって悪霊を憎む位置に導かれます。彼は悪霊のいっさいの働きに反対するよう決定します。彼は自分の自由を再び得、自主的になることを決定します。彼はまた悪霊を駆逐《くちく》することを決定します。神の聖霊は彼の中で働いて、悪霊に対する憎悪を起こさせるでしょう。彼は苦しめば苦しむほど、ますます憎みます。縛られれば縛られるほど、ますます憎みます。思えば思うほど、ますます憎みます。時間が過ぎれば過ぎるほど、ますます憎みます。最後には、暗やみの勢力から完全に脱することを決定します。このような決定は、地位を取り戻すことの第一段階です。この決定が真実であるなら、彼は地位を取り戻す時、どれほど悪霊に反対されても、戻らないでしょう。彼は決定し、今後は悪霊に反対すると決断したのです。

信者はまた自分の意志を活用して選ばなければなりません。これは、自分の将来を選ぶことを意味します。戦いの日に、信者の選びは有効です。信者は常に、自分は自由を選ぶ、自由が欲しい、受け身になりたくない、と宣告すべきです。彼は自分の能力を用いて、悪霊のいっさいの計略を知るでしょう。彼は悪霊が失敗することを願い、暗やみの勢力を完全に断ち切ることを願います。彼は悪霊のすべての虚偽と言い訳を拒絶します。このように意志を用いて選び、繰り返し宣告することは、戦いにおいて大いに益があります。このような宣告は、信者がそのような選択をしたことを表明することにすぎず、信者がそうするように決定したことを意味するのではないことを、わたしたちは知らなければなりません。暗やみの力は、信者が「決定した」ことの影響は受けません。しかしながら、信者が神の力によって、自分の意志を用いてはっきりと悪霊に反対することを選ぶなら、彼らは逃げ去るでしょう。これらはみな、人が自由意志を持っていることと関係があります。信者は当初、彼らが入ってくることを許しましたが、今はかつて許したのとは相反することを選び、悪霊に立場を残さないようにすることができます。

この戦いの中で、信者は意志のあらゆる働きを、活発に遂行すべきです。決定し、選ぶことに加えて、彼はまた抵抗しなければなりません。これは、意志の力を用いて、悪霊に立ち向かうことを意味します。さらに、彼は拒絶すべきです。拒絶するとは、意志が自らを閉じて、悪霊に何も与えないことです。一方で、信者は自分の内側の悪霊の働きに抵抗すべきであり、もう一方で、悪霊を拒絶すべきです。抵抗するとは、悪霊に働かせないことであり、拒絶するとは、以前、悪霊に与えたすべての約束、すなわち、彼らの働きを引き起こしたすべての約束を取り消すことです。ですから、抵抗することに拒絶を加えれば、悪霊は働くことができなくなります。まず、わたしたちは抵抗し、次に、拒絶する態度を取らなければなりません。例えば、わたしたちは悪霊を拒絶して、「わたしは決断する」と言うべきです。これは、わたしたちが意志を用いて、自由をつかむことを意味します。しかし、わたしたちはまた抵抗する必要があります。これは、真に力を発揮して敵と戦い、意志が拒絶を通して得る自由を守ることを意味します。このような拒絶と抵抗は、完全に自由になるまで継続しなければなりません。

抵抗することは真の戦いです。抵抗は霊、魂、体の組み合わされた力を要します。しかしその中で主要な力は意志です。決定、選択、拒絶はすべて態度の事柄ですが、抵抗は実行の事柄です。抵抗は態度を表明する行為です。それは霊の中の格闘、すなわち、意志が霊の力をもって、悪霊が立っている地位を追い出すことです。それは暗やみの勢力の陣地に攻め入ることです。抵抗は、意志の力をもって追い払い、駆逐し、押し出すことです。悪霊は、信者が彼らに与えた地位を占有します。彼らは信者の反対する態度を見ても、依然として当初の地位を占有し、退かないでしょう。抵抗するとは、信者が「実力」をもって悪霊を駆逐することです。抵抗するとは、信者が悪霊を「押し出し」、「立ち退《の》かせる」ことです。ですから、信者は抵抗する時、自分の力を用い、意志を活用して悪霊を駆逐しなければなりません。そうでないと、態度における宣告は役に立ちません。実行と態度は同時に並行すべきです。さらに、抵抗しても拒絶しなければ、あまり役に立ちません。なぜなら、当初、悪霊に与えられた約束は、取り戻されなければならないからです。

地位を取り戻す中で、信者は意志をもって決定し、選択し、拒絶しなければなりません。彼は意志をもって抵抗しなければなりません。彼は戦うことを決定し、自由を選択し、地位を拒絶し、敵に抵抗して、さらに地位を占有したり彼の自由を束縛したりしないようにすべきです。そのような決定、拒絶、選択、抵抗の中で、信者は自分の主権のために戦っています。自由意志のことを決して忘れるべきではありません。神はわたしたちに自由意志を与えてくださいましたから、わたしたちは自分の主人であるはずです。ところが今、悪霊がわたしたちの肢体とその機能を占有し、わたしたちの「存在」の主人となってしまい、わたしたちの主権は失われました。信者は地位を取り戻す時、悪霊が彼に「置き換わる」ことに反対していますから、戦わなければならないのです。信者は常に、悪霊に自分の主権を占領させないと宣言すべきです。彼は悪霊に自分の人格を犯させません。彼は悪霊にとりつかせません。彼は悪霊に従いません。彼は悪霊に自分を利用させません。彼はさせません！　彼はさせません！　彼は自分の主人になりたいのです。彼は自分が何を行なっているかを知っています。彼は自分で自分を管理します。彼は自分の全存在を自らに服従させたいのです。彼は自分に対する悪霊のすべての働きを拒絶します。彼は自分に対する彼らのすべての権利を拒絶します。彼が自分の意志を用いて自分の決定、選択、拒絶を告げる時、悪霊は働きを続けることはできないでしょう。意志がすでに決定し、拒絶し、選択したからには、彼は自分の意志を用いて抵抗すべきです。

信者が意志を用いて地位を取り戻すなら、彼の命は新しい始まりを持ちます。間違いを犯したとしても、今は新しい始まりを持ち、悪霊にささげたすべてのものを、取り戻すことができます。彼の霊、魂、体は敵から取り戻され、再び神にささげられなければなりません。無知のゆえに悪霊に与えられたすべての地位は、拒絶されるべきです。彼らに与えられた主権は、取り戻されるべきです。方法は次のとおりです。

以前に受けたものを拒絶する。
以前近づいていたものから遠ざかる。
以前に計画していたものを取り消す。

以前に約束していたものを撤回する。
以前信じていたものを信じない。
以前行なったことを破壊する。
以前言ったことを取り消す。
以前結び付いていたものを解散する。
以前黙っていたことを語り出す。
以前に協力していたことに反対する。
以前与えたものを与えない。
以前に考慮し、相談し、約束していたものを翻す。
すべての祈り、答え、いやしを拒絶する。

これらすべては悪霊がもくろんだものです。以前、信者は悪霊を聖霊と考えていました。ですから、悪霊との親密な交わりがありました。今はこの関係についてはっきりしていますから、無知の中で与えたものを撤回しようとしています。人は悪霊に一件一件の分離した出来事において地位を与えます。ですから、地位を取り戻すためには、一つ一つ障壁を取り除いていかなければなりません。信者が自由を得るための最大の障壁は、総括的で、包括的で、はっきりしない方法で、意志を用いて地位を取り戻し、一方で、逐一、詳細に、一点一点、地位を取り戻すことを拒絶する態度です。悪霊が得た地位に総括的に反対することは、信者の態度を間違いのないものとするだけです。自由を得るためには、詳細にわたるすべての地位を取り戻さなければなりません。これは難しいように見えます。しかし、意志が自由を得たいなら、そして信者が神の光の照らしを求めるなら、聖霊が過去のすべてを指摘される時、彼はただ一つ一つに抵抗する必要があるだけです。こうしてすべては消散するでしょう。信者が忍耐して前進するなら、これが実際の救いであることを見るでしょう。一つ一つ、彼は自由に向かっていくでしょう。総括的な抵抗は、わたしたちが悪霊の働きに反対していることを表明しますが、詳細の抵抗は、悪霊に行かせ、持っていた地位を放棄させます。

信者の意志が受け身になることは、山を下るようなものです。すべてのものは下降していき、最も低い地位にまで至ります。自分の地位を取り戻すためには、戻って一歩ずつ上っていかなければなりません。彼は以前、下っていったのと同じ数の段階を、上っていかなければなりません。一段も飛び越えることはできません。彼は徐々に欺かれ、受け身に落ちていったのですから、徐々に明白になり、活発になるべきです。すべての受け身の場所は、一つ一つ翻され、一つ一つ取り戻されなければなりません。彼の足がさらに一歩行くので、さらに一歩取り戻します。以前は一歩行けば一歩下りましたが、今は一歩行けば一歩上ります。わたしたちは、最も最近、悪霊に渡したものが、最初に取り戻すべきものであることに、気づかなければなりません。わたしたちの下った最後の一歩は、わたしたちの上る最初の一歩です。

信者がこのように地位を翻すことは、当初の自由の場所に達するまでやめてはいけません。信者は自分がどこから落ちていったかを知らなければなりません。彼は当初の状態に戻らなければなりません。彼は自分の正常な状態を知っているべきです。本来、意志がいかに活発であるか、思いがいかに明らかであるか、体がいかに強くあるかを知るべきです。彼は自分の現在の状態を知って、両者を比較すべきです。そうすれば、自分が受け身によってどれほど下降したかを知るでしょう。彼は常に正常な状態を自分の前に置き、しかもこれが正常な状態の最低限度であると考えるべきです。彼は、自分の意志が活発に全存在のあらゆる部分を管理するまで、満足すべきではありません。これに到達するまでは、正常な状態に達していません。信者は自由を再び得る過程で、自分の正常な状態を確認しなければなりません。そうしてはじめて、まだ正常な状態に回復していないのに、欺かれて自分は自由である、と考えることはなくなります。

わたしたちはもはや制御することのできないもの、わたしたちの主権の外にあるようなものを、それがわたしたちの思想、記憶、想像力、是非の心、裁決力、愛の心、選択力、抵抗力であっても、あるいはわたしたちの体のどの部分でも受け身に陥り、正常な状態を失って、わたしたちを自分の主とすることができなくても、完全に再び得るべきです。わたしたちは意志を用いてこのような受け身に反対し、意志を活用して能力を用いるべきです。ひとたび受け身に陥ったなら、悪霊は受け身の器官をつかんで、それを代替して使うか、あるいはわたしたちと共に使うでしょう。わたしたちが自分の真の状態を見て、地位を取り戻そうとし、自分の器官を使う時、これはとても難しいと感じます。これは、(一)わたしたち自身の意志がまだ弱くて、すべてのものを制御することができず、(二)悪霊が力を尽くしてわたしたちに対抗するからです。例えば、信者は決断することで受け身に陥ります。たとえ彼がこの地位を拒絶し、悪霊に働かせないようにするとしても、自分の決断を用いて悪霊の管轄を受けないように決めても、彼は、(一)自分では決断できない、(二)悪霊は彼に決断して行動することをさせないことを見いだします。とりつかれた信者が悪霊の主権を翻そうとすると、悪霊は彼らの囚人に何の行動もさせないようにします。

今や信者は、受け身にとどまっているのか、悪霊に動き続けさせるのか、選択しなければなりません。悪霊に自分をこのように使わせたくないなら、たとえ一時的に何も決断することができなくても、彼は悪霊に、自分の決断力を使わせないでしょう。こうして自由のための戦いが始まります。この戦いは、完全に意志の戦いです。意志は受け身に陥ったので、全存在のあらゆる器官を受け身に陥らせます。意志(人)は主権を失い、全存在のあらゆる器官をもはや自由に制御したり支配したりすることができなくなります。その結果、悪霊が入ってきて、意志(人)に取って代わって管理し、全存在のあらゆる器官を支配します。ですから、信者が自由になりたければ、意志が起き上がって、(一)悪霊の統治に反対し、(二)失われた地位を取り戻し、(三)活発に神と共に働き、自分の全存在を用いる必要があります。あらゆるものが意志に依存しています。意志が悪霊に反対し、彼らにその器官を占有させない時、彼らは退きます。わたしたちが前に述べたように、信者が許してしまうので、悪霊は入ってきます。ですから、彼の今の拒絶は、以前の約束を取り消し、悪霊に侵犯する根拠を失わせるために必要とされます。彼がとても注意深く抵抗するなら、悪霊は働く可能性を失います。

地位は、一センチと言えども取り戻されなければなりません。欺きのどの点も暴露されなければなりません。信者は忍耐してあらゆることで敵と戦い、最後まで戦わなければなりません。彼は、すべての地位を拒絶することが、すでにすべての地位を取り戻したのではないことを知るべきです。なぜなら、拒絶した時、すべての地位がすぐに取り戻される、というのではないからです。悪霊はなおも最後のもがきをするでしょう。信者の意志は、なおも激烈な戦いを経過する必要があります。こうしてはじめてそれは強くなり、力に満ち、自由になります。ですから、地位を翻すことに対して、信者は継続して遂行しなければなりません。さらに、彼は忍耐をもって翻し、地位のあらゆる点が暴露され、拒絶され、削除されて、全存在のあらゆる器官が人の意志にしたがって転換するまでになる必要があります。すべての受け身的な器官は、正常に働く状態に回復されるべきです。思いははっきりと考え、意志が考えたい題目を考えることができるべきです。さらに、どの思いも意志の管理の外にあるべきではありません。記憶力は、人が覚えたいことを記憶することができ、欲しくない思いで満たされないようにする必要があります。体の活動——歌うこと、語ること、読むこと、祈ることも、意志によって管理されるべきです。意志は活発であって、全存在の主人となることができるべきです。人の全存在の各種の才能は、正常に機能する必要があります。

信者は悪霊が立っている地位を拒絶するだけでなく、悪霊のいっさいの働きを拒絶すべきです。信者は自分の意志を活用して、悪霊のすべての働きに反対する態度を取る必要があります。これは悪霊を苦しめます。次に、神が光を与えてくださって、悪霊の働きを知り、それらを一つ一つ拒絶するように求めなければなりません。信者の上での悪霊の働きは、(一)信者の行動を置き換え、(二)彼の行動に影響を与えます。ですから、彼らの働きを拒絶し、(一)自分の行動に置き換え、(二)自分の行動に影響を与えるべきです。信者は悪霊を起き上がらせる地位を拒絶するだけでなく、彼らをその内に守る地位をも拒絶しなければなりません。信者がこのように抵抗する時、悪霊が多くの手段で彼に反対することを見るでしょう。彼が全力を尽くして戦わなければ、正常な状態を戻し、自由を再び得ることはできません。信者がこのように戦う時、初めは自分の能力を用いることができないことを発見するでしょう。しかし、彼が全力を尽くして悪霊のすべての力を攻撃する時、彼の意志は受け身から活動へと戻り、彼は再び自分の全存在を管理することができるようになります。受け身も悪鬼にとりつかれることも、戦いの中で消滅します。

信者が戦って地位を取り戻す時、非常に苦しい時を経過します。信者は暗やみの勢力に抵抗し、自由を得ようと固く決意するゆえに、重大な苦しみと非常な発奮を感じます。彼が自分の意志を用いて、(一)悪霊の主権に抵抗し、(二)自分の職権を行使しようとする時、彼を占有していた悪霊の抵抗がいかに強いかを経験するでしょう。彼は戦い始める時、自分の堕落がどれほど深いかを知りません。彼が少しずつ悪霊と戦い始め、徐々に地位を取り戻し、悪霊の反対と束縛を感じる時はじめて、自分の堕落の深さを認識します。悪霊がとても強く抵抗し、彼らの束縛を離そうとしないので、信者は戦いを始めて地位を取り戻した後、彼の病状は以前よりも悪くなります。彼は戦えば戦うほど、ますます力がなくなっていき、敵にとりつかれる領域がますます混乱して、秩序がなくなっていくかのようです。このような状態は勝利のしるしです。信者は前よりも悪くなると感じますが、実際は良くなっているのです。なぜなら、このような病状は、信者の抵抗が効力を発揮し、悪霊が信者の攻撃を感じていることを示すからです。ですから、彼らは立ち上がって反抗するのです。しかしながら、これは彼らの最後のもがきにすぎません。信者が堅実であるなら、悪霊は必ず離れるでしょう。

この戦いの時、信者が常にローマ人への手紙第六章十一節に立って、自分は主と一つであり、主が死なれたので自分も死んだことを認めるのは、非常に重要です。このような信仰は、彼を悪霊の権威から離れさせます。なぜなら、死人に対して、悪霊は何の権威もないからです。信者はこのような地位に固く立たなければなりません。この期間、彼はまた、神の言葉を用いて敵のすべての虚偽を攻撃することを、学ばなければなりません。なぜなら、彼らは信者に、彼はあまりに深く堕落したので回復することはできない、と告げるからです。戦いの苦境の中で、特に悪霊が最後のもがきをして信者がかつてない苦痛を経験する時、彼らは信者を失望させ、彼は絶望的で自由を得ることができないと感じさせます。もし信者が悪魔に聞くなら、最も深い危険に陥るでしょう。信者は、ゴルゴタがサタンと彼の悪霊どもを破壊したことを、認識しなければなりません(ヘブル二・十四、コロサイ二・十四—十五、ヨハネ十二・三一—三二)。救いはすでに達成されました。すべての信者は経験の中で、暗やみの勢力から解放され、愛する御子の王国の中へと移されることができます(コロサイ一・十三)。さらに、地位を取り戻したことがさらに大きな苦難をもたらしたゆえに、この地位を取り戻すことを悪霊が恐れていることを知ります。ですから、なされたことは正しく、地位はさらに取り戻されるべきです。悪霊がどのような新しい現れを及ぼして信者を苦しめても、それが悪霊からであることを彼が認識している限り、その現れを拒絶し、無視すべきです。それに困ったり、談話したりしてはいけません。拒絶した後、もはや注意すべきではありません。

信者が忠実に一時的な苦悩を顧みないで、大胆に意志を用いて地位を取り戻すなら、自由が徐々に回復されることを見るでしょう。地位が逐一、拒絶され、取り戻されるなら、悪鬼にとりつかれることも、少しずつ衰微していくでしょう。信者が新しい地位を悪霊に与えなければ、悪鬼がとりつく力は、その地位が縮小し、減少するでしょう。信者が完全に自由になるにはまだ幾らか時間がかかりますが、それでも、自由への途上にあります。以前、彼には自分自身について、自分の感覚、顔かたち、日常生活について感覚がありませんでしたが、今は徐々にこれらの感覚が戻ってきます。信者は誤解して、自分の霊的な命は後退している、だからこれらのことを再び感じるのである、と考えてはいけません。彼は、悪鬼にとりつかれた時、自覚を失ってしまったのが、今は自由になり始め、感覚が戻ってきていることを、認識すべきです。このような知覚は、悪霊が彼の感覚にとりついたが、今は離れていくことを示します。信者はこの段階に達すると、忠実に前進すべきです。なぜなら、彼はすぐにも完全な解放を経験するからです。しかしながら、正常な状態に戻る前に、信者は小さな成功に満足すべきではありません。悪鬼が完全に追放されるなら、地位は完全に取り戻されるに違いありません。

真の導き

わたしたちは神の導きの方法、そして人の意志と神のみこころとの関係を理解すべきです。

わたしたちは、信者が神に服従するのは無条件であるべきこと、さらに、彼の霊的な命が最高に達する時、彼の意志が神のみこころと一つであることを知るべきです。これは、信者に意志がないことを意味するのではありません。意志の能力はなおも存在しますが、天然の気質がなくなったのです。神はなおも人の能力が神と同労し、彼のみこころを達成することを必要とされます。わたしたちが主イエスの模範を見るなら、神と一である人は、彼の意志の能力がまだ存在していることがわかります。「わたしは自分の意志を求めないで、わたしを遣わされた方のみこころを求めるからである」（ヨハネ五・三〇）。「自分の意志を行なうためではなく、わたしを遣わされた方のみこころを行なうためだからである」（六・三八）。「しかし、わたしの意のままではなく、あなたのみこころが行なわれますように」（ルカ二二・四二）。ここで、御父と一である主イエスが、御父のみこころ以外に、ご自分の意志を持っておられたのを見ることができます。ここでは、彼には彼の意志がなかったと言っているのではなく、彼はご自分の意志を求め、行ない、達成することがなかったと言っています。ですから、真に神と一である人はみな、意志の機能を取り消すべきではありません。むしろ、自分の意志を神のみこころの側に置くべきです。

真の導きとは、信者が機械のように神に服従することではなく、信者が活発に神のみこころを遂行することを意味します。神は信者がご自身に盲目的に従うことを願われません。神は信者が意識的に全存在を用いて、彼のみこころを遂行することを願われます。ところが神は、信者に怠惰になってもらいたくないのです。神は信者が受け身的に従うことを欲します。怠惰な人は、神が自分に代わって活動され、自分は活発に自分の体を備え、時間を費やして神のみこころを考察し、理解した後、主導的に服従することを願われます。わたしたちは前に、どのようにして直覚の中で神のみこころを認識するかを語りました。ですから、ここでは再び言いません。信者が神に服従することを願うなら、次の段階を経過しなければなりません。(一)神のみこころを行なうことを願う（ヨハネ七・十七）、(二)直覚の中で聖霊によって神のみこころを啓示していただく（エペソ五・十七）、(三)神によって力づけられてそれを遂行することを決断する（ピリピ二・十三)、(四)神によって力づけられてそれを実行する(ピリピ二・十三)。神は信者に置き換わって彼のみこころを遂行することはされません。信者は神のみこころを理解した後、志を立ててそれを遂行すべきです。志を立てた後、彼は聖霊の力を取って、実行的に遂行すべきです。

信者が聖霊の力を取らなければならないのは、彼の意志が単独であればあまりにも弱いからです。「意志は、自分にあるが、それをする力がない」(ローマ七・十八)、これは常にそうです。ですから、聖霊がわたしたちの内なる人を強めてくださる必要があります。そうすれば、わたしたちは実行的に神に従うことができます。まず神がわたしたちの内側で活動して、わたしたちに志を立てさせられます。次に神はわたしたちの内側で活動して、彼の大いなる喜びを行なわせられます(ピリピ二・十三)。

神はわたしたちの直覚を通して彼のみこころを啓示されます。信者の意志が神に結び付いているなら、神は信者の力を増し加えて、信者がみこころにしたがって志を立て、それを実行することができるようにされます。神は信者がみこころと一つになることを求められます。しかし神は、神の子供たちに置き換わって、彼らの意志を使うことはされません。神が人を創造し、贖われた目的は、人の意志が完全に自由になることとです。主イエスが十字架上で達成された救いのゆえに、信者は今日、自由に神のみこころを選び、それに従うことができます。こういうわけで、新約の多くの命令は(すべては命と敬虔《けいけん》にかかわることです)、信者が自分の意志を活用して選び、あるいは拒絶することを要求しているのです。もし神が意志の能力を取り消すことを願われるなら、これらの命令に何の意味があるでしょうか？

霊的な信者は、自分の意志を用いる全権を持っています。彼は常に神のみこころを選び、サタンの意志を拒絶するはずです。多くの時、彼は何が神からのものか、何がサタンからのものかを言うことはできませんが、なおも選び、拒絶することができます。彼は言うことができます、「わたしは何が神に属するものか、何が悪魔に属するものか、わからないが、神を選び、悪魔を拒絶する」。彼は何が神に属するものかわかりませんが、「動機」において神を選び、何であれ神のものを選ぶことができます。彼は、何であれ悪魔からのもの、悪魔的なものを欲しないという態度を取ることができます。彼は自分に臨むことをすべて、選んだり拒絶したりすべきです。わからなくても構いません。彼はなおも常に神のみこころを選ばなければなりません。彼は言うことができます、「わたしは神のみこころを知る時はいつも、それを欲する。わたしは常に神のみこころを選び、サタンの意志を拒絶する」。このようにして、神の聖霊は彼の内側で働いて、サタンに反対する意志を日ごとに強め、サタンが日ごとに勢力を失うまでにされます。こうして神は反逆の世にあって、もう一人の忠信なしもべを得られるでしょう。人は動機においてサタンの意志を継続的に拒絶し、神が彼からのものを証明してくださるように求める時、霊の中で、霊の命における意志の態度に大きな役割があることを知るでしょう。

自らを治める

信者の霊的な生活が最高に達した時、彼は自らを治めることができます。聖霊がわたしたちの内側で主となるとは、聖霊が自ら直接、わたしたち人のどの部分も管理されるという意味ではありません。このように誤解している人は、悪鬼にとりつかれており、命において聖霊がこのように主となっておられるのを見ないで、失望しています。聖霊が人を自治の段階に導いておられることを信者が認識するなら、受け身に陥ることはなく、むしろ、霊的な命において大いに前進するでしょう。

「その霊の実は……自制です」（ガラテヤ五・二二―二三）。自制の原文の意味は自治です。聖霊の働きは、信者の外なる人を、彼の自治に完全に服従することへ導くことです。聖霊は信者の新しくされた意志によって、彼自身を管理します。信者が肉にしたがって行動する時はいつも、外なる人は霊に反逆します。この反逆は一つのまとまった反逆ではなく、ばらばらの反逆です。信者が真に霊的であって、聖霊の実を結ぶ時、彼は自らに慈愛、喜び、柔和などを現すだけでなく、自治の力も現すでしょう。外なる人が混乱しても、今や完全に征服され、聖霊のみこころにしたがって完全に人の自治に服従します。

第一に、信者は自分の霊を管理し、彼の霊を常に正しい状態にしなければなりません。それは熱すぎることもなく、圧迫しすぎることもなく、正当な地位にあるべきです。霊はその他の部分のように、意志の管理の下にあるべきです。信者は思いが新しくされ、聖霊の力に満ちた時にのみ、自分の霊を支配し、正当な地位に保つことができます。経験のある信者は、自分の霊が発狂する時、意志を用いてそれを制止すべきであることを知っています。霊がしいたげられる時、意志を用いてそれを引き上げるべきです。こうしてはじめて、信者は毎日、霊の中を歩くことができます。これは、わたしたちが以前に言った、霊が全存在を管理することと矛盾しません。霊が全存在を管理すると言うのは、霊の直覚が神のみこころを表明することを意味します。ですから、霊は神のみこころを通してわたしたちの全存在（意志を含む）を支配するのです。意志が全存在を管理すると言うのは、意志が神のみこころにしたがって、全存在（霊を含む）を直接、管理することを意味します。この両者は経験において、完全に符合します。「自分の霊を抑制できない人は、城壁のない崩れた町のようだ」(箴二五・二八)。

第二に、信者は自分の思いと、その他の魂の機能を管理すべきです。あらゆる思いは、意志の管理に服すべきです。すべての放蕩《ほうとう》する思いは、意志の制御の下に行かなければなりません。「あらゆる思想をとりこにして、キリストに対して従順にならせます」(Ⅱコリント十・五)。「あなたがたの思いを、地にあるものにではなく、上にあるものに置きなさい」(コロサイ三・二)。

第三に、体が管理されるべきです。人の体は道具であって、粗野な嗜好《しこう》や情欲によって主人となるべきではありません。信者は意志を用いて自分の体を節制し、訓練し、征服しなければなりません。それは、それが完全に服従し、何の妨げもなく、神のみこころを待ち望むことができるためです。「わたしは自分の体を打ちたたき、それを自分の奴隷としています」(Ⅰコリント九・二七)。信者の意志が完全な自治に達する時、彼は自分のどの部分によっても妨げられることはないでしょう。彼はひとたび神のみこころを知るなら、即座に反応することができます。聖霊と人の霊は、神の啓示を遂行する自治の意志を必要とします。ですから、一方で、わたしたちは神と一になるべきであり、もう一方で、自分の全存在を打ちたたいて、完全にわたしたちに服従させるべきです。これは霊的な生活にとって非常に重要です。

第十部　体

第一章　信者と彼の体

神が体の地位をどのように見ておられるのか、わたしたちは知る必要があります。体と霊性とが関係のあることを、だれも否定することはできません。霊と魂に加えて、体もあります。わたしたちの霊の直覚、交わり、良心がとても健康であり、わたしたちの魂の思い、感情、意志が新しくされても、外側の体が霊と魂と同じように健康で新しくされていなければ、霊的な人にはなっていません。わたしたちは完全であるとは考えられず、まだ何かに欠けています。わたしたち人には霊と魂があるだけでなく、体もあります。わたしたちは体を見過ごして霊と魂だけを顧みる、ということはできません。もしそうすれば、命はしなびてしまうでしょう。

体は必要であり、重要です。そうでなければ、神は人に体を与えられなかったでしょう。聖書を注意深く読み通すなら、神が人の体を置かれた重要性を見ることができます。聖書の記載のほとんどすべては、体と関係があります。最も顕著で人を納得させる点は、肉体と成ることです。神の御子は血肉の体を取られました。彼は死を経過されましたが、永遠に至るまで体を持っておられます。

聖霊と体

ローマ人への手紙第八章十節から十三節は、わたしたち(信者)の体の状態、聖霊がいかにわたしたちの体を助けるかということ、体に対する正しい態度を詳細に告げています。これらの節を理解すれば、神の贖いの計画にある信者の体の地位について、誤解することはないでしょう。

十節は言います、「キリストがあなたがたの中におられるなら、体は罪のゆえに死んでいても、霊は義のゆえに命です」。本来、わたしたちの体も霊も死んでいました。ところが、わたしたちは主イエスを信じた後、彼を内側に命として受け入れました。キリストは、聖霊を通して、信者の内側に住んでおられます。これは福音の中で最も重要な真理です。すべての信者は、どれほど弱くても、内側に住んでおられるキリストを持っています。このキリストこそわたしたちの命です。彼はわたしたちの内側に入ってこられた時、わたしたちの霊を生かされました。これは前に見たことです。本来、わたしたちの体と霊は死んでいました。わたしたちは内住のキリストを受け入れたので、わたしたちの霊は生きたものとなりました。霊と体は以前は死んでいましたが、今や霊は生きており、体だけは死んだままです。これがすべての信者の通常の状態です――霊は生きており、体は死んでいます。

この経験は(すべての信者が共有している)、信者の外側と内側に非常な違いを生じます。わたしたちの内なる人は命に満ちていますが、外なる人は死に満ちています。わたしたちは生きており、霊は命に満ちていますが、死の体の中に住んでいます。言い換えれば、わたしたちの霊の命と体の命とは、完全に異なっているのです。霊の中の命は真に命であり、体の中の命は死にすぎません。なぜなら、わたしたちの体はまだ「罪の体」であるからです。同時に、わたしたちの霊の命がどれほど成長したとしても、体はまだ「罪の体」です。わたしたちはまだ復活の体、栄光の体、霊の体を受けていません。体の贖いは将来のことです。今日の体は「土の器」、「地上の幕屋」にすぎず、まだ「卑しい」ものです。罪は霊と意志の中から追い出されましたが、体の贖いは将来のことです。ですから、罪は体からは追い出されていません。罪がまだ体の中にありますから、体は死んでいます。これが、「体は罪のゆえに死んでい」ることの意味です。同時に、わたしたちの霊は生きています。あるいはもっと正確に言えば、わたしたちの霊は命です。キリストの義のゆえに、わたしたちの霊は命を得ました。わたしたちがキリストを信じた時、同時に、(一)キリストの義、(二)神の義認を受けました。前者は、キリストがご自身の義をわたしたちに分け与えられたことです。これは実際に起こった事であり、たとえ話ではありません。キリストはご自身の義を、世の物質のものを分け与えるように、分け与えられました。後者は、神がキリストのゆえにわたしたちを義と認められたことです。これは法律上の手続きにすぎません。もし義の分与がなければ、義認もありません。わたしたちはキリストを受け入れた時、神から地位的に義認を受けました。彼はキリストの義をわたしたちに分け与え、同時にわたしたちの中に入ってわたしたちの命となり、わたしたちの死んだ霊を生かされました。ですから、ローマ人への手紙第八章十節は、「霊は義のゆえに命です」と言うのです。

十一節は言います、「そして、イエスを死人の中から復活させた方の霊が、あなたがたの中に住んでいるなら、キリストを死人の中から復活させた方は、あなたがたの中に住んでいる彼の霊を通して、あなたがたの死ぬべき体にも、命を与えてくださいます」。前の節は、神はわたしたちの霊を命とすると言っていますが、この節は、神はわたしたちの体に命を得させると言っています。十節は、霊だけが生きており、体はまだ死んでいると言います。この節は続けて、霊が生かされた後、体も生かされることができると言っています。まず、キリストが内に生きておられるので霊は生きると言います。次に、聖霊が内に生きておられるので体は生きると言います。聖霊はわたしたちの体に命を与えたいのです。

わたしたちの体はいかに死んでいるかを、すでに見てきました。殻は死んでいませんが、墓に向かっています。霊的に言えば、体も死んでいると見なされます。人から言えば、体には命がありますが、神から見れば、その命は死です。なぜなら、それには罪が満ちているからです。「体は罪のゆえに死んでいて」。一方で、体には力がありますが、わたしたちは体自身の命を表現させることはできません。それには何の挙動も持たせるべきではありません。なぜなら、その命の挙動は死にほかならないからです。罪は体の命であり、罪は霊的な死です。ですから、体は一種の霊的な死によって生きているのです。もう一方で、わたしたちは神のために証しをし、神に仕え、神の働きを行なうべきであることを知っています。これらはみな、体の力を必要とします。体は霊的に死んでおり、その命も死ですから、わたしたちはどのようにすれば、自分の体を用いて、その死の命を使わないで、霊的な命の必要を供給することができるでしょうか？　わたしたちの体は、内なる命の霊の意志にしたがって歩こうとしませんし、またそうすることはできません。むしろ、それはその意志に反対し、それと戦います。聖霊はどのようにすれば、体をご自身の意志にしたがって歩かせることができるのでしょうか？　それは、聖霊がわたしたちの死ぬべき体に命を与えるということです。

「イエスを死人の中から復活させた方」は神です。ところが神は、ここでは直接述べられていません。彼は「イエスを死人の中から復活させた方」として述べられています。なぜなら、ここの強調は、神が主イエスを死人の中から復活させた働きにあるからです。その目的は、信者の注意をこの点に向けることです。すなわち、神がイエスの死んだ体を復活させたなら、信者の死ぬべき体をも復活させることができる、ということです。使徒は、神の霊、すなわち聖霊、また復活の霊が、「あなたがたの中に住んでいるなら」、神は彼を通して「あなたがたの死ぬべき体にも、命を与えてくださいます」と言います。これは使徒が「……なら」という言葉を使った二回目です。しかし彼は、聖霊が信者の内におられるかどうか疑ってはいませんでした。彼は九節で、キリストにあずかった者はすでに聖霊を得た、と言いました。彼の言う意味は、人に聖霊が内住しておられるのであるから、死ぬべき体も彼の命を受け入れなければならない、ということです。これは、聖霊が内に住んでおられるすべての人が共有する権利です。彼は、一人の信者でさえこれを知らず、信じないで、この祝福の分け前を失うことを願いません。

この節は、神の霊がわたしたちの中に住んでいるなら、神は内住の霊を通して、わたしたちの死ぬべき体にも命を与えてくださると告げています。これは、将来の復活の時のことを言っているのではありません。これは絶対に復活とは関係がありません。神は主イエスの復活と、今や命を受けたわたしたちの体とを比較しておられるにすぎません。この節は死んだ体のことを言っているのではありません。もしそうだとすれば、これは復活を指していることになります。これはすでに死んで、しかも死のうとしている「死ぬべき体」のことを言っているにすぎません。信者の体は霊的に死んでいます。これはすでに死んだというのとは違います。実際上、それは墓に向かっており、死のうとしていることです。聖霊がわたしたちの内に住んでおられるのが、今の世の事柄であるように、聖霊がわたしたちの死ぬべき体に命を与えるのも、今の世の経験です。この節はまた、わたしたちの復活について語っているのでもありません。なぜなら、聖霊はわたしたちの霊にではなく、体に命を与えると述べられているからです。

この節で、神は、信者の体はわたしたちの内に住んでおられる聖霊によって、命を得る特権があることを告げておられます。これは、「罪の体」が聖なる体になること、「卑しい体」が栄光の体になること、「死ぬべき体」が死なない体になることを意味しているのではありません。これらは今の生活では不可能なことです。これらは主がわたしたちを引き上げ、わたしたちの体が贖われる時にのみ起こるでしょう。わたしたちの体の性質は、今の世では決して変わりません。聖霊がわたしたちの体に命を与えるとは、(一)わたしたちの体が病気になれば、彼は回復することができる、(二)わたしたちの体に病気がなければ、彼はわたしたちが病気に遭遇しないように守ってくださる、ということを意味します。要するに、聖霊はわたしたちの体を強くして、神の働きと生活のすべての要求に応じることができるようにし、わたしたちの命も神の王国も、体のゆえに損失を被らないようにされたいのです。

これが、神が彼のすべての子供たちのために備えられたことです。ところが、どれほどの信者に、主の霊が死ぬべき体に毎日、命を与えておられるという経験があるでしょうか？　多くの信者がまだ彼らの肉体の組織の影響を受け、自分の霊的な命に危害を及ぼしているのではないでしょうか？　体の弱さのゆえに、堕落しているのではないでしょうか？　病の束縛のゆえに、神のために活発な働きをすることができないのではないでしょうか？　今日の信者たちの経験は、神の備えと一致することはできません。これには多くの原因があります。ある人は、神が聖霊の中に置かれた備えを知りません。ある人は、不信仰のゆえにこれは不可能であると考えます。ある人は、自分は欲しないのでこれは自分とはあまり関係がないと考えます。ある人は知っており、信じ、欲しますが、自分の体を生きた供え物としてささげません。彼らはただ、神が聖霊を通して力を与え、自分で生きることができるようにしてくださることを望んでいるだけです。ですから、彼らもそれを経験することはできません。信者が真に神のために生きようとするなら、信仰によってこれらの約束と備えを要求するなら、神が体を命で満たしてくださるのが真に事実であることを見るでしょう。(これについては後ほど、さらに語ります)。

十二節は言います、「ですから、兄弟たちよ、わたしたちは……肉にしたがって生きるという、肉に対するものではありません」。この節は、信者と体との正当な関係を、十分に語っています。今日、多くの信者たちが、完全に体の奴隷となっています。多くの信者たちの霊的な命が、完全に彼らの体の中に閉じ込められています！　彼らは二人の人のようです。彼らは内側の自分自身に向く時、自分はとても霊的であり、神に近く、霊的な命は高いと感じます。ところが外側の肉に生きる時、自分は堕落しており、肉的で、神から離れていて、自分の体に服従していると感じます。彼らの体は重荷のようです。少しでも病があれば、彼らの生活は変わります。少しでも弱さ、不快、苦痛があれば、彼らは途方にくれて、自分を愛しあわれみ、心は不安になります。このような状態の中では、霊的な生活は不可能です。

使徒の「ですから」という言葉は、この節と前の節を結び付けます。十節は体が死んでいると言っており、十一節は聖霊が体に命を与えると言っています。使徒はこれら二つの状態に基づいて、続けて言います、「ですから、兄弟たちよ、わたしたちは……肉にしたがって生きるという、肉に対するものではありません」。(一)体は罪のゆえに死んでいるので、それにしたがって生きてはいけません。そうでないと、わたしたちは罪を犯すでしょう。(二)聖霊はわたしたちの死ぬべき体に命を与えられたので、わたしたちは肉にしたがって生きる必要はありません。なぜなら、わたしたちの肉は、霊の命を束縛する権威がないからです。聖霊のこのような備えに基づいて、わたしたちの内なる命は今や直接、何の妨げもなく、外なる体に命令を与えることができます。以前、わたしたちは肉に対して負債者であって、その要求、嗜好《しこう》、情欲を制止するすべはありませんでした。ですから、それに従い、多くの罪を犯しました。ところが、聖霊がこのような備えをしてくださったので、肉の情欲、肉の弱さ、病、苦痛など、何もわたしたちに強いることはできず、わたしたちを支配することはできません。

多くの人は、肉には合法的な要求や欲望があって、わたしたちはそれを満たすべきであると考えます。ところが、使徒は、「わたしたちは負債のある者ではありますが……肉に対するものでは」ないので、わたしたちは肉に何ものも借りがないと告げます。「わたしたちは肉にしたがって生きるという、肉に対するものではありません」と言います。神の器として肉を正しい状態に保つことを除けば、わたしたちはそれに対して何の負債も負っていません。もちろん、聖書は、わたしたちが体を顧みることを禁じてはいません。病気になった時は、さらに注意を要します。衣、食、住はすべて必要です。時には、休息も不可欠です。しかしわたしたちは、自分の命をこれらのことにもっぱら向かわせるべきではない、と言います。わたしたちは、飢えていれば食べ、渇いていれば飲み、疲れていれば休み、寒ければ着ます。しかし、これらのことを深く心の中に入らせて、生活の目的の一部とならせてはいけませんし、そうすべきではありません。

これらのものを慕うべきではありません。これらのものは必要に応じて来るべきであり、必要に応じて行くべきであって、決して長い間、わたしたちの内にとどまっていてはいけません。それらがわたしたちの慕うものとなるのは正しくありません。時には、体にはこれらの必要があります。しかし、神の働きのゆえに、あるいは、さらに重要な必要があるゆえに、わたしたちは自らを克服し、体の支配を受けるべきではありません。弟子たちがゲッセマネの園で眠くなったのも、主イエスがスカルの井戸のそばで飢えられたのも、合法的な要求にさえ打ち勝つべきであることを表明します。そうでないと、失敗するでしょう。わたしたちは肉に対して何の負債も負っていません。ですから、肉の情欲のゆえに罪を犯すべきではなく、肉の弱さのゆえに霊的な働きを減らすべきではありません。

十三節は言います、「なぜなら、もし肉にしたがって生きるなら、あなたがたは死ななければならないからです。しかし、その霊によって体の行ないを死に渡すなら、あなたがたは生きます」。神はこのような備えをしてくださったのですから、信者たちは、もしそれを受けないで、むしろ肉にしたがって生きるなら、必ず刑罰を受けるでしょう。

「もし肉にしたがって生きるなら、あなたがたは死ぬ外はない」。ここの「死ぬ」と次の句の「生きる」には、いくつかの意義があります。ここではただ一つ、体の死を述べるにとどめます。罪について言えば、わたしたちの体は「死」です。結果について言えば、わたしたちの体は「死ぬべき」ものです。わたしたちが肉にしたがって生きるなら、死ぬべき体は「死のうとする」体となるでしょう。もし肉にしたがって生きるなら、一方で、聖霊が体に与える命を受けることはできません。もう一方で、体の老化は速まるでしょう。すべての罪は、体にとって害です。すべての罪は、体の中で効力を現します。この効力とは死です。わたしたちは、体に命を与えてくださる聖霊に信頼して、体の中の死と戦わなければなりません。そうでないと、体の中の死はその働きを速めるでしょう。

「しかし、その霊によって体の行ないを死に渡すなら、あなたがたは生きます」。わたしたちは、聖霊を、体に命を与える方として受け入れるだけでなく、体の働きを殺す方としても受け入れるべきです。もし聖霊によって体の働きを殺すことを無視するなら、聖霊がわたしたちの体に命を与えてくださるのを期待することはできません。わたしたちは、彼によって体の働きを殺してはじめて、生きることができます。体が生きたいのであれば、体の働きはまず死ななければなりません。そうでないと、死は速やかな結果となります。これは多くの人の誤解です。すなわち彼らは、自分によって生き、自分の体を用い、自らが喜ぶことを行ない、そしてなおも聖霊が体に命を与えてくださり、体は病もなく強くあることができる、と考えます。どうしてこれが可能でしょうか？　聖霊が命と力を人に与えられるのは、人が彼のために生きるためです！　神がわたしたちの体に与えられる命は、彼ご自身のためであり、彼のために生きるためです。もしわたしたちが完全に自分をささげていないなら、聖霊が健康、強さ、力を与えられても、わたしたちは自分のために生きるだけです！　自分の体の命としての聖霊を追い求める多くの信者は、もしこの点に注意しなければ、求めているものを受けることはできないことを、認識しなければなりません。

わたしたちの体はもともと、わたしたちの管理の下にはありませんでした。しかし今や、聖霊を通して、それを管理することができます。彼はわたしたちに力を与えて、体の働きを死に置かれました。信者はみな、自分の肢体の中の情欲を経験し、体を刺激して情欲の欲求を満たすようにかき立て、自分がこれを対処することでいかに無力であるかを見ました。ところが、聖霊を通して（あるいは聖霊によって）、彼はそれができます。これはとても重要な点です。自分が自分を十字架につけることは役に立ちません。今日、多くの信者は、共に十字架に釘《くぎ》づけられるという真理を理解しています。ところが、この命を表現する人は極めて少ないのです。共に十字架につけられるという真理は、多くの人の命の中にある一種の教えにすぎません。彼らは救いにおける聖霊の地位をはっきり見ていないようです。彼らは聖霊が十字架と共に働いておられることを知りません。もし十字架があるだけで、聖霊がないなら、十字架は何の役にも立ちません。聖霊だけが、十字架のなしたことを「適用する」ことができ、それをわたしたちの経験とならせることができます。もしわたしたちが十字架の真理を聞いた後、「聖霊によって」この真理をわたしたちの命において実際とならせないなら、わたしたちが見たものはすべて理想にすぎなくなります。

「わたしたちの古い人が彼と共に十字架につけられたのは、罪の体が無効にされ」たことを知るのは、すばらしいことです。ところが、もし「聖霊による」――聖霊の力により、聖霊の中にある――のでなければ、「体の働きを殺す」という真理を知るだけでは、わたしたちを体の働きから解放しないでしょう。多くの信者は十字架の真理をはっきりと理解しており、受け入れていますが、それは何の効力もありません。これは彼らを、十字架の実行面の救いが本当であるのかと疑わせます。このように考えるのも不思議ではありません。なぜなら彼らは、唯一、十字架を経験とならせることのできる聖霊を、忘れてしまっているからです。ただ彼だけが、救いを実際とならせることができるのですが、人々に忘れられています。信者が自分を完全に否み、聖霊の働きに完全に信頼して——聖霊の力に乗って——体の働きを殺すのでなければ、彼が認識している真理は、理論にすぎなくなります。聖霊の殺す力を通してのみ、命は体に与えられます。

神に栄光を帰す

コリント人への第一の手紙第六章十二節から二〇節は、信者の体のことに対して大きな光を加えます。わたしたちは今この区分を、一節ずつ見ていきましょう。

十二節は言います、「すべての事がわたしに許されているのですが、すべての事が益になるのではありません。すべての事がわたしに許されているのですが、わたしは何の支配も受けません」。使徒は体の問題について論じています。(これは後ほど説明します)。彼はすべてのことは許されていると言いました。なぜなら、天性によれば、体のすべての要求は、飲食、性欲など、すべて天然的であり、あるべきものであり、許されているからです。しかし彼は、これらのものについて、(一)すべてのことが益になるわけではない、(二)人はそれに支配されるべきではない、と言いました。言い換えれば、信者は自分の体に対して、人から言えば、多くのことが許されていても、彼は主に属しており、神に栄光を帰したいので、行ないません。

十三節は言います、「食物は腹のため、腹は食物のためです。しかし、神はそのどちらをも無にもたらされるでしょう。ところが、体は淫行のためではなく、主のためであり、そして主は体のためです」。この節の前半は、前の節の前半と対になっています。食物は合法的ですが、食物も腹も滅ぼされます。ですから、すべてが益なのではありません。後半も前の節の後半と対になっています。信者は性欲の管理から完全に解放されて、自分の体を完全に主にささげることができます（七・三四）。

「体は……主のためであり」。この句は非常に重要です。使徒は食物の問題について述べたばかりでした。飲食は信者に一つの機会を備えて、「体は……主のため」の教えを実行させます。人類の堕落の原因は食物でした。主イエスも荒野で食物の試みを受けられました。多くの信者が、食べ飲みにおいて神に栄光を帰すべきであることを知りません。彼らは、食べ飲みが体を主の御用にふさわしいものとするためであるとは考えません。彼らは自分の欲望を満たすために食べ飲みします。わたしたちは、体が「主のため」であって、自分のためではないことを、知らなければなりません。ですから、自分を喜ばせるために体を使うべきではありません。飲食は、わたしたちと神との交わりを妨げるべきではなく、ただ体を正常な状態に保つためであるべきです。

使徒はまた淫行《いんこう》の問題について語っています。このような罪は体を汚します。ですから、それは「体は……主のため」であるという教えに完全に反します。ここで述べられている淫行は、婚姻以外の放縦を含んでいるだけでなく、夫と妻との間のことも含んでいます。体が主のためであるとは、体が完全に主のためであって、自分のためではないことを意味します。ですから、合法的な欲も、禁じられるべきです。

使徒は、すべて限度を超えたもの、あるいは限度を無視したものが、それが何であっても、絶対に慎《つつし》まれるべきであることを、わたしたちに見てもらいたいのです。体は主のためですから、主のこと以外に、だれも体を用いるべきではありません。体を使うことが、それがどの部分でも、自分の喜びのためであれば、神を喜ばせません。義のための器となること以外に、体は他のどのような目的にも仕えるべきではありません。体は人のように、二人の主人に仕えるべきではありません。食物も性も天然のことですが、ただその必要がある時にのみ、満たすことができます。必要に応じる時も、体はやはり主のためであって、食物や性のためではありません。今日、多くの信者は、彼らの霊と魂の聖別だけを追い求めていますが、霊と魂の聖別のためには、体の聖別に達しなければならないことを知りません。多くの面で、霊と魂の聖別は、体の聖別によっています。彼らは、すべての神経、知覚、挙動、生活、働き、飲食、語ることなどが、みな主のためであるべきことを忘れています。そうでないと、完全な地位に達することはないでしょう。

「体は……主のため」とは、体が主のものであることを意味します。それにもかかわらず、それは人の手にあって、人が主のために保っています。しかしながら、今日、これを知っている人、あるいはこれを実行している人は、何と少ないことでしょう！　多くの神の子供たちが弱さ、病、苦痛に遭っているのは、神が彼らを懲らしめ、彼らが体を完全にささげて、その後いやされるためです。神は、彼らの体が彼ら自身のものではなく、主のものであることを、彼らに知ってもらいたいのです。もし彼らがなおも自分の意志にしたがって生きるなら、神の懲らしめが彼らを離れないことを見るでしょう。もしわたしたちの間に病人がいるなら、この言葉に注意すべきです。

「主は体のためである」。これはすばらしい言葉です。通常、わたしたちは、主が来てわたしたちの魂を救われたと考えます。ところがこの節は、「主は体のためである」と言います。多くの信者は体をあまりにさげすみます。彼らは、主は魂だけを救われる、体は役に立たない、と考えます。彼らは、霊的な命において体には価値がない、神の救いにはそのための恵みの備えはない、と考えます。ところがこの節は、「主は体のためである」と言っているのです。主は人がさげすむ体のためであると、神は言われます。

信者はこのように体をさげすむので、主イエスは霊と魂の罪だけを顧み、体の病は顧みられない、と考えます。ですから、体が弱さと病に苦しむ時、人の方法で救おうとします。彼らは、四福音書で主イエスが魂を救われた以上に体をいやされたことを知っていますが、これらを霊的に解釈します。彼らは、病は霊的な状態のことを言っているのだと思います。彼らは、主が地上におられた時、体の病をいやされたことを承認しますが、主は今日、霊的な病だけをいやされると信じます。彼らは自分の霊的な病を主に託し、いやしを求めますが、主は体の病については何の関心もなく、自分でいやしの方法を見いだすべきであると考えます。彼らは「イエス・キリストは昨日も今日も、永遠に同じです」(ヘブル十三・八)を忘れています。彼らは、主イエスが地上におられた時、体の病をいやされたが、今日は霊の病をいやされるだけであると考えます。

大部分の信者たちの間で、体はまっ殺されています。神は信者たちの体のためには何も備えておられないように見えます。キリストの救いはすべて霊と魂に限られており、体には少しも分がないかのようです。主イエスが地上におられた時、病人をいやされ、使徒たちが継続していやしの力を経験したことについて、彼らは注意しません。この原因は、不信仰のほかにありません。しかしながら、神の言葉は、主が体のためでもあることを示しています。主は体のためであり、主であるすべては体のためです。

この文脈において、わたしたちの体は主のためであり、同時に、主はわたしたちの体のためです。ここで、神と人との関係を見ます。神がご自身を完全にわたしたちに与えられたのは、わたしたちも完全に自分自身を彼に与えることを、彼が期待しておられるからです。わたしたちが自分自身を彼に与えた後、そのように与えたことにしたがって、彼もご自身をわたしたちに与えられます。神はわたしたちに、彼がすでにわたしたちのためにご自身の体を捨てたことを知らせたいのです。彼はまたわたしたちに、わたしたちの体が真に彼のためであるなら、わたしたちは確かに、彼がわたしたちの体のためであるのを経験することを、知らせたいのです。体が主のためであるとは、わたしたちが自分の体を完全に主にささげ、主のために生きることを意味します。主が体のためであるとは、わたしたちのささげたものを、主が喜んで受け入れ、主が彼の命と力をわたしたちの体に与えてくださることを意味します。彼はこの体を顧み、守り、養われます。

わたしたちの体は弱く、汚れており、罪深く、死ぬべきものです。主がわたしたちの体のためであるとは信じ難いことです。しかし、神の救いの方法を見る時、はっきりします。主イエスは地上に下りてきて、肉体と成りました。彼には体がありました。彼は十字架上で、わたしたちの罪をご自身の体に担われました。わたしたちが信仰によって彼と結び付く時、わたしたちの体も彼と共に十字架に釘づけられます。こうして、彼はわたしたちの体を罪の力から解き放ってくださるのです。キリストの中で、この体は今や復活させられ、昇天しました。今や聖霊はわたしたちの中に住んでおられます。ですから、わたしたちは、主はわたしたちの体のためである、と言うことができるのです。主は霊と魂のためだけでなく、体のためでもあります。

主が体のためであるというのには、いくつかの意味があります。まず、主が体のためであるのは、主が体を罪から解放することを願われるからです。ほとんどすべての罪は、体と関係があります。多くの罪深い行ないは、生理上の特別の構造から生じます。例えば、酒に酔うことは、体の嗜好《しこう》のゆえです。宴楽は、体の要求のゆえです。人の怒りは、体の特別な構造の影響を受けます。過敏な神経と刺激を受けやすい生理組織は、容易に人を冷酷にし、厳格にし、言葉を厳しいものとします。多くの人の性情が特別であるのは、彼らの生理の構造が特別であるからです。多くの人が特別に汚れており、放蕩《ほうとう》で、淫乱で、不法であるのは、彼らの肉体の組織が普通の人と異なるからです。彼らが体の支配を受けると、これらの罪を犯してしまいます。しかし、主は体のためです。ですから、わたしたちがまず自分の体を主にささげ、彼がすべての主であることを承認するなら、そして信仰によって彼の約束を取るなら、主が体のためであること、すなわち、彼がわたしたちを罪から解放してくださることを見るでしょう。ですから、わたしたちの生理組織がどうであっても、人と比べて弱い所があっても、主に信頼してそれに打ち勝つことができます。

第二に、主は体の病のためでもあります。彼は罪を消滅させるように、病をいやされます。わたしたちの体に関する限り、彼はわたしたちのためです。ですから、彼はわたしたちの病のためでもあります。病は、罪の力がわたしたちの体にあることを表明します。主イエスはわたしたちを完全に救いたいのですから、罪であろうが、病であろうが、わたしたちをそこから救い出すことを願われます。

第三に、主はわたしたちの体における生活のためでもあります。主はわたしたちの体の力と命となって、わたしたちの体が彼によって生きることを願われます。彼は、わたしたちが日常生活の中で、彼の復活の力を経験し、わたしたちの体が彼によって地上で生きるのを見ることを望まれます。（以上二つの点は、別の章で詳しく取り扱います）。

第四に、主はわたしたちの体の栄光化のためでもあります。これは将来のことです。わたしたちが今日、到達する最高の点は、主によって生きることです。しかし、これはわたしたちの体の性質を変えることではありません。かの日が来れば、主はわたしたちの体を贖い、それを彼の栄光の体と同じようにされます。

わたしたちは、体は主のためであるという言葉の重要性を、無視するわけにはいきません。主が体のためであることを真に経験したいなら、まず体が主のためであることを実行しなければなりません。もし体を完全にささげて主のために生きないなら、もし自分の意思にしたがって体を使い、自分を喜び楽しませるなら、主が体のためであることを経験するのは不可能です。わたしたちが自分自身を完全に神の御手の中に置いて、すべてのことで彼の命令に従い、自分の肢体を義の器としてささげるなら、主が真にわたしたちの体のためであることを、わたしたちは証明することができます。彼はわたしたちに命と力を与えてくださいます。もしわたしたちの体が主のためでないなら、主がわたしたちの体のためであることを、経験することはできません。

十四節は言います、「神は主を復活させられましたが、彼の力を通して、わたしたちをも復活させられます」。この節は、前の節の最後の句、「主は体のためです」を説明しています。主の復活は彼の体の復活でした。将来のわたしたちの復活も、体の復活となるでしょう。神はすでに主イエスの体を復活させられましたが、わたしたちの体をも復活させられるでしょう。これら二つのことは事実です。主はどのようにして、わたしたちの体のためであるのでしょうか？　彼はご自身の力によって、わたしたちを復活させられます。

これは「主はわたしたちの体のためである」ことの最高の点です。これは将来のことです。しかし、今日はどうでしょうか？　今日、わたしたちは彼の復活の大能を前味わいすることができます。

十五節は言います、「あなたがたは、自分の体がキリストの肢体であることを知らないのですか？　それでは、わたしはキリストの肢体を、売春婦の肢体にしてもよいのですか？　絶対にいけません！」。初めの問題はすばらしいです。別の場所では、「あなたがたはキリストのからだであり」（十二・二七）と言うだけです。この箇所だけが、「自分の体がキリストの肢体である」と言います。実に、「あなたがた」、人全体が、キリストの肢体です。なぜこの節は、体のことを語るのでしょうか？　わたしたちは、自分の霊がキリストの肢体であることを信じるようです。なぜなら、それは霊的であるからです。どうしてこの物質の体が、キリストの肢体となり得るのでしょうか？　ここで、わたしたちはすばらしい事実を見ます。

わたしたちはキリストと結合されていることを、理解しなければなりません。神はどの信者も単独に見られません。神はすべての信者をキリストの中に置かれました。どの信者も、キリストの外にいることはできません。なぜなら、彼の日常の命は、キリストによって供給されているからです。信者とキリストとの結合は、神から見れば、極めて確定的な事です。キリストの体は霊的な名詞ではなく、実在の事実です。頭が体と結ばれているように、キリストはすべての信者と結ばれています。わたしたちとキリストとの結合は、神から見れば、完全で、無限で、絶対的です。言い換えれば、わたしたちの霊はキリストの霊と結び付けられています。これはとても重要です。わたしたちの魂はキリストの魂と結び付けられています。これは思い、感情、意志における結合です。わたしたちの体もキリストの体と結び付けられています。わたしたちとキリストとの結合に何の透き間もないなら、わたしたちの体は例外とはなり得ません。わたしたちがキリストの肢体であるなら、わたしたちの体もキリストの肢体です。

もちろん、これは将来の復活の時に起こります。今日、わたしたちとキリストとの結合のゆえに、これはすでに事実となりました。この教えはとても重要です。キリストの体がわたしたちの体のためであることを知ったなら、わたしたちは何と慰めを得ることでしょう。すべての真理は、経験することができます。わたしたちは自分の体に生理上の欠陥、例えば、病、苦痛、弱さがあるのを見たでしょうか？　キリストの体はわたしたちの体のためです。わたしたちの体は彼の体に結び付いています。ですから、わたしたちは主イエスから命と力を得て、自分の体のいっさいの必要に供給することができます。自分の体に欠陥のある人はみな、信仰を活用して主との結合の地位に堅く立ち、自分は主のためであり、主は自分のためであることを承認すべきです。こうして、主であるすべてを体に適用することができます。

使徒は、コリントの信者たちがこのような明白な教えを把握することができないことに驚きました。彼は、信者たちがこの教えを知ったなら、多くの霊的経験を持つだけでなく、実行の面の警告をも受けると思いました。体がキリストの肢体であるなら、どうして遊女と結び付くことができるでしょうか？

十六節は言います、「それともあなたがたは、売春婦に結合される者が、一つ体になることを知らないのですか？　なぜなら、彼は『二人は一つの肉体となる』と言っておられるからです」。使徒はここではっきりと、結合の原則を説明しています。遊女につく者はみな、その遊女と一つ体になり、それゆえ遊女の肢体となります。キリストに結合される信者は、キリストの肢体です。もしキリストの肢体を取って、それを遊女に結び付け、遊女の肢体とするなら、キリストはどこに立たれるのでしょうか？　こういうわけで、使徒は、断じていけない、と言ったのです。

十七節は言います、「しかし、主に結合される者は、主と一つ霊になります」。これら三つの節で、わたしたちの体と主との結合の奥義を見ることができます。この三つの節の最も重要な点は、結合の事柄です。十七節の意味は、自分の体を遊女と結び付ける者が彼女と一つ体になり、彼女の肢体となるなら、主と一つ霊に結合された信者はなおさら、その体が彼の肢体となる、ということです。これはとても重要な思想です。体が遊女と結び付いて両者が一体となるなら、全存在がキリストに結合された者は、体の中で彼と一つになるのではないでしょうか？

使徒は、主に結合される者は最初、「主と一つ霊」であることを信じました。なぜなら、これは霊の結合であるからです。ところが彼は、信者の体が霊から独立しているとは決して考えませんでした。彼は最初の結合が霊の中であることを承認しましたが、霊の結合も、信者の体をキリストの肢体とします。この言葉は、彼が言った、体が主のためであり、主が体のためであることの証明です。

すべての問題は結合にあります。神の子供たちは、キリストにある自分の地位が不朽の結合であることを、はっきりと知らなければなりません。ですから、わたしたちの体は主の肢体であるのです。主の命は、わたしたちの体から現し出されることができます。もし主が弱く、苦しみ、病んでいるのであれば、わたしたちには何もありません。しかし彼はそうではないので、彼との結合は、主の健康、力、命を確実にすることができます。

しかしながら、一つの点を強調しなければなりません。これは、体がキリストの肢体であるから、わたしたちの体はいっさいの霊的な交わりと事情を感じることができる、ということを意味するのではありません。クリスチャンはよく誤解して、体はキリストの肢体であるから、すべては体によって証拠立てられるべきであると考えます。彼らは、神の臨在は体の中で感じられるべきである、神は体を揺り動かされる、神は体の中で振動されると考えます。また、神は直接体を管理していて、聖霊が体を満たし、神の意志を体の上に伝え、体の舌と口を使って神のために語られると考えます。こうして、体は霊と置き換わって働きます。その結果、霊はその効用を失い、体は霊に代わって働きます。時には、体は多くの労苦に耐えられず、なえてしまいます。さらに、悪霊、すなわち体のない霊が、人の体をこの上なく愛します。彼らのおもな目的は、人の体にとりつくことです。もし信者が自分の体をあるべきでない地位にまで上げるなら、悪霊はその機会を捕らえて働くでしょう。これは霊的な世界の規定にしたがっています。信者が、神と彼の霊が自分と体において交流されると考えるなら、神と彼の霊が自分と体において交流されることを望むでしょう。ところが神と彼の霊は、直接体を通してではなく、霊を通して交流されるのです。もし信者がまだ体において神の経験を追い求めるなら、悪霊はこの機会を捕らえて、彼の中に入り込むでしょう。なぜなら、これはまさしく彼らが望んでいることであるからです。その結果、ほかでもなく、悪霊は信者の体にとりつきます。体とキリストとの結合について語る時、それは、体が神の命を受け入れ、強められること、その地位が尊いゆえに、それを注意深く用いるべきであることを言っているだけです。わたしたちは、体が霊の働きを占有してしまうとは言っていないのです。

十八節は言います、「淫行から逃れなさい。人が犯すあらゆる罪は、体の外にあります。しかし、淫行を犯す者は、自分の体に対して罪を犯すのです」。聖書は不品行の罪を、他のどの罪よりも重いと考えています。これは、不品行が特に、わたしたちの体と関係があるからです。そして、わたしたちの体はキリストの肢体です。信者たちが不品行を避けるようにと、使徒が特別に思い起こさせ、繰り返し勧めたことを、驚くには及びません。わたしたちが注意するのは、不品行の道徳的な汚れです。しかしこれは、使徒が強調していることではありません。不品行以外に、どの罪も、わたしたちの体を他の人と結び付けることはありません。ですから、不品行は体に罪を得るものです。不品行以外に、どの罪も、キリストの肢体を遊女の肢体に変えることはありません。ですから、不品行は、キリストの肢体に罪を得るものです。信者がキリストに結合されているので、不品行はますます嘆かわしいものになります。別の見方もできます。不品行がそんなにも嘆かわしいものであるなら、わたしたちの体とキリストとの結合は、とても実際的なものでなければなりません。

十九節は言います、「それとも、あなたがたの体が、内にある聖霊の宮であることを知らないのですか？この聖霊は、あなたがたが神から受けたものであって、あなたがたは、自分自身のものではないのです」。最初の「あなたがたは……知らないのですか」(十五節)は、体が主のためであることを言っています。第二の「あなたがたは知らないのですか」は、主が体のためであることを言っています。使徒は前にコリント人への第一の手紙第三章十六節で、「あなたがたは神の宮であって」と言いました。ところが彼は今や特に、「あなたがたの体が……聖霊の宮」であると言います。これは、聖霊の住まいが霊から体にまで広がったことを意味します。聖霊がまず体を住まいとされると考えるなら、これは間違いです。聖霊は最初、わたしたちの霊に住まわれ、ただ霊とだけ直接の交わりをされます。しかし、何ものも、聖霊が霊から彼の命を出して、わたしたちの体に命を与えることを禁止しません。もし聖霊がわたしたちの体に最初に臨まれると考えるなら、わたしたちは欺かれるでしょう。しかし、聖霊がわたしたちの霊の中に住まわれると限定するなら、わたしたちは損失を被るでしょう。

わたしたちは、体が神の救いにあって、その地位を持っていることを知るべきです。キリストはわたしたちの体を聖別し、それを聖霊で満たして、彼の器とすることを願われます。彼の体は死、復活、栄光を受けることを経過したので、彼は聖霊をわたしたちの体に供給することができます。わたしたちの魂の命が体を満たすように、彼の聖霊はわたしたちの体を満たされます。彼はすべての肢体に流れ込んで、わたしたちが思うところを越えた命と力でわたしたちを満たしたいのです。

わたしたちが聖霊の宮であるというのは、確定的な事実であり、これを生きた方法で経験することができます。多くの信者は、コリントの人たちのように、この事実を忘れてしまったかのようです。聖霊が内住しておられるのに、まるで彼は彼らの中におられないかのようです。わたしたちは信仰をもって、神の事実を信じ、承認し、受け入れる必要があります。わたしたちが信仰によってそれを取るなら、聖霊がキリストの聖、喜び、義、愛を、わたしたちの魂の中に置かれただけでなく、彼の命、力、健康、強さを、わたしたちの弱い、疲れた、病んでいる体に置かれたことを見るでしょう。彼は、キリストご自身の命と彼の栄光の体の要素を、わたしたちの体にもたらされるでしょう。わたしたちの体が完全にキリストに従い、いっさいの自己の意志と単独の行動を拒絶し、主の宮であること以外に何も求めない時、簡単に言って、わたしたちが真にキリストの中で死んだなら、聖霊は確かにわたしたちの体において、復活したキリストの命を現されるでしょう。主の霊がわたしたちに内住しておられることを通して、主がわたしたちをいやし、強め、わたしたちの健康と命となられることを見たなら、何とすばらしいことでしょう！　わたしたち自身の体が聖霊の宮であることを信じるなら、わたしたちは驚き、また喜んで、聖と愛に満たされて、その霊に従うでしょう。

二〇節は言います、「なぜなら、あなたがたは代価をもって買い取られたからです。ですから、あなたがたの体において、神の栄光を現しなさい」。十九節の後半は、この節の問題の継続です。「あなたがたは……知らないのか……あなたがたは、自分自身のものではないのです」。あなたがたはキリストの肢体です。あなたがたは聖霊の宮です。あなたがたは自分自身のものではありません。あなたがたは神によって重い代価をもって買われたのです。あなたがたのものはすべて、特に体は神に属します。キリストはあなたと結合されており、聖霊の証印はあなたの中に住んでおられます。これはすべて、あなたの体が特に神に属していることを証明します。「ですから、あなたがたの体において、神の栄光を現しなさい」。兄弟たち、神はわたしたちに、体にあって栄光を現してもらいたいのです。神はわたしたちに、体は主のためであるという献身によって彼の栄光を現し、また主は体のためであるという恵みによって、彼の栄光を現してもらいたいのです。冷静な思いで、目を覚ましていましょう。自分に体を利用させず、自分の体を、主が体のためでないというような状態に陥らせないようにしましょう。こうしてはじめて、わたしたちは神の栄光を現すことができ、彼は自由に彼の力を現すことができます。そして、一方で、わたしたちは自己、自己愛、罪から解放され、もう一方で、弱さ、病、痛みから解放されます。

第二章　病

病は人生の中で最も普通に出会うことです。神の栄光を現す状態に自分の体を保つ方法を知りたいなら、病に対してどのような態度であるべきか、自分の病をどのように利用するか、どのようにいやされるかを知らなければなりません。病はごく普通のものですから、もしそれをどのように対処してよいかわからないなら、生活の中で、大いに欠陥を持つでしょう。

病と罪

聖書は、病と罪にとても密接な関係があることを啓示しています。罪の究極の結果は死です。病は罪と死の間にあります。病は罪の結果であり、死の先鋒《せんぽう》です。もしこの世に罪がないなら、確かに死も病もないでしょう。一つの事がはっきりしています。もしアダムが罪を犯さなかったなら、今日、地上には病がないでしょう。他の患難と同じように、病も罪によってもたらされました。

わたしたちには霊的な性質と物質の性質があります。いずれも人が堕落した時、影響を受けました。霊魂(今からわたしは霊と魂の二つを一緒にして霊魂と呼びます)は罪によって害され、体は病によって冒されました。霊魂の罪と体の病は、人が死ぬ運命にあることを証明します。

主イエスが救いに来られた時、彼は人の違犯を赦しただけでなく、人の病をいやされました。彼は人の霊魂を救い、人の体も救われました。彼は働きを始めた時、人の病をいやされました。彼は働きを終えた時、人の違犯のために十字架上でなだめのささげ物となられました。彼は地上におられた時、多くの病んでいる人をいやされました。彼の手は常に、病人に触れ、病人を起こす用意がありました。彼ご自身の行為であろうと、彼が使徒たちに残された命令であろうと、彼が常にもたらされた救いは、病のいやしを含んでいました。彼の福音は罪の赦しと病のいやしであり、両者は並行しています。主イエスが人を罪と病から救われるのは、人が御父の愛を認識するためです。福音書、使徒行伝、各書簡、あるいは旧約でも、病のいやしと罪の赦しが並行しているのを見ることができます。

イザヤ書第五三章は、旧約が福音を最も明白に説明している箇所です。新約の多くの箇所は、主イエスの贖いが予言の成就であると語っており、イザヤ書第五三章を指しています。五節は言います、「しかし彼は、わたしたちの違反のゆえに傷つけられ、／わたしたちの罪科のゆえに砕かれたのである。／わたしたちの平安のために懲らしめが彼に臨み、／彼の打たれた傷によって、わたしたちはいやされた」。ここで、体のいやしと霊魂の平安が、同時に与えられるのを見ます。さらに明らかな点は、この章で「負い」という言葉に二種類の用法があることです。十二節は、「彼だけが多くの人のあの罪を負い」と言い、四節は、「確かに、彼はわたしたちの病を負い」と言います。主イエスは罪を負われましたが、病も負われました。主イエスが罪を負われたので、わたしたちは自分の罪を負う必要がないのと同じように、主イエスが病を負われたので、わたしたちは自分の病を負う必要はありません。(しかしながら、主イエスが負われた罪の範囲と病の範囲は異なります)。罪はわたしたちの霊魂と体を害します。主イエスはこの両者を救いたいのです。ですから、彼はわたしたちのために、罪を負われただけでなく、病をも負われたのです。こうして、彼はわたしたちを罪からだけでなく、病からも救われます。今や信者たちはダビデと共に喜んで、「わが魂よ、エホバをほめたたえよ……彼はあなたのすべての罪科を赦し、／あなたのすべての病をいやし」(詩百三・二―三)と言うことができます。あわれなことに、多くの信者は、部分的な救いしか持っていないために、部分的な賛美しかすることができません。彼ら自身は苦しみ、神も損失を被られます。

わたしたちは、主イエスがただわたしたちの罪を赦すだけで、わたしたちの病をいやされなければ、彼の救いはまだ完全ではないことを認識すべきです。なぜならそれは、彼がわたしたちの霊魂を救われたのに、わたしたちの体を病に支配されたまま残しておかれることになるからです。ですから、彼が地上におられた時、両者を等しく顧みられました。時には、彼はまず罪を赦し、次に病をいやされました。また時には、まず病をいやし、次に罪を赦されました。彼は、人が受け入れることができるのにしたがって、人に与えられました。福音書を学ぶなら、主イエスが他の何にもまして、いやす働きをされたのを見ます。これは、ユダヤ人が主イエスの罪の赦しを信じることのほうが、彼の病のいやしを信じることよりも難しかったからです(マタイ九・五)。しかしながら、今日の信者は、これとは正反対です。かの日には、人々は主イエスが病をいやす力を持っておられたことを信じましたが、罪を赦す彼の恵みを疑いました。ところが今日の信者は、罪を赦す彼の力を信じますが、病をいやす彼の恵みを疑います。信者たちは、主イエスが来られたのは人を罪から救うためだけであると考え、彼がいやす救い主でもあることを、忘れてしまっているかのようです。人の不信仰はいつも、完全な救い主を半分に分けてしまいます。しかし、キリストは常に、また永遠に、人の霊魂と体の救い主であって、赦し、またいやされます。

主イエスにとって、人が赦されるだけでいやされないのは、十分ではありません。ですから、彼は中風の者に「あなたの罪は赦されている」と言われた後、「起きなさい。あなたの床を取り上げて、家に帰りなさい」とも言われたのです。わたしたちにとって、たとえ罪と病に満ちているとしても、主から赦しを受けるならそれで十分であり、自分の病を負い、いやされる別の方法を考えるべきであると思います。ところが主イエスは、中風の者が主を見て罪が赦された後、再び家に運ばれていくことを、決して意図されませんでした。

罪と病との関係に対する主イエスの理解は、わたしたちのと異なっています。わたしたちから見れば、罪は霊的な領域にある事であり、神の喜ばれないもの、罪定めされるものです。病は単に人生の一種の状況であり、神とは何の関係もないかのようです。しかしながら、主イエスは霊魂の罪と体の病を、いずれもサタンの働きと見ておられます。彼が来られたのは、「悪魔のわざを破壊するため」です(Iヨハネ三・八)。ですから、彼は悪魔と出会うとそれを追い出し、病を見るとそれをいやされました。使徒は聖霊の啓示によって、彼のいやしについて、「悪魔にしいたげられていた人たちを、すべていやされました」(使徒十・三八)と書きました。罪と病は、わたしたちの霊魂と体のように密接に関係しています。ですから、赦しといやしは相互に依存し合うのです。

神のむち打ち

わたしたちは病について、一般的に幾らか見てきました。今や信者の病の源に、特に注意したいと思います。

使徒は言いました、「このことのゆえに、あなたがたの間では多くの者が弱く、病気であり、多数の者が眠ったのです。ところが、わたしたちが自分をわきまえていたなら、裁かれることはありません。わたしたちが主に裁かれるのは、懲らしめられることであって、それは、わたしたちが世の人と共に、罪に定められることがないためです」（Ｉコリント十一・三〇―三二）。使徒は病を一種の主の懲らしめであると考えました。信者が主の御前で間違いを犯したので、主は彼らを病気にならせ、彼らを懲らしめられます。それは、彼らが自らを裁き、間違いを除き去るためです。神はこのように彼の子供たちを懲らしめて、彼らに恵み深くあられます。それは、彼らがこの世と共に罪に定められないためです。信者が悔い改めるなら、神はもはや彼らを懲らしめられません。わたしたちが自らを裁こうとするなら、病を免れるでしょう。

わたしたちはよく、病は体の問題にすぎず、神の義、聖、裁きとは何の関係もないと考えます。ところが、使徒は最もはっきりと、病はわたしたちの罪の結果であり、神の懲らしめであると告げています。ヨハネによる福音書第九章の盲人の物語のゆえに、多くの信者は、病が罪を犯したゆえの神の懲らしめであるとは考えません。主イエスは決して、罪と病とは何の関係もないと言われなかったのに、彼らはこれを認識していません。彼は弟子たちに、罪を用いてすべての病人を責めてはならないと警告しておられるだけです。もしアダムが罪を犯さなかったなら、その人は盲目にはならなかったでしょう。さらに、彼は「生まれつき」盲人でした。ですから、これは信者の病の場合とは完全に異なっています。おそらくすべての

「生まれつき」の病は、罪とは何の関係もありません。ところが、わたしたちが主を信じた後にかかった病気は、聖書によれば、罪と関係があります。ヤコブの手紙第五章十六節は言います、「ですから、互いにあなたがたの罪を告白し合い、互いに祈り合いなさい。それは、あなたがたがいやされるためです」。まず罪を告白しなければなりません。こうしてはじめていやされます。罪は病の根源です。

ですから、病は通常、神のむち打ちです。それは、わたしたちが無視し、軽んじてきた罪に注意を払うためです。神は病がわたしたちに臨んで、わたしたちを懲らしめ、清めることを許されます。それは、わたしたちが自分の間違いを見るためです。あるいは、わたしたちの内側に不義があり、だれかに負債を負っています。あるいは、だれかを怒らせ、それを正していません。あるいは、ごう慢になり、この世を愛しています。あるいは、働きの中でうぬぼれたむさぼる心が起こり、神が語られたことに不従順になります。こうして、神の御手は重くわたしたちにのしかかり、これらの事に注意を払わせます。ですから、病は罪に対する神の明らかな裁きです。これは、病んでいる人がみな、他の人の罪よりも重いことを意味するのではありません(比較、ルカ十三・二)。かえって、神に懲らしめられる人は、多くは最も聖《きよ》い人です。ヨブは一つの例です。

毎回、信者が神に懲らしめられて病気になるなら、大いなる祝福を受ける可能性があります。「霊の父は、益のために、わたしたちが彼の聖にあずかるようにと取り扱われるのです」(ヘブル十二・十)。病は時にはわたしたちに回想させ、時には自分の生活を検査させます。それは多くの隠れた罪、強硬さ、自己の意志を知らせ、こうして神にわたしたちを懲らしめさせます。このような時はじめて、神とわたしたちとの間に隔てがあることを見ます。こうしてはじめて、わたしたちは自分の心の最も深い所を探り、自分の過去の命がいかに自己に満ち、神の聖なる命と似合わなかったかを見るでしょう。こうして、霊的な命において前進し、神のいやしを受けることができます。

ですから、病んでいる信者は、性急にいやしや、いやす方法を求めるべきではありません。彼はあわてたり、恐れたりする必要はありません。彼のなすべき事は、自分を完全に神の光の中に置いて厳しく審査し、神のむち打ちにもたらした欠陥を自らの内に見いだすことです。彼は自らを裁き、自らを罪定めすべきです。こうして聖霊は、彼の失敗の場所を彼に見せてくださいます。彼は見たものをすべて直ちに捨て去り、神に対して罪を告白しなければなりません。この罪が人に損害を与えたなら、できる限り賠償し、そして神がこれを喜んでおられることを信じなければなりません。彼は自分を新たに神にささげ、進んで神のみこころをすべて行なおうとしなければなりません。

神は「まことに、彼は人の子たちを心から苦しめ、／悲しませることをされ」ません(哀三・三三)。神が望まれる自己の裁きに達したなら、彼はむち打ちをやめられます。彼の懲らしめがもはや必要でなくなると、彼はとても喜んでそれを退けられます。聖書は、わたしたちがこのように自らを裁くなら、彼はわたしたちの罪を罪定めされないと告げています。神はわたしたちに自己と罪を離れてもらいたいのですから、これがなされると、病は終わります。なぜなら、病はその使命を達成したからです。今日、信者の大いなる必要は、神がわたしたちを懲らしめられるのには特別な目的があるのを知ることです。ですから、聖霊に自分の罪を指摘していただき、神の目的が達成されるようにすべきです。神の目的が達成される時、懲らしめはもはや無用になり、神は彼をいやすことができ、またそうしようとされます。

信者は罪を告白し、取り除いて、罪は赦されたと信じた後、神の約束を信じ、神が自分を起こされると大胆に信じることができます。良心はもはや彼を訴えません。ですから、彼は大胆になって神の御前に来て、恵みを求めます。わたしたちは神から遠く離れている時、信じることは難しく、あるいはあえて信じません。しかしながら、聖霊の照らしに従い、罪悪を除き去り、赦しを得ることによって、わたしたちは神の御前に導かれるでしょう。病の原因が取り除かれるなら、病もそれに続いて過ぎ去ります。病んでいる信者が、主が自分の体をむち打っておられるのは罪のゆえであることを信じるのが難しくなく、罪が赦されてしまったので、彼の体も赦しと恵みを得るでしょう。そのような時、主の臨在は特にはっきりとなり、主の命は体の中に入ってそれを生かすでしょう。

わたしたちは、天の父が多くのことでわたしたちに満足しておられず、わたしたちを正したいと思っておられることを知らないでしょうか？　彼は病によって、わたしたちが自分の欠点を理解することを助けられます。わたしたちが良心の声を抑えないなら、聖霊は必ず良心を通して、わたしたちが懲らしめられている原因を一つ一つ告げられるでしょう。神は喜んでわたしたちの罪を赦し、わたしたちの病をいやしてくださいます。主イエスの贖いの大いなる働きは、罪の赦しと病のいやしを含んでいます。それにもかかわらず、彼はわたしたちとご自身との間に何の隔ても置くことを願われません。彼はわたしたちに、彼によって生きてもらいたいのです。ですから、今はわたしたちが完全に彼に服従し、信頼する時です。天の父はわたしたちをむち打ちたくありません。彼はわたしたちをいやし、わたしたちに彼の愛と力をさらに見せて、彼とのより親密な交わりへともたらしてくださいます。

病と自己

すべての良くないこと、敵対する環境は、わたしたちの真相を暴露します。これらの環境は、わたしたちの持っていない罪をもたらすことはなく、ただ内側の実際の状態を明らかにするだけです。病はこれらの環境の一つであって、わたしたちに自分の真相を見せます。

わたしたちは、どれほど神のために生きているか、どれほど自分のために生きているか、決してわかりません。わたしたちが病気になった時、特に長い病気の時に、それを見いだします。他の時には、自分は完全に神に従いたい、神がどのように自分を取り扱われても満足している、と言うことができます。しかしながら、わたしたちが病気になる時、以前の言葉が本当かどうか、はじめてわかります。神が彼の子供たちの間で達成されたいのは、彼らが神のみこころを満足と考え、彼の案配されたみこころを享受とすることです。神は彼らが自分の感覚のゆえに、彼のみこころ――特に彼の案配――に対して、つぶやいてもらいたくありません。彼は時には病を彼の愛する子供たちに臨ませて、彼の案配されたみこころに対する彼らの態度を見せられます。

最も惜しいのは、信者が神の試みを受けている時、自分の願いと問題のゆえに、なぜ自分がこのような程度にまで陥ったのかと恨むことです。彼は、神が自分に最良のものを与えてくださったとは考えません。(神が病を与えられたと言う時、これは、神が病をわたしたちに臨ませられたことを意味するのではありません。直接病を与えるのはサタンです。しかし病が来るのは神の赦しを通してですから、それには目的があります。ヨブの経験は最高の例証です）。彼の心は多くの欲望で満ちており、早く良くなることを求めます。ですから、神は彼の身の上での病の期間を、延長しなければならないのです。なぜなら、神は彼の目的が達成されなければ、彼の手段を取り除こうとされないからです。神が信者と交流される目的は、彼らが無条件に彼に服従し、彼がどのように取り扱われても、彼らが甘んじて服従することです。神は、信者が順調な時に彼を賛美し、患難の時には彼を恨み、彼を疑い、彼の働きを誤解することを喜ばれません。神は信者に、彼が死に置かれてさえも抵抗しないまでに、ご自身に服従してもらいたいのです。

神は彼の子供たちが、彼らに臨むことはすべて、彼が与えたものであるのを知ることを願われます。体や環境の状態がどれほど険悪なものであっても、それらはすべて彼の御手によって測られます。それらに関することはすべて、髪の毛一本が落ちることでさえ、彼のみこころのうちにあります。信者がもし自分に臨むことに抵抗するなら、そのようなことが臨むのを許された神に、必然的に抵抗することになります。彼が病の苦しみのゆえに恨むようになれば、そのような病が臨むことを許された神に、必然的に抵抗することになります。問題は、信者が病になるべきかどうかではなく、神に抵抗すべきかどうかです。神は信者に、病んでいる間、自分の病のことを忘れて、ただ神を仰いでもらいたいのです。あなたがこのように病気になり、将来もこのように病気になることを主が望まれるのであれば、あなたはそれを喜んで受けるでしょうか？　彼の大能の御手に服従することができるでしょうか、それとも抵抗するでしょうか？　苦しんでいる時、彼の今のみこころの外で健康を求めるでしょうか？　彼がご自分のなさりたいことを達成するまで服従し、それからはじめて彼のみこころにしたがっていやしを求めることができるでしょうか？　懲らしめられている時、彼から離れていやしを求めることを控えるでしょうか？　極端な苦痛の時、彼があなたに与えておられないものを、無意識のうちに持とうとするでしょうか？　これらの問題は、病んでいるすべての信者の心に深く差し込むべきです。

神は彼の子供たちが病気になることを喜ばれません。彼の愛はむしろ、彼の子供たちが好ましい日を過ごすことを見たいのです。しかしながら、彼は一つの危険があることを知っておられます。すなわち、信者が好ましい日を過ごす時、彼らが神を愛する心、彼を賛美する言葉、彼のために行なうことがすべて、ただ好ましい状態のゆえに行なわれることです。彼は、わたしたちの心がとても容易に彼と彼のみこころから離れ、彼の賜物に向くことを知っておられます。ですから、彼は病や他の類似したことをわたしたちに臨ませて、わたしたちが神のためであるのか、それとも彼の賜物のためであるのかを見させられます。あらゆる逆境の中で、わたしたちが自分によって、あるいは自分のために何も求めないなら、真に神を求めていることになります。病は人が自分の意思を求めているのか、それとも神の案配を求めているのかを表します。

わたしたちはまだ自分の意思を持っています。日常生活はあまりにも自己の意思で満ちています。神の働きにおいて、人や物を取り扱うことにおいて、思いや主張において、あまりにも多くの強硬な意思があります。ですから、神はわたしたちを死の門にもたらして、彼に抵抗する者の苦境を見させられるのです。神は、わたしたちに極めて深い苦痛を経過させて、わたしたちを砕き、彼が喜ばない自己の意思を放棄させられます。多くの信者が、日常、主が言われることを聞いていないかのようです。そして主が彼らの体を苦しめられた後、はじめて完全に服従します。主の方法は、愛の勤勉さが効力を失うなら、ただむち打ちを用いることです。彼のむち打ちの目的は、自己の意思を砕くことです。すべての病んでいる信者が、この事で自らを調べるのは良いことです。

わたしたち自身の欲望と意思のほかに、神が最も憎まれるのは、わたしたちの自己愛です。自己愛は霊的な命に危害を及ぼし、霊的な働きを破壊します。神がもし自己愛をわたしたちの内側から取り除くことができないなら、わたしたちは決して霊的な行程を猛進することができません。わたしたちの自己愛は、わたしたちの体と特に関係があります。わたしたちが自己愛を持っていると言うのは、わたしたちが自分の体と命を愛していると言うことです。ですから、自己愛を絶滅するために、神は多くの病をわたしたちに臨ませられます。わたしたちは自分を愛し、体が衰弱するのを恐れますが、神はかえってそれを衰弱させられます。わたしたちは体が苦しむことを恐れますが、神はかえってそれを苦しめられます。わたしたちは良くなることを願いますが、むしろ、症状は日ごとに悪くなります。わたしたちは自分の命を守りたいのですが、最終的には命の望みもなくなってしまいます。自然に、神の取り扱いは、人によって異なります。あるものは重く、あるものは軽いです。しかしながら、神が自己愛を除き去る意図は、いずれの場合も同じです。多くの強い信者たちは、死の門に近づく時、はじめて彼の自己愛を減少させることができます。体を壊し、命が危険になり、病気が彼の健康をむしばみ、痛みが彼の力を消滅させ、あらゆるものが破壊する時、それでもなお愛するものがあるでしょうか？　この時になって、信者は死にたくなり、自分が絶望的であることを知り、自己愛がもはや残っていないことを知ります。惜しいことに、彼はそのような点に達した時でさえ、どのように戻って神の約束を取るかを知らないのです。

信者の心が神の心から離れているなら、とても難しいです。神の目的は、信者が自己愛を失うことです。ですから、神は彼を病気にならせられます。ところが、彼は病気になればなるほど、ますます自分を愛し、弱くなればなるほど、ますます自分を顧みます。神の目的は彼が自分について忘れることですが、彼は自分の病状、体の苦痛、いやされる方法、症状が良くなるかどうかを思い続けます。彼の思いは、すべて自分に集中しているのです！　彼は自分の飲食と、どのようにしてこれを禁じ、あれを避けるかに注意しています！　彼は少しの不快を感じると、何と憂うつになることでしょう！　彼は何と自分の寒暖や睡眠に注意することでしょう！　少し熱が出たり、少し風邪をひいたり、一晩の睡眠が不足するなら、彼は極めて不快になります。これらはみな彼にとって致命的であるかのようです。彼は、他の人が自分をどのように取り扱うか、とても敏感になります。人がどれほど自分のことを思い、自分を看護し、自分を見に来てくれるかについて、彼はとても敏感です。彼は多くの時間を費やして、自分の体とその状態について思い、主のこと、主が自分の内でなされたいことを思いません。実に、多くの信者は病にあって、自分の内側で完全に「迷って」います！　わたしたちは平常、どれほど自分を愛しているかわかりません。しかし病気になった時、自分をどれほど愛しているかを知るのです！

これは神の喜ばれることでしょうか？　彼はわたしたちに、自己愛が他の何よりもわたしたちを害することを、知ってもらいたいのです。彼はまた、わたしたちが極めて自分を愛していることを知ってもらいたいのです。神はわたしたちが病のただ中で、自分の症状を見たり痛みを顧みたりするのではなく、もっぱら彼を仰ぎ見ることを学んでもらいたいのです。彼はわたしたちに、自分の体を完全に彼の御手にゆだねて、彼に顧みていただくようにしてもらいたいのです。悪い症状が出る時はいつも、もはや体を思わないで、ただ主を思うようにとの警告となるべきです。

しかしながら、信者は自己愛のゆえに、病気になるとすぐにいやしを求めます。彼は、まず心の中の悪い行ないを取り除いて、その後いやしを求めるべきことを、決して思いません。彼の目はただいやされることを望むだけです。彼は、なぜ神が病を自分に臨ませられたのか、何を悔い改めるべきなのか、何を取り除くべきなのか、何を拒絶して神の働きを無駄にしないようにすべきなのか、尋ねようとしません。彼は自分のことを顧みて、衰弱することに耐えられず、直ちに強くなりたいと思います。ですから、彼はいやされる方法を求めるのです。彼は人に尋ね、神に求め、早くいやされることを望みます。神はこのような状況の中で、決して彼の目的を達成されません。多くの時、わたしたちはこのような信者が一時的にいやされるのを見ますが、そのいやしは長く続きません。しばらくすると、古い病が再発します。病の根源が除かれないのに、どうして長く続くいやしが可能でしょうか？

病は神がわたしたちに語られる方法です。彼はわたしたちに、死にもの狂いになっていやしを求めるのではなく、服従して祈ってもらいたいのです。とても惜しいことに、信者は主に向かって、「語ってください。しもべは聞きます」と言わないのです。むしろ、彼は早くいやされることを望みます。わたしたちの目的は、直ちに痛みや弱さから解放されることです。わたしたちは力を尽くして、急いで最良の薬を求めます。病がわたしたちに、各種の治療法を発明するのを強いているかのようです。それぞれの症状はわたしたちを恐れさせ、頭脳を壊します。神はわたしたちから遠く離れておられるかのようです。わたしたちは自分の霊的な状態を忘れてしまいます。わたしたちが思うのは、自分の苦しみといやされる方法です。もし病が続くなら、わたしたちは御父の愛を誤解するでしょう。もし薬が順調に効くなら、わたしたちは神の恵みを賛美するでしょう。しかしながら、わたしたちは問わなければなりません。苦痛から解放されることが、真に聖霊の導きなのでしょうか？　このような肉の力は、神に栄光を帰すのでしょうか？

薬

自己愛は自然に自己の方法を生み出します。信者はこのように自己を愛し、根本的に神と解決していないので、彼らが病気になった時、世の薬によるいやしを求めます。わたしたちはここで、薬が使われるべきかどうか、断定しません。今はこの問題を論じる時間はありません。それにもかかわらず、主イエスがわたしたちのために十字架上で救いを用意してくださって、わたしたちの体が彼のいやしを受け入れることができるので、わたしたちがなおもこの世に向いて、薬の助けを求めるなら、それは不信仰でなければ、無知によるものです。

多くの人は、薬を使うべきかどうかを論じ、この問題が解決されれば、すべての問題は解決するかのようです。霊的な命の原則は、あることがなされ得るかどうかではなく、神の導きがあるかどうか、それが人自身の活動から出てきたものかどうかであることを、彼らはほとんど知りません。ですから、わたしたちの問題はこうです。信者が自己愛のゆえに、いやし、薬による治療を熱心に求めるなら、これは自己から出てきた活動でしょうか、それとも聖霊の導きを受けたものでしょうか？　天然的に言えば、神の救いに対して、人は常に自分の働きを通して救われたいと思います。神からの多くの打撃を経過した後、人は進んで信仰によって救われたいと願います。しかし、これは体の救いについてもそうでしょうか？　わたしが恐れるのは、後者の事例で、奮闘が罪の赦しのための奮闘よりも激しいことです。人は主イエスの救いに信頼すること以外に、天の門に近づくすべがないことを知っています。しかしながら、体のいやしには、なおも多くの医療技術を使うことができます。それでは、なぜ主イエスの救いに信頼すべきなのでしょうか？　わたしたちが強調したい点は、薬を使ってもよいかどうかではなく、薬を使うことが「自分の」活動から出てきたかどうか、神の救いをわきに置いているかどうかです。人を罪から解放することについて、この世も多くの方法を求めているのではないでしょうか？　彼らには多くの哲学、心理、倫理、道徳、規則、規定、教育があって、人を向上させ、罪から解放しているのではないでしょうか？　わたしたちは完成のためにこれらの方法に信頼するでしょうか？　わたしたちが求めるのは、主イエスが十字架上で成し遂げられた救いでしょうか、それともこの世の方法でしょうか？　同じように、この世にも多くの薬があって、人を病から解放することを助けています。主イエスは十字架上で、人を病から解放する救いを成し遂げられました。わたしたちは人の方法にしたがったいやしを得たいのでしょうか、それとも主イエスに信頼したいのでしょうか？

時には神もある媒介を通して彼の力と栄光を現されることを、わたしたちは承認します。しかしながら、聖書の教えと信者の経験によれば、人類が堕落した後、わたしたちの感覚がすべての生活を支配して、わたしたちは自然に神ご自身よりも、神の媒介に傾いてきました。ですから、信者が病気になると、神の力よりも薬に注意を払います。口では神の力に信頼していると言いますが、心は完全に薬に傾いており、薬がなければ神の力が現されないかのようです。このような時、不安、焦燥、いらだち、恐怖があり、最高のいやしの方法を求めて、神に信頼することでの平安がありません。薬が彼の心を占有するので、彼は神の臨在を失い、この世に向かいます。そうすれば、神は本来は病を通して彼をさらに近い関係にもたらされるのですが、その結果はむしろ反対です。ある人は、薬を使ってもその害を受けませんが、このような人はまれでしょう。信者の大部分は、薬を使って霊的な命が害を受けない、ということはできません。彼らは常に、媒介のほうが神の力よりも重要であると考えています。

薬によっていやされることと、神に信頼していやされることには、極端な違いがあります。薬の力は天然のものにすぎませんが、神の力は神聖なものです。これら二種類のいやしを得る方法にも、完全に違いがあります。薬を使ういやしは、人の聡明《そうめい》さによります。神に信頼するいやしは、主イエスの功労と命によります。医者である信者が、神が知恵を与えて、自分が使う薬を祝福してくださるように求めても、いやしを得る人に祝福を与えることはできません。彼らは無意識のうちに、心が神の力よりも薬に向いてしまいます。たとえ彼の体がいやされても、霊的な命は大いに損害を受けます。信者が神に信頼すれば、薬の必要はなく、ただ神の愛と力に明け渡すだけです。彼は神の御前に自分の病の源を考察し、どこで神を喜ばせなかったのかを見るべきです。こうして、彼はいやされる時、体の益を得るだけでなく、霊の中で祝福を受けます。

信者の多くは、神が薬を与えられたものと思い、それゆえ、それを使うことができると信じます。ところが、わたしたちは、薬を使うのが神の導きによるのかどうかに注意したいのです。薬が神の与えられたものかどうかは、わたしたちが議論することではありません。わたしたちが尋ねたいのはただこれだけです。すなわち、主イエスは明らかに、神が信者たちに彼らの病の救い主として与えられたのではないでしょうか？　わたしたちはこの世の未信者、あるいは信仰の弱い信者について行って、薬や天然のいやしの手段を求めるべきでしょうか、それとも、神が備えられた主イエスを受け入れて、彼の御名に完全に信頼すべきでしょうか？

薬に信頼することと、主イエスの命を受け入れることは、二つの完全に異なる事です。わたしたちは、薬が人をいやし得ることに同意します。医学や薬学は、人の病をいやす多くの方法や物を発明しました。しかしながら、このようないやしは天然のものにすぎず、神が彼の子供たちに備えられた最上のものではありません。信者は神に、薬を祝福してくださるように求め、いやされることができます。彼はいやされた後、そのことで神に感謝し、神は自分をいやしてくださったと思うことができます。しかしながら、このようないやしの方法は、主イエスの命を受けることによるのではありません。これは、信者が便利さを求めて、信仰の戦いを離れた現象です。もしいやしを得ることが、病の中でわたしたちがサタンと戦うすべての目的であるなら、どのような種類のいやしでも十分です。しかし、もしわたしたちが病の中で、いやされることよりもさらに重要なことを達成しようとするなら、神の御前に静かにしていて、彼の方法と時を待つ以外にありません。

わたしたちは、神は決して薬を使うことを祝福されないとは、強硬に言いません。多くの時、神は薬を使うことを祝福してこられました。なぜなら、彼には慈愛があり、寛大であられるからです。それにもかかわらず、このような信者たちは、贖いの地位に立っていません。彼らは世の人々と同じ地位に立っているにすぎません。病の事柄に対して、彼らは世の人々と同じであって、神のために何の証しもすることができません。服用すること、軟膏《なんこう》を塗ること、注射することは、主イエスの命をわたしたちに与えることはできません。わたしたちは神に信頼する時、天然の立場よりも高い地位に立っているはずです。多くの時、薬によるいやしは苦痛であり、長くかかります。神のいやしは迅速で、祝福があります。

一つの事がはっきりしています。わたしたちが神に信頼していやされるなら、このようないやしから得る霊的な益は、薬によるいやしでは決して得ることができません。多くの人にとって、病はいやしよりもさらに益があるかのようです。彼らは病床にいる時、過去に生きた生活を悔い改めます。ところが良くなると、以前よりも主から遠くなります。神に信頼していやされるなら、このようにはならないでしょう。彼らは罪を告白し、自己を否み、神の愛を信じ、神の力に信頼します。彼らは神の命と聖を受け入れ、神との分けることのできない新しい関係を持ちます。

わたしたちが学ぶべき学課は、いっさいの病における神の目的が、わたしたちが自分の活動をやめて、完全に彼に信頼するということです。わたしたちがしばしば熱心にいやしを求める時、心は自己愛によって霊感を受けます。わたしたちは自分を愛するので、単一にいやしを求め、神のこと、彼が教えたい学課を忘れてしまいます。神の子供たちに自己愛がないなら、どうしてそのように熱心にいやしを求めることができるでしょうか？　彼らが自分の活動をやめたなら、どうしてなおもこの世に向いて、薬の助けを求めることができるでしょうか？　彼らは必ず静かになって主の御前で自分を裁き、まず神が病を与えられた意義を理解し、その後、御父の愛のゆえに、彼にいやしを求めるでしょう。ここで、薬の助けに信頼することと、神の力に信頼することとの違いを見ます。前者では、信者は切実にいやしを求めます。後者では、信者は静かに神のみこころを求めます。信者が病の中で薬を求めるのは、彼に強烈な好みがあり、自己愛に満ちていて、自分の力を使おうとしているからです。彼が神の力を求めているなら、このようには振る舞わないでしょう。信者がいやしのために神に信頼したいなら、真実に罪を告白し、それを取り除いて、進んで完全に自分自身を神にささげなければなりません。

今日、多くの病んでいる信者がいますが、主は彼らに対してご自身の目的を持っておられます。「自己」が勢力を失う時はいつも、主はいやしを執行されるでしょう。信者が頭を垂れ、甘んじて病を受け入れようとしないなら、神が自分に与えられたのは最高のものであるのを承認することができないで、神の外でいやしを求め、神が自分を取り扱われる方法に反抗するなら、神は彼を再び病にならせるほかありません。もし信者が自己愛を取り除こうとしないで、依然としてこと細かく自分を顧み、養い、あわれみ、思って、神の中で自分を捨てないなら、神は彼に自分をあわれませるさらに多くのものを与えられるでしょう。信者がもし自分の方法と活動をやめようとしないで、主イエスの救いの外でいやしを求め続けるなら、神は彼に、世の薬は長く続くいやしを与えないことを見せられるでしょう。神は彼の子供たちに、強い健康な体が、人の快楽のためではなく、自分の意思を遂行するためでもなく、完全に彼のためであることを知らせたいのです。いやしの霊は聖の霊です。わたしたちはいやしに欠けるのではなく、聖に欠けるのです。わたしたちがまず解放されるべきものは、病ではなく、自己です。

信者が世の方法や薬を使うことをやめて、心から神に信頼した後、彼の信仰は以前よりもはるかに強くなります。これは彼に神との新しい関係を持たせ、彼は以前には決して持たなかった信頼と信仰の命を持ち始めるでしょう。彼は自分の霊魂だけでなく、体をも神の御手にゆだねるでしょう。彼は神のみこころが主イエスの力と御父の愛を現すことであるのを見るでしょう。彼はわたしたちが信仰を活用し、信仰にあって堅固であってもらいたいのです。彼はわたしたちに、主がわたしたちの霊魂だけでなく、体も贖われることを証明したいのです。ですから、わたしたちは「自分の体のために……思い煩」う必要はありません(マタイ六・二五)。わたしたちが主に明け渡したなら、彼は必ず顧みてくださいます。直ちに救いを見るなら、主を賛美すべきです。しかし病がさらに重くなったなら、わたしたちは疑うに違いありません。むしろ、わたしたちは神の約束に注視して、「自己愛」を再び起こさないようにすべきです。神はわたしたちから自己愛を一滴残らず絞り出そうとしておられます。もし自分の体を顧みるなら、疑いがあるでしょう。約束を見つめるなら、神に近づき、信仰は増し加わり、いやされるでしょう。

しかしながら、わたしたちはまた、極端へと漂わないようにしなければなりません。神はわたしたちに、完全に彼に信頼してもらいたいのですが、自分の行動を真に拒絶し、完全に彼に信頼した後、わたしたちが天然のものを用いて自分の体を助けるのを見て、神も幸いです。わたしたちはこれを、テモテのぶどう酒の事例で見ることができます。テモテの胃は丈夫ではなく、しばしば患っていました。パウロは、彼は信仰に欠けている、あるいは神の直接のいやしを受け入れない、と責めませんでした。むしろ、少量のぶどう酒を用いるように、なぜならぶどう酒は彼にとって益があるからである、と勧めました。使徒が彼に、ぶどう酒のようなものを用いるようにと勧めたのは興味深いことです。これは善悪の間にあるものです。

わたしたちはこの事から一つの学課を学びます。わたしたちは神を信じ、神に信頼しなければなりませんが(テモテはこのように行ないました)、同時に、極端に走ってはなりません。わたしたちの体が幾らか弱ければ、主の導きにしたがって、自分の体を養い、益になるものを取り入れる必要があります。このように益になるものを取り入れることが、主の導きにしたがっているなら、それらは体の力を増し加えるでしょう。わたしたちは体が贖われる前、まだ人であって体を持っていますから、天然の面にも正しい注意を払うべきです。

栄養になる食物は、信仰と並行し、互いに矛盾しません。しかしながら、信者はどのように神を信じてよいかわからない時に、栄養のある食物を意識すべきではありません。

いやされるのはさらに良いことである

ある信者たちも、別の極端に走ってしまいました。彼らの天然の気質は強硬ですが、神が病を臨ませられたので、彼らは神によって砕かれました。彼らは神にむち打たれ、みこころに沿って歩んだので、とても柔和で、慈しみ深く、従順で、聖になりました。彼らは病になることが自分にとって大きな益であると考え、病を健康以上に愛し始めます。彼らは病が自分の霊的な命を飛躍させたと考えます。ですから、彼らはいやしを求めません。彼らがいやされるべきであると認識するなら、神にいやしていただきます。彼らは自分に臨んだすべての病を受け入れ、病んでいる時のほうが健康な時よりも敬虔《けいけん》になりやすいと考えます。彼らは静かにして苦しんでいる時のほうが活動的な時よりも神に近いと考えます。彼らはベッドに横たわっているほうが自由に走り回っているよりもはるかに良いと考えます。彼らは神にいやしを求めません。彼らは弱いほうが強いことよりも益があると考えます！　わたしたちは、多くの信者が病の中で自分の悪い行ないを離れ、深い経験を得たことに同意します。わたしたちはまた、障害を持つ、無力な多くの人が、超人的な敬虔や霊的な経験を持っていることに同意します。しかしわたしたちは、多くの信者はこの面で幾らか不明確であると言わなければなりません。

病んでいる人は聖になることができますが、これは強いられたものです。もし彼が健康で、自由に選ぶことができるなら、この世と自己に戻るでしょう。彼は病んでいる時は聖ですが、病んでいない時はこの世的になります。主は彼を長く病んでいるようにしなければなりません。こうしてはじめて、彼は長く聖でいることができます。彼の聖は彼の病によっています！　主のための生活は、病の時に限定されるべきではありません。人に、神は病によらなければ信者を征服することはできない、病がなければ彼は日常生活で神に栄光を帰すことはできない、と思わせてはいけません。信者は日常生活で神の命を表現すべきです。苦しみを耐え忍ぶのは良いのですが、力に満ちている時、神に従うのは、さらに良いのです。

わたしたちは、いやしは神のものであることを知るべきです。神がいやしてくださるのです。もし人の薬のいやしを求めるなら、自分が神から離れていることを見いだすでしょう。しかしながら、神のいやしを求めるなら、神とさらに親密になるでしょう。神のいやしを受ける人は、長く病にある人以上に神に栄光を帰すでしょう。病は神に栄光を帰すことができます。なぜなら、病は神に、彼のいやす力を現す機会を与えるからです(ヨハネ九・三)。ところがもし人が常に病んでいるなら、どうして神は栄光を受けることができるでしょうか？　人は神のいやしを受ける時、神の力を見、また神の栄光を見るでしょう。

主イエスは決して病を祝福とは考えず、信者が死ぬまで担うべきものとは考えられませんでした。彼はまた、病は父なる神の愛の表現であるとは言われませんでした。主イエスは彼の弟子たちが十字架を負うことを願われましたが、病人は病んだままであるべきであるとは決して言われませんでした。彼は弟子たちに、どのように彼のために苦しむべきかを告げられましたが、彼らは彼のために病むべきであるとは決して言われませんでした。彼は、わたしたちはこの世では苦難があると言われましたが、病を苦難とは考えられませんでした。彼は地上で真に苦しまれましたが、病を患うことはありませんでした。さらに、彼は病人を見ると、常に彼らをいやされました。彼はいつも、病は罪と悪魔からであると考えられました。

わたしたちは苦難と病を区別しなければなりません。「義人には苦難が多い。／しかしエホバはそのすべてから彼を救い出される。／彼は彼のすべての骨を守り、／その中の一つも砕かれることはない」(詩三四・十九―二〇)。ヤコブは言いました、「あなたがたのうち、だれか苦しんでいる人がいますか？　その人は祈りなさい」(ヤコブ五・十三)。こうして彼は恵みと力を得ます。「あなたがたのうち、だれか病んでいる人がいますか？　その人は召会の長老たちを招き、主の御名の中で油を塗って、祈ってもらいなさい」

(十四節)。こうして彼はいやされます。

コリント人への第一の手紙第十一章三〇節から三二節は、病と信者との関係をはっきりと記述しています。病は最終的には神の懲らしめです。信者が自分を裁くなら、神は病を過ぎ去らせます。神は決して信者を長く患わせようとはされません。信者が神の罪定めされるものを取り除き、そして病を体にとどめたままであるなら、神が自分を病にならせた目的を知らないことになります。どのようなむち打ちも、長く続くべきではありません。むち打ちの原因がひとたび取り除かれたなら、むち打ちもすぐに過ぎ去ります。「どの取り扱いも、その時は喜ばしいこととは思われず、むしろ苦しいことと思われます。しかし、後になると……」(ヘブル十二・十一前半)。信者は神の「後になると」を忘れてしまっています。「後になると、それによって訓練された者たちに、平安の義の実を結ばせます」(十一節後半)。むち打ちは永久に続くものではありません。最もすばらしい実は、むち打ちの後に出てきます。わたしたちは、神のむち打ちは神の刑罰であると誤解してはなりません。厳密に言って、信者たちはもはや刑罰を受けないでしょう。コリント人への第一の手紙第十一章三一節は、これをとてもはっきりとさせています。わたしたちは決して、律法の観念を入り込ませてはなりません。それは、わたしたちが多くの罪を犯したために、ある量の罰を受けなければならず、そうしてはじめて罪が帳消しにされる、という問題ではありません。これは法廷での事ではなく、家庭での問題です。

わたしたちが聖書の直接の教えに戻るなら、神が究極的にわたしたちの体を欲しておられることを見るでしょう。わたしたちがわずか一つの節を読むだけで、多くの人の観念は完全に覆されるでしょう。「愛する者よ、あなたの魂が繁栄しているように、あなたがすべての事柄について繁栄し、また健康であることを、わたしは願っています」(Ⅲヨハネ二)。これは聖霊が使徒に啓示された祈りであり、信者の体に対する神の意図と、永遠における彼の願いを見せています。神は彼の子供たちが一生の間病気であって、彼のために活発に働くことができないことを願われません。神は彼の子供たちの体も、彼らの霊魂も健康で、繁栄することを喜ばれます。これはわたしたちに、長く続く病は神のみこころではないことを、疑いもなく断定させます。彼はしばらくわたしたちをむち打って、健康を失わせますが、わたしたちが弱いままであることを喜ばれません。

テサロニケ人への第一の手紙第五章二三節のパウロの言葉も、長く続く病が神のみこころではないことを見せています。体の状態は、霊と魂に合っているべきです。わたしたちの霊と魂が完全に聖別され、責められるところもなく守られていて、しかも体が弱く、患っており、苦痛に満ちているなら、神は確かに満足されません。彼の目的は、人の全存在を救うことであって、人の一部分を救うことではありません。

主イエスの地上でのすべての働きは、病に対する神のみこころを啓示しています。彼の唯一の働きは、神のみこころを遂行することです。彼は一生の間、別の働きをされませんでした。特にらい病の人のいやしの物語は、天の父の心と、どのように病人を取り扱われたかを見せています。らい病の人は、「主よ、あなたがそのつもりであるなら」と言いました。この人は天の門をたたいて、いやしが神のみこころであるのかと尋ねているかのようです。「イエスは手を伸ばし、彼に触れて言われた、『わたしはそのつもりである。清められなさい!』」(マタイ八・二―三)。いやすことは常に神のみこころです。信者がもし、神は自分をいやそうとはされない、自分は患い続けなければならない、と考えるなら、これは神のみこころを知らないことです。主イエスの地上の働きは、「病んでいるすべての人々を」いやすことでした（十六節）。彼は今日、態度を変えられたと思ってはなりません。

わたしたちは、神の今日の目的が、「みこころが天に行われるとおり、地にも行われ」ることであるのを知っています（マタイ六・十）。神のみこころは天で行なわれましたが、天には病があるでしょうか？　このことから見て、病は神のみこころとは絶対に合いません。今日、多くの信者たちは、いやしのために一時的に祈るだけです。神が答えておられないようであって、絶望すると、「主のみこころがなりますように」と言います。あたかも、主のみこころが病や死と同意語であるかのようです。これは大きな間違いです。神のみこころは、彼の子供たちが病気にならないことです。時には彼の許容するみこころが、彼らを病気にならせますが、それは彼らの益のためです。彼の定められたみこころは、常に彼らが健康であることです。天には病気はありません。これは神のみこころが、決して彼の子供たちが病気になるのではないことを証明します。

病はどこから来るのかを考えるなら、わたしたちがいやしを求めるのは正しいことがわかります。使徒行伝第十章三八節は、すべての病は悪魔のしいたげのゆえであると告げています。主イエスが腰の曲がっている女に語られた時、彼女は「サタンが縛っていた」と言われました（ルカ十三・十六）。彼はペテロのしゅうとめをいやされた時、「その熱をしかりつけ」ました（四・三九）。それは、彼が悪魔をしかっておられるようでした。ヨブ記を読めば、ヨブを病気にならせたのは悪魔であり（第一章、第二章）、ヨブをいやしたのは神である(第四二章)ことがわかります。使徒パウロを弱めたとげは、「サタンの使い」(Ⅱコリント十二・七)でしたが、彼を強くされた方は神でした。ヘブル人への手紙第二章十四節は、死の権能を持つ者は悪魔であると告げています。病が熟すると死をもたらします。病は死の表示にすぎません。サタンに死の力があるなら、病の力もあります。死は病の一歩進んだ段階であり、病は死への第一歩です。

これらすべての節を読んだ後、わたしたちは、病は悪魔から来ると断定せざるを得ません。信者には幾らか欠陥がありますから、神はサタンに、彼の子供たちを攻撃させられるのです。もし神の子供たちが(一)神の要求を拒み、病を自分の体にとどまらせるなら、あるいは、(二)神の命じられたことを放棄し、依然として病を自分の体にとどまらせ続けるなら、彼らは自動的に自らをサタンのしいたげの下に置いているのです。わたしたちは神の啓示に従った後、病を拒絶し、それがサタンからであることを認めるべきです。ですから、もはや彼の束縛に甘んじる理由はありません。わたしたちは、病は自分の敵に属するものであり、それを迎え入れるべきではないことを、はっきりと理解しなければなりません。神の御子はわたしたちを自由にし、わたしたちを束縛されません。

信者が病気になる必要がないのであれば、なぜ神は病を取り除いてくださらないのでしょうか? これは多くの信者の問うことです。わたしたちは、神はわたしたちの信仰にしたがって事を成し遂げられることを、知らなければなりません(マタイ八・十三)。これは、神がわたしたちを取り扱われる、変わることのない原則です。多くの時、神は進んで彼の子供たちをいやされます。ところが彼らは信じないし、祈らないので、神は病をとどめさせなければなりません。信者がもし自分を病にならせ、あるいはさらに病を歓迎し、それは自分をこの世から離れさせて聖とすると考えるなら、主は彼の求めることを与えるほかありません。神はしばしば彼の子供たちを、彼らが受け入れることができることにしたがって取り扱われます。神は彼らを大いにいやしたいのですが、彼らには求める信仰がないので、決してこの賜物を受けないのです。

わたしたちは、自分は神よりも賢いとか、聖書が啓示する以上に行動することができると思ってはなりません。たとえ、病室が時には聖所のように感じ、入る人がみなその雰囲気に感動しても、これは神の定められたみこころではなく、神の最高のものでもありません。もしわたしたちが自分の感情にしたがって行動し、神の啓示を無視するなら、神はわたしたちに、自分の望むままに歩かせるほかありません。多くの信者は言います、「何が起こっても、わたしは自分を神の御手にゆだねます。わたしが良くなっても、病気のままでも、神に決定していただき、神の望むままに取り扱っていただきます」。ところが多くの時、このような人は、同時に薬にも頼るのです。これは、すべてを神の御手にゆだねる人の行なうことでしょうか？　神のいやしを求めることで、彼らは責任を神の御手に置いており、人のいやしを求めることで、常に薬に頼っています。これはあまりに矛盾しています。事実、多くの信者は長い期間ベッドに横たわって、彼らの意志の力を失っており、もはや神の約束をつかむことはできません。彼らの服従は、実は一種の霊的な怠慢です。彼らは健康になることを願いますが、これは、神に働いていただくことはないでしょう。多くの信者は受け身的に長い間、病気に甘んじ、習慣的に病を増長させて、大胆に自由を求めることをしません。彼らは他の人に、自分に代わって信じてもらうか、あるいは神が、自分に対して信仰を与えてくださり、自分自身が努力しないで信じることができるようになることを願っています。彼らに信じてもらいます。しかしながら、もし彼らの意志が動機づけられていなければ、そして悪魔に抵抗し、主イエスにすがろうとしないなら、神の与えられる信仰は来ないでしょう。多くの病人は、病気になるべきではないのです。彼らが病気になるのは、神の約束を取る力がないからです。

わたしたちは、病の中で得た霊的な祝福が、いやされた時に得た霊的な祝福にはるかに及ばないことを、知らなければなりません。わたしたちが神に信頼し、自分を神にささげていやされるなら、いやされた後、聖なる生活をし続けるべきです。こうしてはじめて、健康を保つことができます。主がわたしたちをこのようにいやされた時、わたしたちの体を得られます。この喜びは言い知れません。この喜びは、いやされたからではなく、主との新しい関係を持ったからです。わたしたちは主に対する新しい経験を持ち、主から新しい接触と新しい命を受けました。このような時、信者は病気になっている時よりもはるかに、神に栄光を帰します。

ですから、神の子供たちは立ち上がり、いやしを求めるべきです。まず主の御前に行き、彼が病を通してわたしたちに語りたいことを聞くべきです。次に、彼が啓示されたことにしたがって単一な心で歩くべきです。最後に、自分の体をもっぱら神の顧みにゆだね、彼にささげるべきです。油を塗ることのできる教会の長老たちがいるなら(ヤコブ五・十四―十五)、彼らを招き、聖書の命令にしたがって行なってもらいます。そうでなければ、わたしたちは静寂の中にあり、信仰をもって神の約束を取るべきです(出十五・二六)。神はわたしたちをいやしてくださるでしょう。

第三章　神は体の命である

わたしたちは、体がどのように聖霊の宮であるかを見てきました。使徒がわたしたちの体にとても関心があったことを、特に注意しなければなりません。わたしたちは通常、キリストの命はわたしたちの霊のためであって、体のためではないと考えます。ところが実際、わたしたちの霊が命を得た後、神の救いは体にまで至るのです。もし神の意思が、聖霊がわたしたちの霊にだけ住んで、霊だけが益を得ることであるなら、なぜ使徒は、「あなたがたの霊は聖霊の宮である」と言わないで、体が聖霊の宮であると言ったのでしょうか？　わたしたちは今、体が聖霊の宮であるのは特別な権利であることを、はっきりしているべきです。それはまた効果的な力でもあります。聖霊の内住は、わたしたちの内なる人を強めて心の目を開くだけでなく、わたしたちの体を健康にします。

わたしたちはまた、聖霊がわたしたちの死ぬべき体に命を与えることを見てきました。彼はわたしたちが死ぬのを待って、はじめてわたしたちを復活させられるのではなく、今日でさえ、わたしたちの体に命を分け与えておられます。将来、彼はわたしたちの朽ちる体を復活させられますが、今日わたしたちの死ぬべき体に命を与えられます。彼の命の力はわたしたちの全存在のあらゆる細胞に入って、わたしたちに彼の命と力を経験させます。

わたしたちはもはや、自分の体が哀れな牢獄であるとは信じません。むしろその中に神の命を見ます。

わたしたちは今や一歩進んで、「生きているのはもはやわたしではありません。キリストがわたしの中に生きておられる」という言葉を経験します。キリストは今やわたしたちの命の源です。彼が今わたしたちの中に生きているのは、かつてご自身の体の中に生きておられたのと同じです。わたしたちは今やこの言葉、「わたしが来たのは、羊が命を得、しかも豊かに得るためである」について、さらにはっきりしているべきです。この豊かな命は、わたしたちの体のいっさいの必要を供給します。使徒はテモテに、「永遠の命を保持しなさい」（Ⅰテモテ六・十二）と言いました。もちろん、テモテは救われるために永遠の命を必要としませんでした。ですから、「永遠の命」は十九節の「真《しん》の命」ではないのでしょうか？　使徒が言っているのは、テモテはこの時代に永遠の命を経験すべきである、この命は十分に力強く、すべての死の現象に打ち勝つ、ということではないでしょうか？

わたしたちは、自分の体が死の体であることを知らないのではありません。しかし、死の力を飲み尽くす命が必要であることを、知っていなければなりません。わたしたちの体には、死と命の二つの勢力があります。一方で消耗がありますが、もう一方では、食物と安息が常に消耗に対して補給します。消耗はわたしたちを死へ近づけますが、食物と安息の供給はわたしたちの命を維持します。過度の養いは、体に「蓄積」の現象を生み出します。なぜなら、命の勢力が大きいからです。過度の消耗は、体を衰弱させます。なぜなら、死の勢力が大きいからです。最も良いのは、命と死の勢力の均衡を保つことです。信者が体に感じる倦怠《けんたい》感は、普通の人が持っているものと多くの面で異なります。彼の消耗は、単なる肉体のものとは違います。彼は主と共に歩き、他の人の重荷を負い、兄弟に同情し、神のために働き、神にとりなしをし、暗やみの力と戦い、体を打ちたたくので、食物と安息だけでは、体の失った力を補充することができません。こういうわけで、多くの信者たちは、働きに召される前、体がとても健康であったのですが、しばらくすると、衰弱していくのを感じます。わたしたちと霊的な領域との接触、すべての霊的な生活、働き、戦いは、わたしたちの体が担うことのできないものです。罪、罪人、悪霊との接触は、わたしたちの体の根源を乾かせ、多くの要求に応じられないようにします。ですから、信者がもし、体の要求を満たす天然の方法にだけ頼るのなら、できないでしょう。わたしたちはキリストの命を必要とします。なぜなら、これだけがわたしたちの必要を満たすからです。もし物質の食物、栄養、薬に頼るなら、間違った源に向いています。主イエスの命だけが、わたしたちの霊的な生活、働き、戦いのいっさいの要求を満たすことができます。彼だけが、わたしたちが罪とサタンと戦うのに必要な力を供給することができます。信者が真に何が霊的な戦いかを知っており、どのように霊の中で敵と格闘するかを知っていれば、主イエスが自分の体の命であるという尊さを知るでしょう。

すべての信者は、主との結合の実際を見なければなりません。主はぶどうの木であり、わたしたちはその枝です。枝がぶどうの木とつながっているように、わたしたちも主イエスとつながっています。枝はぶどうの木との結合によって、命の流通を受けます。わたしたちと主イエスとの結合も、このようではないでしょうか？　わたしたちがこの結合を霊に制限してしまうなら、信仰はそのような制限に同意しないでしょう。わたしたちの主はわたしたちを召して、彼との結合の実在を認識させられます。彼はわたしたちに、彼の命の流通をわたしたちの霊、魂、体の中に、信じ受け入れてもらいたいのです。わたしたちがもし主から断ち切られるなら、霊の中の平安だけでなく、体のいやしも失うでしょう。主との結合が絶え間ないなら、彼の命はわたしたちの霊を満たすだけでなく、体にまで流れ込むでしょう。主イエスの命に真にあずかっていないなら、わたしたちはいやされないし、健康にもならないでしょう。今日、神は彼の子供たちを召して、主イエスとのさらに深い結合を持たせようとしておられます。

ですから、これらの事は体で起こりますが、しかも霊的な事柄であることを、わたしたちは見る必要があります。神のいやしと力を受けることは、たとえそれが体で起こるとしても、物質的な経験ではなく、霊的な経験です。このような経験は、ほかでもなく、主イエスの命が、わたしたちの死ぬべき体に現されることです。主イエスの命がかつて、わたしたちの死んだ霊を復活させたように、今やそれはわたしたちの死ぬべき体を生かします。神はわたしたちに、どのようにしてキリストの復活した、栄光の、すでに勝利を得た命を、わたしたちのあらゆる部分に現させるかを、学んでもらいたいのです。彼はわたしたちが、日ごと時間ごとに、彼から新しい力を得ることを願われます。これがわたしたちの真の命です。魂の命は依然としてわたしたちの体を生かしていますが、わたしたちはそれによって生きるべきではありません。むしろ、わたしたちの肢体に命を与える神の御子の命に信頼すべきです。これは魂の命のできないことです。わたしたちは「命」という言葉に注意を払わなければなりません。わたしたちのすべての霊的な経験は、このすばらしい「命」と呼ばれるものが、豊かにわたしたちの存在の中へと入ることから来ます。神はわたしたちに、キリストの命がわたしたちの力であることを、知ってもらいたいのです。

マタイによる福音書第四章は、神の言葉がわたしたちの体の命であることを見せています。「人はパンだけで生きるのではなく、神の口から出るすべての言葉によって生きる」(四節)。これははっきりと、神の言葉がわたしたちの体を養うことを示しています。天然の方法によれば、人が生きるにはパンによらなければなりませんが、神の言葉が力を伴って出ると、人はそれによって生きることができます。ここで、超自然と天然の二種類の生き方を見ます。神はわたしたちに食べないようにとは言っておられませんが、パンが与えることのできない命を、神の言葉が与えることができることを、知ってもらいたいのです。パンがわたしたちの期待する効力を生み出すことができない時、彼の言葉は、パンが備えることのできない命を、わたしたちに与えることができます。ある人はパンによって生きますが、ある人は神の言葉によって生きます。前者は時には失敗しますが、後者は決して変わりません。

神は彼の命を彼の言葉の中に置かれました。彼ご自身が命であるのと同じように、彼の言葉も命です。わたしたちがもし神の言葉を教え、信条、道徳の標準として取るなら、それはわたしたちにとって何の力もないでしょう。パンがわたしたちによって消化され、わたしたちと結合するように、神の言葉もそのようであるべきです。飢えている聖徒は、神の言葉が彼らの食物であることを認識しています。彼らが信仰によってそれを受け入れる時、言葉は彼らの命となります。神は、彼の言葉はわたしたちを維持することができると言われました。ですから、天然の食物が失敗する時、わたしたちは神の言葉にしたがって神を信じることができます。この時、神はわたしたちの霊の命であるだけでなく、わたしたちの肉体の命でもあることを見るでしょう。今日のわたしたちの損失は、神の言葉(聖書)の、わたしたちの体に対する備えが何と豊かであるかを見ていないことです。わたしたちは神の約束を霊の命にとどめており、肉体については忘れてしまっています。ところが実際は、肉体の必要は霊的な必要に劣らないのです。

昔の聖徒たちの経験

神の目的は、彼の子供たちが決して衰弱したり病気になったりすることではありません。彼のみこころは、彼らが健康になり、強くなることです。神は彼の子供たちが、死ぬまで弱さに苦しめられることを願われません。彼の言葉は言います、「あなたの日々があるように、あなたの力もある」（申三三・二五）。これはわたしたちの体のことを言っています。わたしたちが地上で一日でも多く生きるなら、主が体に対して約束してくださった力も、一日延びるでしょう。神はわたしたちに一日の命を与え、その日の力を与えない、という意思は神にありません。信者たちは信仰によってこの尊い約束を適用しないので、彼らの力は彼らの日にははるか及ばないのです。神は彼の子供たちの力が、彼らの日と同じであってもらいたいので、彼は彼らの力となると約束しておられます。ですから、神が生きられるように、わたしたちも生き、わたしたちの力も続きます。神の約束のゆえに、毎朝起きて夜明けを見る時、神が生きておられるので、霊的にも体にも今日の力は必ずあると、信仰によって言うことができます。

神が人の力であり、彼の力が体に与えられていることを経験するのは、昔の聖徒たちにとって、ごく普通のことでした。わたしたちはこれを、まずアブラハムに見ます。「彼はおよそ百歳になって、自分の肉体がすでに死んでおり、またサラの胎が死んだ状態であると認めながらも、彼の信仰は弱くなることがありませんでした」（ローマ四・十九）。彼は神を信じたので、イサクを生みました。神の力は、死んだように見える体に現れました。ここでの重要な事柄は、体の状態ではなく、体の中の神の力です。

モーセについて読む時、聖書はこう記載しています、「モーセは死んだ時、百二十歳であった。彼の目はかすまず、彼の新鮮さは彼を去らなかった」（申三四・七）。明らかに、神の命の力は彼において現されました。

聖書はまた、カレブの体の状態をも記しています。イスラエルがカナンに入った後、彼は言いました、「モーセはその日に誓って言いました、『あなたの足が踏んだ地は、必ず永遠にあなたとあなたの子たちの嗣業《しぎょう》となる。あなたが完全にエホバ、わたしの神に従ったからである』。今、ご覧ください、エホバがこの言葉をモーセに語られた時からこの四十五年間、イスラエルが荒野を歩き回った間、エホバは言われたとおりに、わたしを生き長らえさせてくださいました。今、ご覧ください、わたしは今日、八十五歳です。今日なお、わたしはモーセがわたしを遣わした日のように強健です。戦いにも、出るにも入るにも、わたしの力は今も、あの時のように力があります」（ヨシュア十四・九—十一）。カレブは完全に神に従ったので、神は彼の約束にしたがってカレブの力となられ、四十五年後でさえも、彼は少しも力を失うことはありませんでした。

士師記を読んで、サムソンの力を見る時、聖霊が大きな力を人の体に与えることができるのを見ます。サムソンは多くの不道徳なことをしましたが、また、聖霊は必ずしもこの大きな力をすべての信者には与えられませんが、一つの事がはっきりしています。すなわち、わたしたちが彼の内住に信頼するなら、彼の力が、わたしたちの日常生活のいっさいの必要を供給します。

詩篇でのダビデの歌を見るなら、ダビデが体に神の力を得たのを見ることができます。「エホバ、わが力よ、わたしはあなたを愛します……この神はわたしに力を帯びさせ、/わたしの道を完全にし、/わたしの足を雌鹿のようにし、/わたしを高い所に立たせ、/わたしの手に戦うことを教えられるので、/わたしの腕は青銅の弓を引くことができる」(詩十八・一、三二―三四)。「エホバはわたしの命の力です。/わたしはだれを怖がるでしょう?」(二七・一)。「エホバが力を彼の民に与えられますように」(二九・十一)。「あなたの神は、あなたに力を命じられた……イスラエルの神、彼こそは強さと力を民に与えられます」(六八・二八、三五)。「あなたの生涯の最も重要なものを良いもので満たされ、/あなたの若さはわしのように新しくなる」(詩百三・五)。

別の詩篇にも、神が彼の民にとって力であることが記載されています。詩篇第七三篇二六節は言います、「わたしの肉と心は衰えますが、/神は永遠にわたしの心の岩、わたしの分け前です」。詩篇第八四篇五節は言います、「その力があなたにあり……ある人は幸いです」。第九一篇十六節は言います、「わたしは彼の日々を長くして彼を満ち足らせ、/彼にわたしの救いを示そう」。

エリフはヨブに、神の懲らしめとその結果について告げました、「人はまた彼の寝床の上で痛みをもって、/骨の中の絶え間のない争いをもって懲らしめられる。/こうして彼の命はパンを忌み嫌い、/彼の魂はおいしい食物を忌み嫌う。/彼の肉は衰え果てて見えなくなり、/見えなかった骨が突き出てくる。/彼の魂は穴に近づき、/彼の命は滅ぼす者たちに近づく。/もし彼のそばに千人に一人の御使い、代言者がいて、/人のために正しいことを人に告げるなら、/彼はその人に恵み深くなって言われる、/『彼を贖って、穴に下って行かないようにせよ。／わたしは彼の贖いの代価を得た』。／彼の肉は幼子よりも新鮮になり、／彼は自分の若いころの日々に返る」(ヨブ三三・十九—二五)。これは、神の命がいかに、死の門にいる人に現されたか、ということです。

預言者イザヤも、この事を証ししました、「見よ、神はわたしの救いである。／わたしは信頼して恐れることはない。／ヤハ、エホバはわたしの力また歌であり、／わたしの救いとなられたからである」(十二・二)。「彼は弱った者に力を与え、／活力のない者には強さを増し加えられる。／若者も弱くなって疲れ、／若い男も疲れ果てて倒れる。／しかし、エホバを待ち望む者たちはその力を新しくする。／彼らはわしのように翼をもって上る。／走っても弱ることはなく、／歩いても疲れることはない」(四〇・二九—三一)。これらはみな、はっきりと体のことを言っています。神の力は、彼を待ち望む人に臨み、彼らをこのような人にならせます。

ダニエルは神のビジョンを見た時、言いました、「わたしの内には何の力も残っておらず、顔色は死んだように青白くなり、力を失った」(十・八)。しかし神は御使いを遣わして、彼を強められました。ダニエルはこの事を述べて、記しました、「人のような姿の者が再びわたしに触れ、わたしを力づけた。そして彼は言った、『尊い人よ、恐れてはならない。安心しなさい。強くありなさい。そうだ、強くありなさい』。彼がわたしに語ったとき、わたしは力を受けて言った、『主よ、語ってください。あなたはわたしを力づけてくださったからです』」(十八—十九節)。ここでは最もはっきりと、神が人の体に力を与えることができることを見ます。

神の子供たちは今日、神が彼らの体を顧みてくださることを知るべきです。神はわたしたちの霊の力であるだけでなく、体の力でもあります。旧約で、恵みは今日ほど現れませんでしたが、旧約の聖徒たちは、神を彼らの体の力として経験しました。わたしたちが今日受けている祝福は、彼らよりも多くないことがあり得るでしょうか？　わたしたちが体において経験しているものは、彼らが経験したものと同じであるはずです。わたしたちがもし神の豊富を認識していないなら、彼は霊的なものしかわたしたちに与えることができない、と思うでしょう。しかしわたしたちに信仰があるなら、神の命と力を霊だけに限定し、体を忘れる、ということはないでしょう。

わたしたちがとても強調する一つの事は、神の命はわたしたちの病をいやすだけでなく、病のない時、わたしたちを健康に保つ、ということです。わたしたちは前に、神が病をいやしてくださることを述べました。今や、神はわたしたちの力として、病と弱さに打ち勝たせてくださることを強調しています。神はわたしたちをいやして、わたしたちを健康にならせ、天然の命にしたがって生きさせるだけではなく、わたしたちの体の命となって、わたしたちの体も彼によって生き、彼の働きに必要ないっさいの力を受けるようにしてくださいます。イスラエルがエジプトから出てきた時、神は彼らに言われました、「あなたがエホバ、あなたの神の声に注意深く聞き従い、彼の目に正しいことを行ない、彼の戒めに耳を傾け、彼のおきてをすべて守るなら、わたしはエジプト人に下したような病気を何一つ、あなたの上に下さない。わたしはあなたをいやすエホバだからである」(出十五・二六)。後ほど、この約束は完全に成就されました。「彼の部族の間でよろめく者はだれもいなかった」(詩百五・三七)。神のいやしはわたしたちをいやすだけでなく、病を臨ませないようにし、わたしたちの強さと健康を守るためであることを、わたしたちが知りますように。わたしたちが完全に服従し、何事でもあえて神のみこころに背かないなら、そして信じる心で神の命をわたしたちの体の力として受け入れるなら、エホバがわたしたちをいやしてくださることを見るでしょう。

パウロの経験

わたしたちの体がキリストの肢体であるという聖書の教えを受けた後、キリストの命がわたしたちの体の中を流れるという教えも、取らなければなりません。キリストの命はかしらからからだに流れ、命、活力、生気を分け与えます。わたしたちの体はそのからだの肢体ですから、必ず命の流れはわたしたちの体に至ります。しかし、この命は信仰によってのみ受け取られます。わたしたちが受ける命の分量は、この命を所有していることで経験する信仰の程度によります。わたしたちは聖書から、主イエスの命は信者の体に適用され、受け入れられ、しかも信仰がなければ、これは成されないことを見てきました。多くの信者はこのような教えを初めて聞くと、驚くでしょう。しかし、わたしたちは聖書の明確な教えを減少させてはいけません。パウロ自身の経験を調べてみるなら、この事の尊さと実際を見るでしょう。

コリント人への第二の手紙第十二章で、使徒パウロは彼の体の状態を述べました。彼は、自分の体にはとげがあり、それが取り去られるようにと三度も主に懇願した、と言いました。ところが主は彼に言われました、「わたしの恵みは、あなたに対して十分である。わたしの力は、弱さにおいて完全に現れる」（九節前半)。そこで使徒は言いました、「ですから、わたしはむしろ自分の弱さを、大いに喜んで誇りましょう。それはキリストの力が、わたしの上に幕屋を張るためです……なぜなら、わたしが弱い時にこそ、強いからです」(九節後半―十節)。使徒の肉体にあったとげとは何であったか、問わないほうがよいでしょう。なぜなら聖書は、それに答えていないからです。しかし、一つの事がはっきりしています。この肉体のとげの効力は、彼の体を弱くしました。この弱さは、原文では体の弱さを言っています。同じ言葉が、マタイによる福音書第八章十七節で使われています。コリント人も、使徒の体が弱いことを知っていました(Ⅱコリント十・十)。使徒自身、最初に彼らと共にいた時、弱さの中にいたと言いました(Ⅰコリント二・三)。これは、使徒に霊的な力が欠けていたということではありません。なぜなら、第一と第二の書簡は、使徒が霊的な力に満ちていたことを、十分に啓示しているからです。さらに、ここの「弱さ」と、前に述べられた肉体の弱さは同じ言葉です。別の二つの箇所では、体の死につつある状態を示しています。

ですから、これらの節から、使徒パウロの体の状態を知ることができます。彼の体の本来の状態は、非常に弱いものでした。しかし、彼は常に弱さにとどまっていたでしょうか? 違います。彼は、キリストの力が自分の上に宿って、自分を強くしたと言っています。ここで注意すべきなのは、「対抗の原則」です。とげは決してパウロを離れませんでした。また、とげから来た弱さもパウロを離れませんでした。しかし、キリストの力が彼の弱い体に宿り、彼があらゆる必要に応じることができるようにしました。キリストの力とパウロの弱さは相対していました。この力はとげを取り去ったり弱さを取り除いたりはしませんでしたが、パウロの中に住んで、彼の弱い体が取り扱うことのできないあらゆることを取り扱いました。これは、ともし火の灯心が、油に満ちているので、決して消滅しないようなものです。灯心は依然として非常に弱いのですが、油が炎に必要なあらゆるものを供給します。

ここで、神の命がわたしたちの体の力となる原則を見ます。神の命は、わたしたちの体の弱さや死ぬべき性質を変えるのではなく、体に浸透して、体ができないものを供給するのです。ですから、パウロは自分の天然の状態によれば、最も弱かったのですが、キリストから得た力によれば、最も強いのでした。聖書のこの箇所で述べられている力は、特に使徒の体のことを言っています。わたしたちは、パウロがいかに日夜、心労を重ね、労苦し、三、四人の強い人でさえできない働きを行なったかを知っています。もし彼の弱い体が、彼を生かす聖霊を受けることがなかったなら、どうしてそのような負担に耐えることができたでしょうか？　神がパウロの体に力を与えられたのは、確かな事実です。

神はどのようにして彼を強くされたのでしょうか？　コリント人への第二の手紙第四章で、パウロは自分の体の問題を述べています。彼は言いました、「絶えずこの体に、イエスの致死力が働いています。それはまた、イエスの命が、わたしたちの体に現されるためです。なぜなら、わたしたち生きている者はイエスのために、絶えず死に渡されているからであり、それはイエスの命が、わたしたちの死ぬべき肉体に現されるためです」(十―十一節)。ここで最も注意を引くのは、十節と十一節が重複しているようであって、実際はそうではない、ということです。十節は、イエスの命がわたしたちの体に現れると言っていますが、十一節は、イエスの命が、わたしたちの死ぬべき体に現れると言っています。多くの人は、イエスの命を彼らの体に現すことができますが、さらに一歩進んで、彼らの死ぬべき体に現そうとしません。これら二つの違いは非常に大きいです。多くの信者は病気になると、真に従順になり、忍耐し、つぶやきも心配もしません。彼らは主の臨在を感じ、彼の美徳を顔、声、行動に現します。彼らは聖霊によって、イエスの命を彼らの体において現します。ところが、彼らは主イエスが彼らの病をいやすことを知らず、彼の命は彼らの卑しい体のためであることを聞いてもいません。ですから、主の清めや、主が彼らの死んだ霊を復活させられたことを信じたように、彼らは信仰を活用して、主が体をいやしてくださることを信じません。こうして、彼らはイエスの命を彼らの「死ぬべき」体に現しません。彼らは主の恵みによって苦痛に耐えますが、いやしを得ません。彼らには十節の経験がありますが、十一節の経験はありません。

この節では、神がどのようにイエスの命によってわたしたちをいやし、強められるかを見ます。これはとても重要です。わたしたちの死ぬべき体が強められるとは、体の性質が変わって死なないようになることではありません。体の性質は同じままです。体に力を供給する命が変わっているのです。わたしたちはかつて、自分の天然の命を力の源として頼っていましたが、今は、キリストの命を供給として頼っています。キリストの復活の命がわたしたちの体を維持するので、わたしたちは強められて働くことができます。

使徒は、このように主によって生きたなら二度と弱くはならない、と言ったのではありません。キリストの力が彼に宿らない時はいつも、彼は以前と同じように弱かったのです。わたしたちは不注意、独立、罪のゆえに、体における主イエスの命の現れを失うかもしれません。時には、わたしたち自身には何の欠点もないのですが、暗やみの権勢を大胆に攻撃するゆえに、体において攻撃を受けます。あるいは、キリストのからだに対する経験が深いので、キリストのからだのゆえに絶えず苦しみます。しかし、人があまり霊的ではないなら、この最後の二つを経験することはありません。一つの事がはっきりしています。わたしたちは弱いですが、神のみこころは決して、わたしたちが障害を持つ者となって神の働きができなくなり、彼を苦しめることではありません。使徒パウロはしばしば弱かったのですが、神の働きは決してそのために弱められることはありませんでした。わたしたちは神の無限の権威を承認します。しかし、わたしたちは自分の責任を逃れてはいけません。

ここで、「イエスの命が、わたしたちの死ぬべき肉体に現れる」ことは、「いつもイエスの死をこの身に負うている」ことによります。言い換えれば、わたしたちが自分の命を完全に否定してはじめて、主イエスの命がこの身に現れるのです。ここで、霊的で自己のない生活と、体の健康との関係を見ます。神の命は神のためです。神がわたしたちの体において彼の命を現されるのは、彼ご自身の働きのためです。彼がご自身の命と力を与えられるのは、わたしたちが自分のために働き、生活するためではありません。彼がご自身の命をわたしたちの体に与えられるのは、わたしたちが彼の力を浪費するためではありません。彼が力を供給されるのは、わたしたちの目的を達成するためではありません。もしわたしたちが完全に彼のために生きないなら、彼はこの命をわたしたちに与えることを全く願われません。ここに、多くの人がいやしと力を求めても、得ることができない原因を見ます。彼らは、健康と力は自分が享受するためであると思っています。彼らが神の命を自分の体のために求めるのは、さらに楽しく、幸いで、自由になり、何をする時にも妨げられないためです。ですから、彼らはいまだに弱く、無能であるのです。神は決して彼の命をわたしたちに、自分の用途のために与えて、わたしたちが自分の命によって生き、彼のみこころに損失を受けさせることをされません。神は今や、彼の子供たちが彼らの終わりに来ることを待っておられます。こうしてはじめて、彼は彼らの求めているものを与えられます。

「イエスの死」とはどういう意味でしょうか？　それは、主イエスの命が絶えず自己を死に渡すことです。主の全生涯は、自己を否む生活でした。彼は死に至るまで、決して何事もご自分によってはなされず、むしろ、神の働きを遂行されました。使徒は、イエスの死を自分の体に働かせた、それは主イエスの命が自分の死ぬべき体に現れるためである、と言いました。わたしたちはこのような教えを受け入れることができるでしょうか？　神は今や、進んで主イエスの死を受け入れる人を待っておられます。それは、彼が彼らの体の中に生きられるためです。だれが進んで神のみこころに完全に従うでしょうか？　だれが何事も自分で始めないでしょうか？　だれが神のために絶えず暗やみの権勢を攻撃するでしょうか？　だれが自分のために事をなそうと自分の体を使うことを拒絶するでしょうか？　このような人が、主イエスの命を自分の肉体において現すにふさわしいのです。わたしたちが死の面に注意するなら、神は命の面を顧みてくださいます。わたしたちが自分の弱さを彼にささげる時、彼はご自身の力をわたしたちに与えてくださいます。

天然の力とイエスの命

わたしたちが完全に自分を神にささげるなら、神がわたしたちのために体を備えてくださったことを、信じることができます。わたしたちはしばしば、自分の体がどのように形成されるかを決められるならとても良い、と考えます。わたしたちの最大の望みは、わたしたちの体が多くの天然の欠けたところから解放されて、さらに大きな抵抗力を持ち、痛みも病もなく長寿を享受することです。ところが、神はわたしたちと相談されませんでした。神はわたしたちが持つべきものを知っておられました。わたしたちは自分の先祖の過ちと罪を責めるべきではありません。また神の愛と知恵を疑うべきではありません。わたしたちに関するいっさいのことは、世の基が置かれる前から定められていました。苦痛や病の支配を受ける体を与えることで、神にはすばらしい意図がありました。彼の目的は、わたしたちがこの体を捨ててそれを重荷と考えることではなく、わたしたちが内住の聖霊によって、新しい体をつかむことです。彼がわたしたちの体を備えられた時、そのすべての制限と危険を知っていて、わたしたちが苦痛の経験の中で、自分の固有の力によって生きるのではなく、神の力によって生きる新しい体を求めるようにされました。こうして、わたしたちは自分の弱さを彼の力に換えることができ、わたしたちの体がまだ新しくなっていなくても、それによって生きる命はすでに新しいことを認識します。

主はわたしたちのすべての神経、血管、細胞に、ご自身の力を満たすことを喜ばれます。彼はわたしたちの弱い性質を強いものに換えられません。彼はまた単に大量の力をわたしたちに分け与えられません。彼はわたしたちの肉体の命となって、わたしたちが時々刻々彼によって生きることを願われます。ある人は、主イエスをわたしたちの体の命として受けるとは、神が奇跡を起こして、大量の力をわたしたちの体に注入し、わたしたちが一生涯苦しむことも病になることもないようにされることである、と考えています。ところがこれは、使徒の経験ではありませんでした。彼は言いました、「わたしたち生きている者はイエスのために、絶えず死に渡されているからであり、それはイエスの命が、わたしたちの死ぬべき肉体に現されるためです」。彼の肉体は常に弱かったのですが、主イエスの命は絶えず彼の中へと流れ込んでいました。彼は時々刻々主の命によって生きました。主イエスをわたしたちの体の命として受け入れることは、長く依り頼むことを必要とします。わたしたち自身によれば、一時も環境を対処することはできませんが、主に依り頼むことによって、彼は一刻一刻、必要な力をわたしたちに与えてくださいます。

これが、神がエレミヤに語られた時の意味です、「しかしわたしは、あなたが行くすべての所で、あなたの命を分捕り物としてあなたに与える」(エレミヤ四五・五)。わたしたちは自分の天然の力によっては全く安心できません。むしろ、一呼吸ごとに、自分自身を主の命に明け渡します。ここにはこの上ない安全があります。なぜなら、彼は永遠に生きておられるからです。わたしたちには、自由に行動できる何の蓄積した力もありません。毎回力が必要な時、主から吸収しなければなりません。一刻の吸収は、一刻の生活のためであって、何も蓄えておくことはできません。これが、主と完全に結合し、主に依り頼む命です。「わたしが父のゆえに生きているように、わたしを食べる者も、わたしのゆえに生きる」(ヨハネ六・五七)。これがこの命の秘訣です。わたしたちがもし命を与える主から離れて単独に生きることができるなら、自分に従い、依り頼む心を失うのではないでしょうか？　わたしたちは、気まぐれに自分の力を浪費する世の人々のようになるのではないでしょうか？　神はわたしたちに、絶えず必要を持ち、絶えず依り頼んでもらいたいのです。マナが一日に一度しか集められなかったように、わたしたちの体も時間ごとに神によって生きなければなりません。

　このようにして、わたしたちは自分の固有の力によってわたしたちの働きを限定しませんし、自分の体のために絶えず心配しません。もし神のみこころでしたら、たとえ人の知恵では冒険でも、わたしたちはあえて従います。彼はわたしたちの力です。わたしたちは彼が遣わされるのを待っているべきです。わたしたち自身には何を負う力もありませんが、目は彼を仰ぎ望みます。わたしたちには何も依り頼むところはありませんが、彼のゆえに勝利のうちを前進します。わたしたちはみな、あまりにも強いです。わたしたちは、どのようにして自分の力に信頼することをやめ、どのように制限なく彼に依り頼むかを知りません。彼の力はわたしたちの弱さの中でのみ現されます。わたしたちに依り頼むものがなければないほど(態度のことを言っています)、ますます彼の力は現されます。わたしたちの力は決して主と協力することはできません。わたしたちがもし、自分自身をもって神の力を助けようとするなら、結果は失敗と恥以外の何ものでもありません。

　主がこのように彼に依り頼むことを要求しておられるのですから、このような経験は、天然的に弱い人のためだけでなく、天然的に強い人のためでもあります。ある信者たちは、今は自分の体が強いので、弱くなり始めるまでこのような経験を求める必要はない、と考えます。これは間違いです。天然の力も天然の弱さも、神の命を必要とします。わたしたちが旧創造の中で受けたもので、神を満足させるものはありません。信者が深く神に教えられたなら、たとえ彼の体が強くて、神の命を求める必要がないようであっても、自分の力を捨てて神の力を受けるでしょう。これは、彼が意志を用いて弱さを選ぶことではなく、自分の才能を信じないのと同じように、自分の力を信じないことです。このような献身は、肉体の気力にしたがって誇ることを免れさせます。これは、今日の主の働き人にある普通の病です。彼はあえて、主が命じられたことを越えて行動しません。彼は天然的に弱く、主の力がなければあえて何もしない者のようです。彼は、天然的に弱い人のように、あえて過度に働かず、自由に飲食せず、思いのまま暴露しません。

このような生活の中で、「自己」が聖霊によって監禁されるのは重要なことです。そうでないと、失敗が定められています。ある信者はこの命を追い求めることを喜びますが、完全に自分の働きを停止することはできません。彼らはなおも神のみこころを顧みず、思いのままに行ないます。こうして、人は一時的に彼を称賛しますが、彼の体の力は長く支えることができません。神の命はわたしたち自身の意志の奴隷ではありません。神は、彼が命令しなかった働きを行なう力をわたしたちに与えられません。もしわたしたちが彼の外で活動するなら、神の命が漏れ出て、自分のあわれな体で働きを担っているのを見いだすでしょう。神によって生きるためには、何事も自分の意志にしたがって思いのままに行なってはなりません。それが神のみこころであるとはっきりわかってから、始めなければなりません。わたしたちが従順であれば、彼の命が真にわたしたちのためであることを見るでしょう。そうでないと、彼はわたしたちが彼に逆らうためには決して彼の力を与えられません。

この命の祝福

わたしたちが主イエスの命をわたしたちの体の命として受け入れるなら、体は主によって強められ、霊の命も主のゆえに盛り上がります。

知識によれば、わたしたちは早くから自分の体が主のためであることを知っていましたが、自己の意志のゆえに、主がわたしたちを満たすことは妨げられてきました。今やわたしたちはいっさいを主の御手にゆだねました。何であれ彼が取り扱われることを、わたしたちは受け入れます。わたしたちは自分の体を生きたいけにえとしてささげ、もはやその生活と将来を支配しません。わたしたちは今や、体を主にささげるとは何であるかを真に理解します。かつてわたしたちを憂慮させたものは、今やわたしたちを動揺させることはできません。敵は依然としてわたしたちを試み、これはあまりに冒険である、これではあまりに自分を愛していない、と思わせますが、わたしたちはもはや以前のようには恐れません。わたしたちは、自分が完全に主に属していることを知っています。彼が知らないで、わたしたちに臨ませるものはありません。どのような攻撃が来ても、これは彼に目的があること、わたしたちを保護してくださることを、表明するにすぎません。わたしたちの体はもはや、わたしたちのものではありません。すべての神経、細胞、器官はみな、彼に明け渡されています。わたしたちはもはや自分の主人ではありません。ですから、もはや責任を担いません。天気が突然変わっても、これは彼の事です。夜、予期しないで不眠になっても、それはわたしたちを心配させません。サタンが不意にわたしたちを攻撃しても、戦っているのはわたしたちではなく神であることを、常に思い起こすでしょう。このように振る舞う時、神はわたしたちの体において、彼の命を生かし出すことができます。他の人は不安で、失望し、憂い、あるいは焦って救う方法を見いだそうとします。しかし、わたしたちは落ち着いて、信仰を用いて神によって生きます。なぜなら、わたしたちは良い食物、安眠、適宜の寒暖によって生きているのではなく、神の命によって生きているからです。ですから、何もわたしたちに危害を加えることはできません。

信者たちは今や、神が体のためであることを知っています。神のすべての豊富は、彼らが適用するのに用意されています。緊急の必要がある時はいつも、神には供給がありますから、神の備えのゆえに、安息します。彼らは神が供給されるもの以上には求めません。また神が約束されたもの以下には満足しません。神の時が来る前に、彼らは決して自分の力を使って神を助けようとしません。彼らは御父の顧みを仰ぎ望みます。世の人々はこのような時、肉体の苦しみのゆえに切迫し、奔走します。しかし、信者は神と結合しているゆえに、落ち着いて神の豊富と時機を仰ぎ望みます。彼は命を自分の手の中に置きません。これは何という平安でしょう！

このような時、信者はすべてのことで神に栄光を帰します。何が起こっても、彼はそれを神の栄光を現す機会であると考えます。彼は自分の方法を用いて、神が受けるべき賛美を失うようなことをしません。神が力を出して彼のために救いをなされることは、彼が神を賛美する機会です。

信者たちの目的は、単に神の祝福を得ることであってはなりません。神ご自身は、彼のすべての賜物よりもさらに尊いです。もしいやしが神ご自身を表明しなければ、信者はいやしを受けようとしないでしょう。わたしたちがもし神の保護と供給をむさぼるだけであるなら、あるいは、彼を呼び求めることが自分の試練から逃れるためだけであるなら、わたしたちはすでに堕落しています。わたしたちの命としての神は、わたしたちが商売する心を持つためではありません。真に神を認識している信者は、いやしを求めるのではなく、神ご自身を求めます。もし彼の健康が神に栄光を帰さないで、彼を神から遠く離すなら、彼はそれを求めません。信者は常に、自分の目的がただ神の賜物を求めるだけで、神ご自身を求めないなら、次第に堕落していくことを、覚えていなければなりません。信者が完全に神のために生きるなら、切迫して助けを求め、祝福を追求し、供給を追い求めることはなく、自分を無条件で神の御手にゆだねるでしょう。

第四章　死に打ち勝つ

死に打ち勝つ経験は、聖徒たちの間でまれなことではありません。イスラエル人は小羊の血によって、エジプトの長子を打った天使の手を逃れました。ダビデは主の名によって獅子《しし》と熊《くま》の爪、ゴリアテの手を逃れました。エリシャはかつて、粉を鍋の中に入れて、死に至る毒を除きました(列王下四・三八―四一)。シャデラク、メシャク、アベデ・ネゴは、燃える火の炉の中で傷を受けませんでした(ダニエル三・十六―二七)。ダニエルは獅子の穴へ投げ込まれた時、神が獅子の口を閉ざされたことを見ました(六・二一―二三)。パウロはかつて、まむしを火の中に振り落として、何の害も受けませんでした(使徒二八・三―五)。エノクとエリヤは天に携え上げられ、死を味わいませんでした。これは、死に打ち勝つ最もすばらしい模範です。

神の目的は、彼の子供たちを死に打ち勝つ経験にもたらすことです。罪、自己、この世、サタンに打ち勝つことは、とても重要です。ところが、死に打ち勝つことがなければ、わたしたちの勝利はまだ完全ではありません。完全な勝利を得たいなら、「死は最後の敵」(Iコリント十五・二六)に打ち勝たなければなりません。わたしたちが死に打ち勝つ経験を持たなければ、まだ打ち破られない敵を残しておくことになります。

自然界には死があり、わたしたちの内側には死、サタンから来る死があります。地はのろいの下にあり、万物はこののろいの支配を受けています。わたしたちがこの世で常に勝利を得たいなら、この世で死に打ち勝たなければなりません。さらに、死はわたしたちの体の中にもあります。わたしたちが生まれた日、死はすでにわたしたちの中で働いていました。人は生まれてから、墓に向かってはいないでしょうか？わたしたちは死を単なる「門」と考えるべきではなく、死は一種の過程であることを知るべきです。死はすでにわたしたちの内にあり、徐々に、そして絶えず、わたしたちをむしばんでいます。最終的に肉体とのつながりを断たれることは、死の働きが最高の点に達した結果であるにすぎません。死はわたしたちの霊を攻撃して、命と力に欠けさせることができます。また、わたしたちの魂を攻撃して、混乱させ、感覚、思い、意見を失わせることができます。また、わたしたちの体を攻撃して、それを弱くし、病気にならせることができます。

ローマ人への手紙第五章は、「死が王として支配した」(十七節前半)と言っています。これは死であるだけでなく、死の支配です。この死の支配は霊、魂、体の中に存在します。わたしたちの体はまだ死んでいませんが、死はすでにその中で支配しています。死の勢力はまだ極点に達していませんが、すでに支配しており、体全体にその範囲を広げています。わたしたちが体に見いだす各種の病状は、死の権勢が体の中でどれほどであるかを表明します。これらはみな、わたしたちを人生の終局にもたらします。

この死の支配に加えて、命の支配もあります(十七節後半)。使徒は、イエス・キリストによって義の賜物を受けた者はみな、「命の中で王として支配する」、死の働く力にはるかに超越すると言いました。信者たちは今日、罪の問題についてあまりにも強調しているので、死の問題を忘れてしまっています。罪に打ち勝つことは重要ですが、死に打ち勝つことを無視してはいけません。両者は互いに補い合っています。ローマ人への手紙第五章から第八章は、罪に打ち勝つことを最もはっきりと取り扱っていますが、死に打ち勝つことも、この区分では同じように注意を払っています。「罪の報酬は死です」(六・二三)。使徒は罪そのものだけでなく、罪の結果をも強調しています。彼は、義と罪とが相対する だけでなく、命と死とが対《たい》峙《じ》することも見せています。多くの信者は、日常生活と性格における罪の各種の表現に打ち勝つことに注意しますが、罪の終局である死に打ち勝つことを無視しています。ところが神は、使徒を通してこれらの章で、日常生活における罪の各種の現れについて、あまり語っておられません。彼はむしろ罪の結果――死について多く語っておられます。

わたしたちは罪と死との関係を、はっきりと見なければなりません。キリストは死んで、わたしたちを罪からだけでなく、死からも解放してくださいました。神はわたしたちが両者に打ち勝つように召しておられます。わたしたち罪人は、本来罪の中に死んでおり、罪と死はわたしたちの中で王として支配していました。主イエスがわたしたちのために死んでくださったので、わたしたちの罪と死は彼の死によって飲み尽くされました。死はもともと、わたしたちにあって王でした。ところが、わたしたちは彼の死の中へとバプテスマされたので、罪に対して死んだだけでなく、命を得て神に対して生きることができます(六・十一)。わたしたちはキリストに結合されています。ですから、「死はもはや彼を主人として支配しない」(九節)ように、わたしたちを縛ることはできません(十四節)。キリストの救いは罪を義と置き換え、死を命と置き換えました。聖書のこの箇所を注意深く読むなら、これが使徒の主要な意思であることを見るでしょう。わたしたちが半分を受けるだけなら、確かに不完全です。使徒は主イエスの救いの完全さを語る時、こう言いました、「命の霊の法則が、キリスト・イエスの中で、罪と死の法則から、わたしを解放したからです」(八・二)。わたしたちは罪に打ち勝つ経験が多くあっても、死に打ち勝つ経験はどれほどあるでしょうか？

わたしたち主を信じて再生された者は、神の非受造の命がわたしたちの霊の中に入ってきたので、死に打ち勝つ経験を持っています。しかし、死に打ち勝つことができるのはこれだけでしょうか？　命が死に打ち勝つことができるのは、どの程度まででしょうか？　一つの事がはっきりしています。今日の信者たちのほとんどは、神が備えてくださった程度にまで、死に打ち勝つ経験をしていません。わたしたちは、死がわたしたちにおいて命よりも強く働いていることに、同意せざるを得ません。ですから、神のように、罪と死に対して同じように注意すべきです。わたしたちは罪に打ち勝つのと同じように、死にも打ち勝たなければなりません。

キリストは死に打ち勝たれましたから、信者たちはやはり死ぬかもしれませんが、死ななければならないと感じる必要はありません。同じように、キリストは肉体において罪を罪定めされましたから、信者たちはなおも罪を犯すかもしれませんが、もはや罪を犯してはなりません。信者の目標は罪から解放されることですから、彼の目標はまた死からも解放されることであるべきです。信者はキリストの死と復活のゆえに、死との関係が罪との関係と同じであることを、理解しているべきです。彼はキリストにあってこれらのものに完全に打ち勝ちました。ですから、神は今や彼を、これらのものに打ち勝つよう召しておられます。わたしたちは、キリストがわたしたちのために死に打ち勝たれたので、自分は何もしてはいけないと考えます。ところが、もしそうであれば、わたしたちは経験上、主の勝利を説明することはできないでしょう。ゴルゴタがなければ、勝利の根拠はありません。しかし、自然に任せるなら、勝利を得るすべはありません。わたしたちはこのようにして罪に打ち勝つのではなく、このようにして死に打ち勝つのではありません。神の意思は、わたしたちが死に打ち勝つことを実際とすることです。すなわち、キリストの死によって、実行上、内側にある死に打ち勝つのです。わたしたちは多くの試み、肉、この世、サタンに打ち勝ってきました。今や立ち上がって、死の勢力を打ち破るべきです。

わたしたちは罪に抵抗するのと同じように、死に抵抗しなければなりませんから、死に対するわたしたちの態度は、完全に変えられるべきです。死は堕落した人類の公の遺産ですから、わたしたちは自然にそれに服従するようになります。信者たちは死に抵抗することを学んでいません。人類はみな墓に向かっています。わたしたちは主の再臨がとても近づいていること、そして携え上げのゆえにすべてが死ぬのではないことを知っています。しかし、日常の経験において、多くは死を待っています。神の義がわたしたちの内側で働く時、わたしたちは自然に罪を憎みます。ところが、わたしたちは神の命に内側で働かせて、死を憎むようにはしないのです。

信者は死に打ち勝つために、服従から抵抗へと態度を変えなければなりません。信者がそのような受け身の態度を除き去らなければ、決して死に打ち勝つことはなく、絶えず死に翻弄《ほんろう》されて、早死にした人たちの墓の間で終わってしまうでしょう。信者の多くは受け身を信仰と誤解しています。彼らはすべてを神にゆだねたと思っています。もし死ぬべきでないなら神は必ず救ってくださる、もし死ぬべきであるなら神は必ず死なせられると、ただ神のみこころがすべての事でなされるに任せます。このような態度は良いように聞こえますが、これは信仰でしょうか？　これは単に怠惰な受け身にすぎません。神のみこころがわからなければ、わたしたちは主と同じように言うべきです、「わたしの意のままにではなく、あなたの意のままになさってください」(マタイ二六・三九)。これは、わたしたちがもっぱら神に向かって叫び求め、自分の要求を彼に告げてはならない、という意味ではありません。わたしたちは受け身的に死に屈服すべきではありません。神はわたしたちに、主導的に彼のみこころと共に働いてもらいたいのです。神がわたしたちに死ぬことを願っておられるのを確かに知っているのでなければ、受け身的に死がわたしたちを抑制することを許すべきではありません。むしろ、活発に神のみこころと同労し、死に抵抗し、拒絶しなければなりません。

わたしたちは、罪に対する態度はそのように受け身的でないのに、なぜ死に対してはそのような態度であるのでしょうか？　聖書は死をわたしたちの敵と考えています(Ｉコリント十五・二六)。ですから、わたしたちは意を決して戦い、それに打ち勝つべきです。主イエスはわたしたちのために死に出会い、それに打ち勝たれたので、わたしたちがみな今の生活でそれに打ち勝つことを願っておられます。わたしたちは神に力を求めて、死の力を担おうとするのではなく、死の権勢に打ち勝つ力を求めるべきです。

死は罪からやって来るので、死から解放されることは、主イエスがわたしたちのために死んで、わたしたちを罪から解放してくださったことによります。彼の贖いと死との関係は、とても深いです。ヘブル人への手紙第二章十四節から十五節は言います、「こういうわけで、子供たちが血と肉にあずかっているので、同様に彼ご自身も同じものにあずかられたのです。それは、彼が死を通して、死の権能を持つ者、すなわち悪魔を滅ぼすためであり、また死の恐怖のゆえに一生涯、奴隷とされていた者たちを解放するためです」。十字架は死に打ち勝つ根拠です。

サタンは死の力を持っています。彼がこの力を掌握しているのは、罪をその根拠としています。「こういうわけで、一人の人を通して罪がこの世に入り、そして罪を通して死が入ったように、すべての人が罪を犯したために、死がすべての人に及びました」(ローマ五・十二)。しかし、主イエスが自ら死の領域に入り、彼の贖いを通して、その毒針――死を滅ぼされました。こうして、サタンは彼の権勢を失ったのです。キリストの死のゆえに、罪はその効力を失っただけでなく、死もその権勢を失いました。ですから、わたしたちは今やキリストの死によって死の権勢を打ち破り、ゴルゴタで達成されたすべての意義を取り、わたしたちの全存在が死の包囲から解放されるようにしなければなりません。

信者が死に打ち勝つには三つの方法があります。(一)働きが完成する前には死なないと信じる。(二)死の毒針が取り除かれることを信じる。こうして、たとえ死ぬとしても何も恐れることはありません。(三)主の再来と携え上げのゆえに、完全に死から解放されることを信じる。今これらを一つずつ見ていきましょう。

働きの完成の後の死

自分の働きが完成していること、主には自分をこの世にとどめておく必要がないことを、信者がはっきりしていなければ、彼は死ぬべきではありません。すなわち、彼は常に死に抵抗しているべきです。信者がもし自分の働きが完成していないことを知っていて、死の現象が徐々に彼の身に起こるなら、完全にこのような現象を拒絶し、死ぬことを否むべきです。そして、主が自分の抵抗を成し遂げてくださると信じるべきです。なぜなら、主にはまだ彼にしてもらいたい働きがあるからです。ですから、わたしたちが自分に割り当てられた働きを終えていないなら、たとえ体が危険に悩まされても、安心して信じることができます。わたしたちが主と共に働き、戦っている時、主は必ず働いて、彼の命で死を飲み尽くされます。

主イエスは死に抵抗されました。人々が彼をがけから突き落とそうとした時、「イエスは、彼らの真ん中を通り抜けて、立ち去られた」(ルカ四・二九―三〇)。別の時には、「イエスはガリラヤを歩いておられた。それは、ユダヤ人が彼を殺そうとしていたので、ユダヤを歩くことを望まれなかったからである」(ヨハネ七・一)。またある時には、群衆は「石を取り上げて、彼に投げつけようとした。しかし、イエスは身を隠して、宮から出て行かれた」(八・五九)。彼が再三死に抵抗されたのは、彼の時がまだ来ていなかったからです。彼は、メシヤが断たれる明確な時があるのを知っておられました。彼は神が定められた時に先立って、またゴルゴタ以外のどの場所でも、死ぬことはできませんでした。わたしたちも、自分の時の前には死んではいけません。

使徒パウロも、死に抵抗する多くの経験を持っていました。暗やみの権勢が、彼を時の前に死なそうとしましたが、彼はそれらの一つ一つに打ち勝ちました。かつて獄に入れられてとても危険な状態であった時、彼は言いました、「しかし、もし肉体において生き続け、わたしにとってこのことがわたしの働きの実となるとしたら、わたしはどちらを選ぶべきかわかりません。実はわたしは、その二つの間で板ばさみになっているのです。わたしの願いは、この世を去ってキリストと共にいることです。というのは、そのほうが、はるかにまさっているからです。しかし、肉体にとどまっていることは、あなたがたのためにさらに必要です。このことを確信しているので、わたしが知っているのは、その信仰に対するあなたがたの進歩と喜びのために、わたしがここに残り、あなたがたすべてと共に居続けることであり」(ピリピ一・二二―二五)。彼は死を恐れませんでした。働きがまだ完成していなかったので、彼は神に信頼し、まだ死なないことを知っていました。これが彼の死に対する勝利です。後ほど、彼は自分が「わたしは良い戦いを戦い抜き、行程を走り終え、その信仰を守り通しました」ことを知った時、「わたしの去る時は迫っています」と言いました(Ⅱテモテ四・六―七)。わたしたちが自分の行程をまだ終えていないと知ったなら、死んではいけません。

パウロがこうであっただけでなく、ペテロも同じでした。彼は自分が世を去る時を知っていました。「わたしは、自分の幕屋を脱ぎ去るのが迫っていることを知っています。それは、わたしたちの主イエス・キリストも、わたしに明らかにされたとおりです」(Ⅱペテロ一・十四)。わたしたちがただ環境、体の状態、自分の感覚を見るだけで、主の明確な指示がないのに、死期が来たと考えるなら、これは間違いです。わたしたちが生きるのは主のためであり、死ぬのも主のためです。ですから、主からでないいっさいの死の呼びかけにも、抵抗しなければなりません。

旧約を読む時、すべての父祖はみな「日が満ちて」死んだことを見ます。「日が満ちる」とはどういう意味でしょうか？　それは、神が彼らに定められた日数を、彼らが完全に生きたことを意味します。神はわたしたちすべてに、特別に割り当てられた年数を定められました(ヨシュア第二一章)。わたしたちがもしその時を生きないなら、死に打ち勝つことはありません。しかし、神がわたしたちに定められた年数がどれほどであるのかを、どのように知るのでしょうか？　聖書は普通の数字を告げています。「わたしたちの年の日々は七十年、／あるいは、強健であっても八十年です」(詩九〇・十)。わたしたちは、みな少なくとも七十歳までは生きなければならない、と言っているのではありません。神の主権は、人によって侵されることができないのです。しかし、わたしたちがもし、これより短い時の明確な示しを受けないなら、この数を標準と考え、これよりも早く来るいっさいの死に抵抗すべきです。神の言葉に立てば、勝利はわたしたちのものであることを見るでしょう。

恐れのない死

死に打ち勝つことについて言ったのは、わたしたちの体が決して死なないことを、必ずしも意味するのではありません。わたしたちは、「わたしたちすべてが眠るのではありません」(Ｉコリント十五・五一)ということを信じますが、わたしたちが死なないのは迷信的すぎると言います。聖書は七十を人生の普通の標準としていますから、信仰があれば、その時まで生きるのを望むことができます。ところが、自分は主イエスを命として持っているので不老長寿になるとは、決して考えるべきではありません。さらに、多くの時、神は例外を持たれることを、わたしたちは知っています。ある人は七十になる前に亡くなります。わたしたちの信仰は、自分の働きが完成する前に、わたしたちが世を去ることがないように、神に求めることができるだけです。わたしたちは短命であろうと長寿であろうと、罪人のように、日の半分も生きないうちに滅びるべきではありません。わたしたちの年数は、この生涯のうちに働きを終えるのに十分な長さであるべきです。そうすれば終局が来ると、神の恵みによって平安のうちに世を去ることができます。それは、成熟したメロンが落ちるように自然です。ヨブはこのような死を、「麦束がその季節になって打ち場に上って来るように」(五・二六)と描写しました。

死に打ち勝つとは、必ずしも死なないという意味ではありません。なぜなら、神はある人を、主イエスのように、復活において死に打ち勝たせたいからです。ところが、たとえ信者が死を経過しても、主イエスのように、死を恐れることはありません。信者がもし死を恐れ、死を願わないために、死なないこと、死に打ち勝つことを追い求めるなら、すでに失敗しています。彼はどうして勝利を得るのを望むことができるでしょうか？　主はわたしたちを救って完全に死を免れさせ、生きたまま天に携え上げようとされます。しかし、わたしたちは死を恐れるゆえに、主が早く来られることを求めるべきではありません。そのような恐れは、すでに死によって打ち破られている現象です。たとえわたしたちが死ぬとしても、死は一つの部屋から別の部屋に歩いていくようなものであって、何の苦痛、心配、恐れの必要もありません。

本来、わたしたちは「死の恐怖のゆえに一生涯、奴隷とされていた」者でした(ヘブル二・十五)。ところが、主イエスはわたしたちを「解き放って」くださいましたから、わたしたちはもはや死を恐れることはないのです。その苦痛、暗やみ、孤独は、わたしたちを脅かすことはできません。死に打ち勝った経験のある使徒は、わたしたちに言いました、「わたしにとって……死ぬことは益である……この世を去ってキリストと共にいる……そのほうが、はるかにまさっているからです」(ピリピ一・二一、二三)。ここには死を恐れる態度は少しもありません。これが真に死に打ち勝つことです。

生きたまま携え上げられる

生きたまま携え上げられることは、死に打ち勝つ最後の方法です。主イエスが戻ってこられる時、多くの信者は生きたまま携え上げられるでしょう。コリント人への第一の手紙第十五章五一節から五二節と、テサロニケ人への第一の手紙第四章十四節から十六節は、これを教えています。主の再来には決まった日はありません。過去二千年の間で、彼はどの瞬間でも再来する可能性がありました。信者たちはいつでも死を経過しないで携え上げられる望みを持っています。主イエスの再来の時は、今は以前よりも近くなっています。ですから、今日の信者たちは過去の世代の人たちよりも、携え上げられる望みがあります。わたしたちはここであまり多く言いたくありませんが、いくつかのことを確信をもって言うことができます。もし主イエスの再来が、わたしたちの世代の人たちが生きている時にあるなら、わたしたちは生きたまま携え上げられないでしょうか？　もしそうであれば、わたしたちは死に打ち勝ち、自らをこの時の前に死なせないようにし、生きたまま携え上げられるようにすべきです。聖書の予言によれば、ある一組の信者たちは、死を経過しないで携え上げられます。彼らが生きたまま携え上げられることは、死に打ち勝つことの一種です。わたしたちが地上で生きている限り、わたしたちはそのような人ではないと、言うべきではありません。ですから、わたしたちは完全に死に打ち勝つよう、自らを備えるべきではないでしょうか?

わたしたちが肉体的に決して死なないと信じることは、迷信ではありません。なぜなら、聖書はわたしたちにこの望みを与えているからです。わたしたちは死ぬかもしれませんが、死ななければならないのではありません。主ははっきりと教えられました、「わたしの肉を食べ、わたしの血を飲む者は、永遠の命を持つ。わたしは彼を、終わりの日に復活させる」(ヨハネ六・五四)。しかし彼はまた言われました、「これは天から下って来たパンであって、父祖たちが食べて死んだようなものではない。このパンを食べる者は永遠に生きる」(五八節)。彼が言われる意味は、彼の信者たちの間で、ある者は死んで復活し、ある者は全く死を経過しない、ということです。

主はラザロの死の時に、この意思をさらに表明されました。「わたしは復活であり、命である。わたしの中へと信じる者は、たとえ死んでも生きるまた、生きていてわたしの中へと信じる者はすべて、決して永遠に死ぬことはない」(ヨハネ十一・二五―二六)。主イエスは復活であるだけでなく、命でもあります。わたしたちの多くは、彼が復活であることを信じますが、彼が命でもあることを忘れています。わたしたちは、死んだ後、彼がわたしたちを復活させてくださることを知っているだけであり、わたしたちが生きている時、彼がわたしたちの命となって、わたしたちを死なせないようにしてくださることを忘れています。主はこれら二種類の働きを告げられましたが、わたしたちが信じているのはその一つだけです。彼は「わたしの中へと信じる者は、たとえ死んでも生きる」と言われました。これは、過去二千年来、信者たちが経験してきていることです。ところが彼はまた、「生きていてわたしの中へと信じる」、「決して永遠に死ぬことはない」人たちもいると言われました。わたしたちは何千万の人たちが神を信じて、この世を去ったかわかりませんが、神の言葉は、ある人たちが、「決して永遠に死ぬことはない」――復活するのではなく、決して永遠に死ぬことはない、と言っています。わたしたちは、まず死んで、それから復活しなければならない、と言う理由はありません。主イエスの再来は間近ですから、なぜまず死んで、復活を待たなければならないのでしょうか？　なぜ、主が再来の時にわたしたちを携え上げてくださり、わたしたちが完全に死の権勢から離れるように、彼を仰ぎ見ないのでしょうか？

主は多くの人の復活であるだけでなく、ある人の命でもあると言われました。ラザロのように死から復活するのはすばらしいことですが、これは、復活のほかに死に打ち勝つ道がない、という意味ではありません。主は「決して永遠に死ぬことはない」方法がまだあると言われました。本来、わたしたちは死の谷に陥るよう定められていたのですが、神はわたしたちのために浮き橋を建てて、直接天に行けるようにしてくださいました。この浮き橋が携え上げです。

ある人が携え上げられたくて、携え上げの時が近いのであれば、神は、わたしたちがどのようにして死に打ち勝ち、生きたまま携え上げられる数の一つとなるかを学ぶことを願われます。携え上げの前に、打ち勝つべき最後の敵は、死です。主イエスは十字架上で、完全に死に打ち勝たれました。ところが、神は教会が彼の勝利を経験するようにと願っておられます。わたしたちはみな、この時代の終わりにいること、わたしたちの携え上げの前に、聖霊が今やわたしたちを、死と最後の戦いをするように導いておられることを感じます。

サタンは自分の時が短いことを知っています。彼は力を尽くして、信者たちが携え上げられるのを阻止しようとしています。このために、神の子供たちは今日、多くの肉体の攻撃を受けます。肉体の攻撃がこのように多いので、彼らは死の雰囲気の中で呼吸するのに慣れて、生きたまま携え上げられる希望を失ってしまいます。信者たちは、これが敵の挑戦であって、携え上げられるのを阻止していることを知らないのです。信者は真に携え上げの召しを受けた時、自然に死と戦う霊を起こすでしょう。彼は霊の中で、死は自分の携え上げを阻止するものであり、それに打ち勝たなければならないと感じます。

悪魔は初めから人殺しです(ヨハネ八・四四)。彼の働きは殺すことです。サタンが信者たちに行なうすべての働きの目的は、彼らを死なせることです。彼が最後の時、神の子供たちを取り扱う特別な手段は、彼らを疲れ切らせることです(ダニエル七・二五)。彼は信者の霊に少しの心配を加え、思いの中に少しの焦燥と不安を置き、体において一晩眠らせず、少ししか食べさせず、別の時には過度に働かせることができるなら、信者に死の侵略をもたらします。一滴の水は無力ですが、長い年月がたてば、石をうがちます。サタンはこれを知っているので、少しの憂慮、焦り、無知を使って、聖徒たちを疲れ切らせるのです。

またある時には、サタンは直接、信者たちを攻撃して、彼らを死なせます。実は、このような攻撃は多く起こっているのですが、信者たちはそれがわかりません。時にはそれは、風邪、日射病、不眠症、過労、食欲不振として来ます。時にはそれは、汚れ、怒り、ねたみ、放縦です。信者たちはその中の死に至らせる意義を知らないで、完全な勝利に欠けます。彼らがこれらの死なせる攻撃を認識して、死に抵抗するようにこれらに抵抗するなら、勝利を得るでしょう。信者たちにはこれらの経験の真の意義を理解する十分な知識がないので、これらは自分の年齢やその他の関係であると思い、彼らの携え上げが近いゆえに、敵が死を通してこのように攻撃していることがわからないのです。

主イエスはすぐに戻ってこられます。ですから、わたしたちは死と系統だった戦いをすべきです。わたしたちは罪、この世、サタンと戦うのと同じように、死とも戦うべきです。ただ勝利を要求するだけでなく、勝利をつかみ取るべきです。あらゆる面で、死に打ち勝つキリストの働きをつかみ取るべきです。わたしたちが過去の経験を振り返って、神の照らしを求めるなら、知らないうちに何度も死の攻撃を受けていたことを見るでしょう。わたしたちはこれらの攻撃を別のものと考えていましたが、それらを対処する力を持ち損ねていたのです。これらが死の攻撃であることがわかると、神はわたしたちに、経験的にそれらに打ち勝つ力を与えてくださいます。わたしたちはしばしば、壊れた橋とずたずたに裂かれた道を通っているようであり、周囲やその他のすべては、わたしたちが死にかけていると告げているかのようです。しかし、わたしたちは死ぬことができません。多くの時、命の望みが絶たれたかのようですが、死ぬことはできません。なぜ今死ぬべきなのでしょうか？　神の子供たちは最近、彼らの命のために多くの戦いの経験をしています。苦痛は最も多いのですが、死ぬことはできないと感じます。彼らは、死にたくないと言っているかのようです。これはどういう意味でしょうか？　これらはわたしたちが携え上げられないようにする死の攻撃です。神はわたしたちを導いて、携え上げられる前に、死との最後の戦いをさせられます。

わたしたちは今日、キリストの勝利を適用して、ハデスの門を閉ざすべきです。わたしたちは立ち上がって、死がわたしたちに対して何の力も持つことを許すべきではありません。死の性質を内側に持ついっさいのものを拒絶してください。あらゆる病、弱さ、痛みにこの見方を適用してください。時には体は何も感じなくても、死がすでに働きをなしています。霊の中のいらだち、魂の中の悲しみは、死という結果になります。神は今やわたしたちを携え上げるように召しておられます。ですから、この携え上げを阻止するあらゆるものは、消滅すべきです。

神は彼の子供たちをさまざまな環境に置いて、彼らの力とよりどころをはぎ取り、彼らの命を神の御手に置き、信仰の糸に掛けられます。そうでないと、彼らには生存の望みはないでしょう。そのような時、「主よ、わたしを生かしてください」と叫ぶほか方法はないかのようです。今日の戦いは、真に命と死との戦いです。

殺しの悪霊は、今日あらゆる所で働いています。信者たちがそれに抵抗して祈らなければ、失敗するでしょう。あなたがたがもし以前のように受け身的であるなら、確かに死ぬでしょう。あなたがたは、「主よ、死に打ち勝たせてください」と言いますが、主は言われるでしょう、「あなたが死に抵抗するなら、わたしはあなたを死に打ち勝たせよう」。意志が抵抗しなければ、祈りだけではあまり役に立ちません。あなたは言うべきです、「主よ、あなたは死に打ち勝たれたのですから、わたしは今いっさいの死の攻撃を拒絶します。わたしは今すぐ打ち勝つことを決心します。主よ、わたしに死に打ち勝たせてください」。主はあなたが死に打ち勝つことを願われます。神があなたに与えられた約束をつかみ、死を免れるように祈り、何もあなたを害することができないと信じてください。死があなたに触れることができると承認してはいけません。例えば、あなたが病の影響を及ぼす領域にいるなら、その病を拒絶し、あなたに近づかせないようにしてください。病を通して死にあなたを攻撃させてはいけません。

わたしたちは受け身的に再臨を待って、どこかで携え上げられると思ってはいけません。わたしたちは用意していなければなりません。携え上げられることは、他の事柄のように、神の教会が神と同労することを要します。信仰は決して、そのことを成り行きのままにさせません。死はもっぱら抵抗されなければなりません。同じように、携え上げはもっぱらつかみ取られなければなりません。信仰は不可欠ですが、それは、受け身的に責任を放棄することではありません。わたしたちがもし理想的に、完全に死を免れることができると信じても、受け身的にその力に従うだけなら、何の益があるでしょうか？

死に至る罪

聖書はわたしたちに、信者が犯すかもしれない「死に至る罪」（Ｉヨハネ五・十六）と呼ばれる罪があることを告げています。ここで述べられている「死」は、霊的な死ではありません。なぜなら、神の永遠の命は決して死なないからです。それは第二の死でもありません。なぜなら、主の羊は決して滅びないからです。この「死」は肉体の死です。

わたしたちは特にこの「死に至る罪」を見なければなりません。それは、携え上げを待つわたしたちが、どのように注意するかを知って、そのような罪を犯して肉体が滅びることのないようにし、生きたまま携え上げられるという祝福を失わないようにするためです。主の再臨が遅れて、わたしたちが墓を通らなければならないなら、この罪を犯さないことは、世を去る前に、「日が満ちる」まで主の働きのためにわたしたちを生かしておきます。何人かの神の子供たちは無知のゆえに、地上での日を短くし、彼らの冠を失っています。多くの働き人はこの事に注意を払ってきましたが、なおも今日、主のために働いています。

聖書は何がこの死に至る罪であるか、明確に告げていませんが、そのような罪が存在することは確かです。信者たちの経験に関する聖書の記載にしたがって、この罪が人々の間でさまざまであることを知ります。ある罪は、ある人にとっては死に至る罪ですが、別の人にとってはそうではありません。これは、それぞれの信者が受けた恵み、得ている光、立っている立場の違いによります。

聖書はこの罪がどのような罪であるかを告げていませんが、すべてある罪を犯して死んだ人は、「死に至る罪」を犯したことを知ります。イスラエルの子たちはカデシでそのような罪を犯しました(民十三・二五—十四・十二)。彼らはその前に主を十度も試みましたが(十四・二二)、主は容赦されました。ところがこの時、主はカナンの地に入ることを拒んだ彼らの罪は赦されましたが、彼らの体は荒野で倒されました(三二節)。

モーセはメリバの水のほとりで「軽率に唇で語った」ので(詩百六・三三)、カナンの地の外で死にました。彼はその地に入ることを許されませんでした。これは彼の「死に至る罪」でした。アロンはモーセと同じ罪を犯して、やはり聖なる地に入りませんでした(民二〇・二四)。ユダからベテルまで旅をした神の人は、食べることについての神の命令に背いたことだけで、死に至る罪を犯しました(列王上十三・二一―二二)。新約で、アナニアとサッピラが死の罰を受けたのは、死に至る罪を犯したからでした。彼らは自分たちの土地の代金の幾らかを取って置いて、聖霊を欺きました(使徒第五章)。自分の継母を持っているコリントの信者たちも、死に至る罪を犯したので、使徒は、「彼の肉を破壊させるためにサタンに渡した」と言いました(Ｉコリント五・五)。コリントの信者の多くが眠ったのは、彼らが「主の体と血に対して罪を犯」したからです(十一・二七、三〇)。彼らも死に至る罪を犯しました。

死に打ち勝つために、わたしたちは絶えず罪に打ち勝たなければなりません。なぜなら、死は罪から来るからです。わたしたちが日の満ちるまで生きるか、あるいは主が戻ってこられるまで生きることを願うなら、罪を犯さないように注意すべきです。多くの信者は、このことで注意しないために、彼らの時が来る前に墓に行ってしまいました。これは、彼らが特別に恐るべき罪を犯したからではありません。ここで語っている罪は、すべての人に同じなのではありません。コリント人の淫乱《いんらん》は、死に至る罪と考えられました。モーセが軽率な言葉を語ったことも、死に至る罪と考えられました。なぜなら、「モーセという人は、地上のだれにもまさって非常に柔和であった」からです(民十二・三)。ですから、どの罪も見過ごすことはできません。

今日は恵みの時代であり、神は恵みに満ちておられますから、わたしたちは安心していることができます。サタンにあなたを訴えさせ、このような罪をあなたに犯させて、死ぬようなことがあってはいけません。聖書はこのような罪を犯す人のために祈るよう告げてはいませんが、わたしたちが自らを調べて悔い改めるなら、神は赦してくださいます。多くの人は、コリント人への第二の手紙第二章六節から七節に記載されている人が、継母を持っている人であることを信じています。コリント人への第一の手紙第十一章三〇節から三二節も、わたしたちが死に至る罪を犯しても進んで自らを裁くなら、やはり免除されることを告げています。ですから、わたしたちは絶対にどのような罪も容認して、わたしたちの死に至る罪とならせてはなりません。肉体は弱いですが、決して自己を裁く心を失ってはなりません。わたしたちは自分の罪を裁くべきであり、決してそれを容認してはなりません。この生涯で罪のない完全に到達するのは不可能ですが、常に罪を告白すること、神の恵みに依り頼むことは、不可欠です。神はやはりわたしたちを赦してくださいます。死に打ち勝ちたい人は、特にこれに注意すべきです。「彼は、彼らのわざと違犯、／彼らが横柄に振る舞ったことを彼らに示される。／彼はまた彼らの耳を開いて教え、／不正から立ち返るように命じられる。／彼らが聞いて彼に仕えるなら、／彼らはその日々を繁栄のうちに過ごし、／その年を楽しく過ごす。／しかし、もし聞かなければ、彼らは剣によって過ぎ去り、／知識のないまま死ぬ。／心で冒とくする者は怒りを蓄え、／彼が彼らを縛るとき、彼らは助けを求めて叫ぶことをしない。／彼らは年若くして死に、／彼らの命は最も汚れた者の間で終わる」（ヨブ三六・九―十四）。

箴言の教え

箴言は、信者の日ごとの実行を取り扱っている書であり、信者が自分の命を守ることを多く教えています。それでは注意して見ていき、どのようにして死に打ち勝つかを知りましょう。

「わが子よ、わたしの教訓を忘れず、／わたしの戒めをあなたの心にとめよ。／それは生きる日々の長さと命の年と／平安とを、あなたに増し加えるからである」（三・一―二）。

「そうすれば、あなたの体にいやしとなり、／あなたの骨に活力となる」（三・八）。

「わたしの言葉を心に保ち、／わたしの命令を守って、生きよ」（四・四）。

「わが子よ、聞け。わたしの言葉を受け入れよ。／そうすれば、あなたの命の年は多くなる」（四・十）。

「教訓を堅く捕らえて、離してはならない。／それを守れ。それはあなたの命だからである」（四・十三）。

「まことに、それは（わたしの言葉を）見いだす者には命となり、／全身のいやしとなる」（四・二二）。

「あなたの心を油断することなく見つめ守れ。／そこから命の流れが出てくるからである」（四・二三）。

「女と姦淫《かんいん》を犯す者は思慮に欠けている。／それを行なう者は自分の魂を滅ぼす」（六・三二）。

「それは、わたしを見いだす者は命を見いだし、／エホバから恩恵を得るからである」（八・三五）。

「わたしによって、あなたの日は多くなり、／あなたの命の年は増すからである」（九・十一）。

「悪の宝は何の益もないが、／義は死から救い出す」（十・二）。

「エホバを畏れることは日々を多くし、／悪しき者の年は縮められる」（十・二七）。

「義の道には命があり、／その道筋には死がない」（十二・二八）。

「エホバを畏れることは命の泉であり、／死の罠《わな》から逃れさせる」（十四・二七）。

「穏やかな心は肉の命であり、／ねたみは骨を腐らせる」（十四・三〇）。

「命の道は賢い人を上に導き、／彼は下にあるシェオール［陰府《よみ》］から離れる」（十五・二四）。

「教訓を無視する者は自分の魂を軽んじ」(十五・三二)。

「王の顔の光には命があり」(十六・十五)。

「自分の命を守る者は自分の魂を保護する」(十六・十七)。

「戒めを守る者は自分の魂を守り、／自分の道を軽んじる者は死ぬ」(十九・十六)。

「エホバを畏れることは命に導き」(十九・二三)。

「偽りの舌によって宝を得ることは、／つかの間の息であり、死の罠である」(二一・六)。

「英知の道から迷い出る人は、／死人の集会の中で休む」(二一・十六)。

「義と優しさを追い求める者は、／命、義、誉れを見いだす」(二一・二一)。


神の聖霊がわたしたちを導いて死に打ち勝たせる時、これらの節の新しい意義を見いだすでしょう。わたしたちは、命とは単なる名詞にすぎないと思っています。ところが光の照らしを受けた後、真に神の条件を満たすなら、わたしたちの肉体の命は、必ず長くなるでしょう。ですから、以上の節に十分注意しなければなりません。もしこれらの命令に従わないなら、わたしたちの命が次第に漏れ出ていくのを見るでしょう。例えば、神の約束は言います、「あなたの父と母を敬いなさい……それはあなたが幸いになり、またあなたが地上で長生きするためである」(エペソ六・二―三)。もしこれに背くなら、自分の日が罪によって短くなるのを見るでしょう。神はわたしたちに、彼の言葉に聞き従い、知恵を受け入れ、義を追い求め、自分の心を守ってもらいたいのです。(心の思いは命と大いに関係があります)。このようにして、わたしたちは命を失わないでしょう。命を得たいなら、従わなければなりません。

来たるべき時代の力

来たるべき王国で、主イエスはいやしの翼を持つ義の太陽となられます（マラキ四・二）。その時、「その住民は、『わたしは病んでいる』」（イザヤ三三・二四）と言う者はいません。信者たちは、「この朽ちるものが朽ちないものを着、この死ぬものが死なないものを着る」ことを見ます。その時、「書き記されている言が成就します、『死は飲み尽くされて、勝利へと至った』」（Ｉコリント十五・五四）。信者たちに対する王国時代の特徴は、弱さ、病、死がなく、体が贖われ、サタンを足の下にすることです。

しかしながら、聖書は、わたしたちが「来たるべき時代の力」（ヘブル六・五）を前味わいすることができると告げています。わたしたちの体はまだ贖われていませんが、わたしたちは信仰によって、来たるべき時代の、弱さ、病、死のない力を味わうことができるのです。これは極めて深い経験ですが、信者が神の条件を満たし、心を尽くして神の言葉を信じるなら、このような経験が可能であることを見るでしょう。信仰は時間を超越します。それは神が過去わたしたちのためになしてくださったこと、そして神が将来わたしたちのためにしてくださることを取得します。

コリント人への第二の手紙第五章で、使徒は将来の体の贖いのことを語っています。「さらに、この幕屋の中にいるわたしたちが、重荷を負わされながらうめくのは、脱がされることを願うからではなく、着せられることを願うからです。それは死ぬべきものが、命によって飲み尽くされるためです。さて、まさにこの事のために、わたしたちに働いてくださった方は神です。彼はわたしたちに、その霊を担保として与えてくださいました」(四―五節)。「担保」という言葉は「手付け金」を意味し、一部を支払って、将来、完全に払うことを保証するものです。聖霊はわたしたちの中で、「死ぬべきものが命によって飲み尽くされる」神の保証です。わたしたちはこれを完全には経験していませんが、聖霊の手付け金があるので、その一部分を経験することができます。聖霊が与えることは、わたしたちに来たるべき命の勝利を前味わいさせるためです。

使徒はテモテへの第二の手紙第一章ではっきりと言いました、「わたしたちの救主キリスト・イエス……は死を廃棄し、福音を通して命と不朽を現し出されました」(十節)。命と不死は、福音を受け入れるすべての人の共通の分です。今の問題は、聖霊がどれほど信者たちに、この分を経験させているかです。死は滅ぼされました。信者たちはこれをある程度まで経験しました。ところが今、この時代は終わろうとしています。そして差し迫った携え上げの望みをもって、聖霊は信者たちに、福音から受けた嗣業《しぎょう》をさらに経験してもらいたいのです。

来たるべき時代の力を前味わいするのは可能なことです。使徒が「しかし神に感謝します。彼はわたしたちの主イエス・キリストを通して、わたしたちに勝利を与えられます」(Iコリント十五・五七)と言った時、現在のことを言っており、特に死の問題について言っています。彼は将来、死に打ち勝つことについて語っています。しかしながら、彼は死に打ち勝つ経験を、完全に将来のこととは思っていません。彼は、わたしたちが主イエスを通して今、打ち勝つことができると言っているのです。

神には一つの原則があります。彼はこの時代にもくろまれることをすべて、まずある一組の人たちにおいて行なわれます。千年期ですべての人が経験することは、キリストの肢体が今日、まず地上で経験すべきです。過去の時代、来たるべき時代の力を味わった人が常にいました。ですから、今日の教会は、なおさら死に対するキリストの勝利を経験すべきです。神はわたしたちに、ハデスの境界を打ち破ってもらいたいのです。主はわたしたちに、彼のからだのために死に打ち勝ってもらいたいのです。わたしたちが死に打ち勝たなければ、わたしたちの戦いはまだ完全ではありません。

わたしたちは今や、自分の前途に対する主の思いを尋ね求めるべきです。（わたしたちは絶対に、自分は死なないと迷信的に信じません）。もし今が終わりの時代であって、キリストの再臨がもはや遅れないで、わたしたちが生きている時に起こるなら、わたしたちは信仰をもって神の言葉をつかみ、自分は死なずに生きたまま主の御顔を見ると、信じるべきです。そのような望みのゆえに、彼が清くあられるのと同じように、わたしたちは自分を清くすべきです。わたしたちは時々刻々彼のために生き、彼の復活の命を、わたしたちの霊、魂、体の必要に適用すべきです。

「信仰によって、エノクは死を見ないように移されました」（ヘブル十一・五）。わたしたちも信仰を持って、自分は死なないと信じますように。死に対する勝利は実際であり、携え上げは確かであり、時は長くないことを信じますように。「彼が移される前に、彼は神に喜ばれていたという証しを得たからです」。わたしたちについてはどうでしょうか？

ああ、来たるべき栄光は何とすばらしいことでしょうか！　神がわたしたちに与えてくださった救いは何と完全でしょうか！　今わたしたちは立ち上がって、上を向くべきです。ああ、「天」がこのようにわたしたちを満たして、肉体にもはや地位がなくなり、この世に引き付ける力がなくなりますように！　ああ、御父の愛がこのようにわたしたちの中にあって、わたしたちがもはや彼の敵と何の関係もなくなりますように！　ああ、主イエスがこのようにわたしたちの心を満たしてくださり、わたしたちが彼以外に何も求めませんように！　ああ、聖霊がすべての信者の内で、次のように叫ぶ祈りを生み出してくださいますように。「主イエスよ、すぐ来たりませ！」。

一　あなたは死なない、携え上げられて主を見る！
　　これは御父が最近示された道である。
　　聖霊はこれをはっきりと教えられた、
　　わたしたちはこの世を捨てて御座に向かう。

二　あなたは死なない、携え上げられて主を見る！
　　おお、何という栄光、わたしたちは天の場所に戻る！
　　またたく間に、わたしたちは完全に変えられ、
　　携え上げられて主と対面する！

三　あなたは死なない、携え上げられて主を見る！
そのような約束は信実で信頼できる。
時や日はわからないが、
時が近づいていることは感じる。

四　あなたは死なない、それゆえ満足する、
いっさいの罪を完全に断ち切りなさい。
世は間もなく過ぎ去り、天の栄光が現れる、
わたしたちの日が敬虔《けいけん》であるように。

五　あなたは携え上げられて、空中で主にまみえる！
それゆえあなたの霊を世の汚れから守れ。
わたしたちはここで死を待っているのではなく、
絶えずこの世から携え上げられることを待ち望んでいる。

六　あなたは死なない、携え上げられて主を見る！
それゆえ前進して夜明けに至れ。

堅くつかんで、だれにもあなたの冠を奪わせるな。
間もなく、主はあなたに御座を賜わる。

七
あなたは死なない、携え上げられて主を見る！
神の子供たちよ、何という勝利であろう！
あなたの霊は言うべきだ、「主よ、来たりませ！
速く来たり、永遠にわたしたちと共にいませ」。

ウオッチマン・ニー全集（第一期　第十四巻）

霊の人（三）

1996年1月15日　初　版
2018年12月3日　第二版印刷発行　定価：本体２８００円＋税

著　者　ウ　オ　ッ　チ　マ　ン　・　ニ　ー

発行所　ＪＧＷ日　本　福　音　書　房
〒162-0041 東京都新宿区早稲田鶴巻町540
TEL 03-6457-6243　FAX 03-6457-6244
振替口座００１２０－３－２２８８３

落丁・乱丁の際はお取りかえいたします。
ISBN978-4-89061-213-0　C0016 ¥2800E